东南大学史

A History of Southeast University

第二卷
1949—1992
(第2版)

朱 斐 主编

东南大学出版社
南京

东南大学

止於至善

编 委

主 编

朱 斐

主 审

管致中　朱万福

编写者

章 未　黄一鸾
时巨涛　朱 斐

20世纪80年代东南大学鸟瞰图

梁希,国立南京大学校务委员会主席（1949.8—1949.11）

潘菽,南京大学校务委员会主席（1949.11—1951.7）、校长（1951.7—1952）

汪海粟,南京工学院院长（1952.11—1959.9）兼党委书记（1953.1—1957.11）

杨德和,南京工学院党委书记（1957.11—1959.12）

刘雪初，南京工学院党委书记
（1960.1—1966）兼院长（1960.1—1968.3）

何冰皓，南京工学院革委会主任
（1973.2—1974.10）

林克，南京工学院革委会主任
（1974.11—1977.5）

陈光，南京工学院革委会主任
（1977.5—1978.3）

盛华，南京工学院院长（1978.5—1979.8）

吴觉，南京工学院院长（1979.9—1980.10）兼党委书记（1979.9—1983.11）

钱钟韩，南京工学院院长（1980.11—1983.11），南京工学院名誉院长、东南大学名誉校长（1983.11—2002.2）

管致中，南京工学院院长（1983.12—1986.12）

刘忠德，南京工学院党委书记
（1983.12—1985.8）

韦钰，南京工学院院长（1986.12—1988.4）、
东南大学校长（1988.4—1993.11）

陈万年，南京工学院党委书记（1986.12—
1988.4）、东南大学党委书记（1988.4—
1993.5）

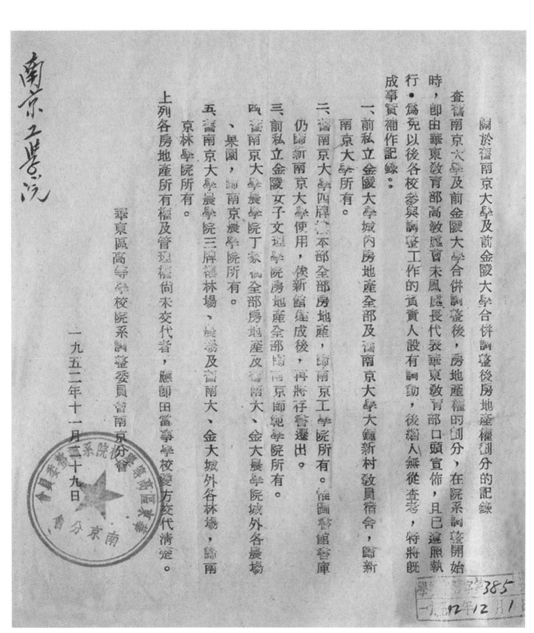

1952年南京工学院建院时房产划分记录

1960年南京工学院研制的机器人在大礼堂前展出

1986年南京工学院研究生院成立暨开学典礼

1988年6月南京工学院更名东南大学仪式现场

1988年12月30日东南大学浦口校区建设奠基仪式

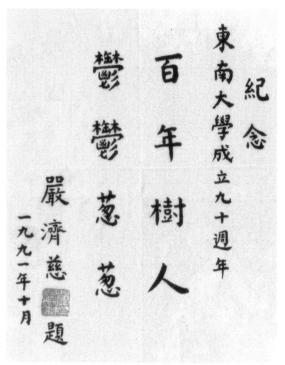

严济慈题字
（中国科学院院士、著名物理学家严济慈，1924年东南大学首届毕业生，1988年受聘担任东南大学校务委员会名誉主任）

顾毓琇题字
（著名科学家、教育家顾毓琇，20世纪30至40年代曾任中央大学教授、工学院院长、校长）

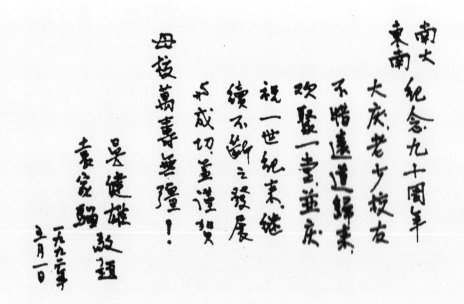

吴健雄和袁家骝题字（吴健雄和袁家骝均为著名物理学家。吴健雄1934年毕业于中央大学）

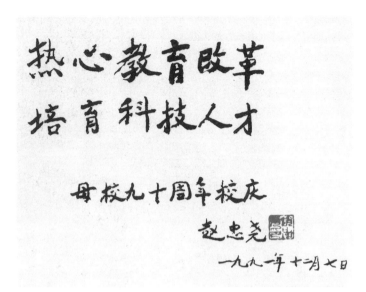

赵忠尧题字（中国科学院院士、著名原子核物理学家赵忠尧，1927年毕业于东南大学）

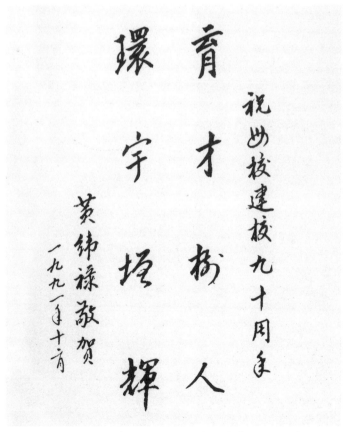

黄纬禄题字（中国科学院院士、国际宇航科学院院士、著名自动控制专家黄纬禄，1940年毕业于中央大学）

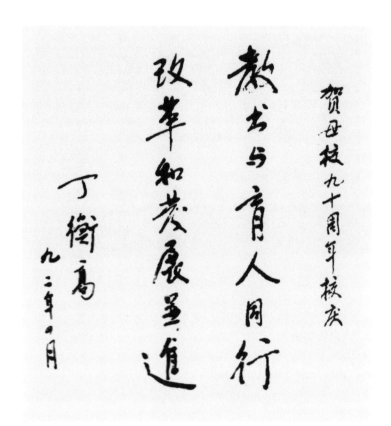

丁衡高题字（中国工程院院士丁衡高，1952年毕业于南京大学工学院）

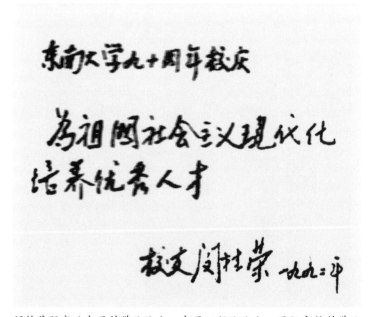

闵桂荣题字（中国科学院院士、中国工程院院士、国际宇航科学院通讯院士闵桂荣，1956年毕业于南京工学院）

前工院

改建后的中山院和东南院（1983年落成）

逸夫科技馆（1993年落成）

榴园宾馆

浦口新校区

1990年落成的浦口校区教学楼成贤院

浦口校区的工业发展与新技术培训中心

校领导在研究工作（中右为校长陈笃信，中左为党委书记朱万福）

以丁大钧（中）、宋启根（左）、吕志涛（右）为核心的建筑结构工程学术梯队

图书馆内，莘莘学子在潜心阅读

大学生在做早操

土木工程系主办的"混凝土工程国际会议"会场

东南大学与加拿大康戈迪尔大学联合培养博士研究生,图为两校在加拿大讨论和检查协议的执行情况

东南大学与南京汽车工业总公司合作成立汽车工程学院

1998年东南大学与南京浦口区共同建立了"科学工业园",图为来宾参观科学工业园内的陶瓷放电管厂

东南大学光电源研究中心

管致中院长与国务院批准的第一批博士生导师共庆新春
图中左起： 冯纯伯、何振亚、吴伯修、李嗣范、陆钟祚、钱钟韩、管致中、丁大钧、齐康、舒光冀、曹祖庆

20世纪80年代初 南京工学院学术委员会会议

总序

胡凌云

今年是东南大学建校120周年,按传统说法恰逢"双甲子"生日。中国素有"人生难逢两甲子"的说法,躬遇盛世,抚今追昔,东大人在满怀喜悦地庆贺120周年生日的时候,也需要好好回顾一下自己的历史,鉴往而知来,温故以知新,知道我们从哪里来,要往哪里去,从而不忘初心使命,励精图治,接续奋斗,把我们的事业不断推向前进。习近平总书记指出,历史是最好的教科书,是一个民族、一个国家形成、发展及其盛衰兴亡的真实记录。"要全面宣传党的历史,充分发挥党的历史以史鉴今、资政育人的作用",做到"学史明理、学史增信、学史崇德、学史力行"。值此120周年校庆之际,《东南大学史》第三卷编撰完成,并与再版的第一、二卷合集出版,形成一部较为完整的《东南大学史》(1902—2012),这是学校文化建设的一项重要成果,不仅为校庆献上一份厚重的贺礼,也为东大师生员工学习重温学校历史,坚定我们创建世界一流大学的决心和信心,提供了一份很好的教材。

东南大学的前身三江师范学堂创建于1902年,迄今已经120年了。作为中国最早建立的第一批具有现代意义的大学,伴随着中国近现代化历程和高等教育的发展,它经历了晚清、民国和新中国三个不同的历史时期,见证了中国由曾经的风雨飘摇、战乱频仍、积弱积贫、任人欺侮,到今天站起来、富起来、强起来的全过程;见证了中国高等教育从弱小幼稚、艰难起步,到曲折前行、逐步发展壮大,在为中国经济社会发展进步作出巨大贡献的同时,日益走向世界科教舞台中央的全过程。在120年的历史中,东南大学曾屡经更迭、十易校名,数度合分、几落几起,在每一个历史时期,东大都守其初心、艰辛探索,走在中国大学前列;一代代东大人,始终艰苦奋斗、用志不分,担负起历史的责任,为学校发展建设作出自己的贡献。东大的历史是苦难辉煌的国家历史的一部分,也是中国近现代高等教育艰难曲折发展的一个缩影。如何正确地看待学校丰富深邃的历史,如何真实客观地记述和保存这段历史,如何通过历史总结经验教训,把握办学规律,如何通过校史教育在师生中绵延传承学校精神和文化传统,增强我们不断开拓前进的勇气和力量,都是这部校史应该关注和回答的问题。

盛世修史,以史鉴今,资政育人。一部好的校史,应该具有"留史、资政、育人"的功能。

首先是"留史"——比较真实客观全面地记叙和保存学校的历史。编写校史,要用史实说话,坚持用唯物史观来认识历史，反对历史虚无主义，既不盲目自大，也不妄自菲薄。要有通贯的历史观，把学校的历史放在中国和世界历史发展的大背景下加以考察，放在中国高等教育发展的不同历史阶段对其实事求是地进行分析评述，从中看到学校发展的来龙去脉，梳理出重大事件的产生背景和发展逻辑，说清楚学校发展战略和奋斗目标的演进及重要决策形成的过程，如实评价为学校做出贡献的历史人物和一代代师生的奋斗成果，以及分析总结办学过程中的成败得失和经验教训等，也就是说，校史应该使人们能够了解东南大学的历史，知道我们是怎样一路走过来的，不忘记过去；说清楚我们做了什么，为什么要这么做，从而使人们牢记自己肩负的使命责任。真实性是校史的生命和存在的价值，只有较为全面记叙和留存下来的"信史"，才能起到以史鉴今，启迪后人的作用。

校史的作用不仅仅是"留史"，其"资政"作用也非常重要。东南大学在120年的办学历程中，经历了无数艰难困苦，取得了辉煌成绩，也遭遇许多挫折，走过不少弯路。在这一过程中，东大人摸索积累了丰富的办学经验和良好的办学传统，形成了自己的办学特色和深厚的文化底蕴，这些都是办好学校的宝贵财富，我们要把它总结出来，传承下去。同时，校史中也保存了大量珍贵的档案数据、生动鲜活的史实故事，把它们梳理汇集起来，可便于查阅传播，教育后人。对学校的各级领导者来说，从校史中可以汲取这些"饱含着成败和得失，凝结着鲜血和汗水，充满着智慧和勇毅"的历史经验，对不断提高治校理政的本领，提高应对风险、迎接挑战的能力也是十分有益的。

校史亦是"育人"的有效方式，是学校文化传承的重要途径。历史是最好的老师，校史是对师生进行爱校教育最生动、最有说服力的教科书。学习学校的历史，可以使我们不忘走过的路，牢记初心使命，传承红色基因；可以使我们了解学校发展的历史，追寻先辈的足迹，继承光荣传统。校史也是学校精神和文化的重要载体，是凝聚师生员工的纽带、维系校友情感的桥梁，重温这部深沉厚重、波澜壮阔的校史，会使每一个东大人更加热爱我们的国家、我们的党和我们的学校。

应该说，放在我们面前的这部《东南大学史》基本达成了这个目标，也体现了习近平总书记提出的通过党史（历史）教育做到"学史明理、学史增信、学史崇德、学史力行"的要求。

编撰校史是一件十分严肃和艰巨的工作，作为学校正式组织编写的"官史"，要做到事出有据、论从史出，具有权威性、准确性、可读性，要求还是很高的。东南大学120年的历史跨越了漫长的历史时空，涉及办学育人、建设发展的方方面面，是如此丰富多彩又繁难复杂，要在有限的篇幅中做到面面俱到、叙事周全，脉络清晰、详略得当，是不容易的。这三卷校史分别记叙不同历史时期，成书于不同年代，史料档案的欠缺（尤其是新中国成立前）、时代的局限性、认识水平的差异及社会主流意识形态的变化，导致材料取舍、知人论世、臧否评价和讲述重点的不同，也是可以理解的。要做到实事求是地通贯还原历史，写出其发展的本然性和必然性，还要防止肤浅化和碎片化，不是只停留在简单讲故事或单纯记事层面，更是殊为不易。加之文出多人，数易其稿，书中文字数据及编辑上有这样那样的差错、遗漏和不足恐怕就更加难免了。可喜的是，校史编写组的同志在学校党委的领导下，在各级部门和许许多多老领导、老同志的支持和帮助下，克服种种困难，付出巨大努力，面对浩如烟海的史料，爬梳剔抉、披沙沥金、博采众长、统一条理，最终完成了这样一部明白晓畅、丰富翔实，基本立论严谨，有着东大鲜明特色又可读性较强的校史，非常不容易！我谨向他们表示真诚的感谢和祝贺！

我是1977年恢复高考后第一批考入南京工学院即今天的东南大学的，后毕业留校工作，至2011年调任北京航空航天大学，在东大校园里学习工作整整33年。东大朴实严谨的校风、优良的办学传统和深厚的文化底蕴给了我长久和深远的影响。作为这一时期学校改革建设的亲历者，我经历了校史第三卷记述的那段难忘岁月，参与了改革建设发展的全过程，目睹了学校发生的翻天覆地的变化。我有幸与班子里的同事和全校师生一道，坚持改革，团结奋斗，突出体制机制创新，排除万难，抢抓发展机遇，把学校各项事业不断推向前进。虽然每一步都不容易，但每一天也都过得丰富而充实，这是我人生中一段最宝贵最值得记忆的经历。我在东大时常翻看校史，从中汲取不少经验和启示。到北航工作后也首先是了解他们的历史，了解学校的光荣传统和前辈留下的宝贵经验，这对自己的工作非常有启发和帮助。在阅读校史第三卷书稿的过程中，再一次重温过去，往事历历在目，看到许多熟悉的人和事也倍感亲切，常有新的认识和对那段历史更深刻的感悟。从改革开放到今天，东南大学的历史就是在党的领导下，全体师生员工在改革中探索一流大学建设发展的奋斗历史，这也是学校120年的历史贯穿始终的一条主线：办中国最好的大学，通过一代代人的接续奋斗，让学校一步一步地走向世界大学前列。现在，学校提出的奋斗目标是到2035年前后，把东南大学建设成为世界一流大学，这是一项宏伟的目标，是东大人矢志不渝的追求，也是东南大学必须担负起的对国家、对民族、对中国高等教育事业的历史责任。我相信，这是一个一定能够实现的目标。

放在我们面前的《东南大学史》难免会有这样那样的不足，但毕竟有了一个很好的基础，我希望东大的校史研究工作能够持续进行下去，扩大领域，深入开掘，不断有新成果问世。这部校史只写到2012年，过去的十年学校又发生很大变化，有了更大进步，我相信故事也会更加精彩。我还希望有可能的话，校史研究室的同志能够组织力量，结合最新研究成果和学校发生的新变化、取得的新成就，再编写一本篇幅适中、精炼权威的《东南大学简史》，以使校史传播更加普及，更便于师生学习了解学校的历史，毕竟这部三卷本的"东大通史"对于普通读者长了一些。

《东南大学史》（1902—2012）出版了，是一件值得庆贺的事，写了以上的话，是为序。

（作者系东南大学、北京航空航天大学原党委书记，现为东南大学校史编纂委员会主任）

2022年2月

前言

中国人民革命的胜利、中华人民共和国的成立，标志着帝国主义、封建主义、官僚资本主义在中国统治的结束，开辟了中国历史的新纪元，揭开了中国高等教育的新篇章。

新中国诞生40余年来，东南大学在办学规模、人才培养、学科建设、科学研究等方面都有较大的发展，取得了很大的成绩，但是由于几经"左"的路线干扰，曾历经艰难，累有波折。总的看来，成绩是显著的，经验是丰富的，失误也不少，教训是深刻的。回顾这一时期的工作，分析和权衡其利弊得失，有助于我们坚持有中国特色社会主义理论，把学校办得更好。

自1949年至1992年，东南大学的历史大体可分为六个阶段：

第一个阶段是新中国成立初期的南京大学（1949—1952年）。新中国成立伊始，学校本着上级提出的"维持原有学校，逐步加以必要的与可能的改良"的方针，努力使各项工作迅速恢复和走上正轨，明确社会主义的办学方向，初步建立新的教育制度，对旧教育进行了初步改造，并积极组织全体师生员工参加了各项民主革命和民主改革运动。

第二个阶段是南京工学院的创建时期（1952—1957年）。经1952年的院系调整，学校成为一所多科性的工科大学。教育部确定"以培养工业建设人才和师资为重点"，高等工程教育蓬勃发展。学校边实行院长负责制，边加强党的领导；以教学为中心，实现重点转移；全面学习苏联，推进教学改革；尊重知识分子，发挥教师作用；扩大学校规模，改善办学条件。政通人和，各项事业欣欣向荣，为南京工学院奠定了坚实的基础。

第三个阶段是曲折中发展的十年（1957—1966年）。这一时期之初，先有反右派斗争，后有"大跃进"和"教育大革命"，政治运动不断，凡事大搞群众运动，破坏了正常的教学秩序。自1961年始，学校努力贯彻"调整、巩固、充实、提高"的方针和"高教六十条"，大力提高教学质量，积极开展科学研究，努力加强重点专业和重点学科建设，使南工在严峻形势下展现勃勃生机。及至社会主义教育运动的到来和"左"的路线重现，山雨欲来，学校的工作处于彷徨迷惘之中。

第四个阶段是"文革"中动乱的十年（1966—1976年）。十年浩劫，学校备遭摧残。"左"风肆虐，17年中正确的东西概被否定；广大干部、知识分子被视为走资派和"异己力量"，横遭迫害；学校被迫停止招生，停止一切教学活动。1972年虽恢复招生，但推行所谓"教育革命""开门办学"及"以阶级斗争为主课"等种种举措,教育仍未走出死胡同。部分师生员工在逆境中坚持教学、科研、生产,并逐渐觉醒。一股股埋葬"四人帮"的烈火在地下运行而破壳迸发。

第五个阶段是改革开放中的振兴时期(1977—1988年)。1978年党的十一届三中全会的伟大转折,结束了粉碎"四人帮"后两年在徘徊中前进的局面,迎来了改革开放的新时期。拨乱反正,全面平反冤假错案。"调整、改革、整顿、提高"的新八字方针,使学校的工作重点重新转移到教学、科研上来。坚持四项基本原则,坚持改革开放,全面贯彻党的教育方针,较好地发挥了学校在人才培养、科学研究、为经济建设主战场服务等方面的作用。党代会、院务委员会反复研讨本院的发展方向和学科设置,决定逐步将学校建设成为以工为主、工理文管相结合的综合大学,并朝着"国内第一流,国际有影响"的目标迈进。

第六个阶段是东南大学谱新篇(1988—1992年)。1988年5月,经国家教委批准,重将我校又命名为东南大学,学校加快了加强理科、发展文科、增强管理学科、扩展新兴学科、调整和提高工科的步伐并加速浦口新校区建设,以根本改善办学条件;继续深化本科教改,加强研究生教育,发展成人教育,全面提高教学质量,深入科研体制改革,以任务带学科,加强重点学科建设,积极为社会主义经济建设服务,科研的经费、成果、水平同步提高;加强横向联合,扩展国际交流与合作;学校进一步朝着有中国特色的社会主义新型综合大学方向迈进。

几经发展与曲折、正确与错误、经验与教训的交织和反复,共和国已过不惑之年。面对高校目前的形势、任务、困难和问题,以及与世界先进国家高等教育的差距,人们变得比过去更理智、更深思熟虑。对未来的执着追求,需要的是科学的态度、勤奋的汗水而不是浮夸和清谈;更需要进一步解放思想、实事求是、深化改革、扩大开放,面向未来,走向世界。

编 者

1995 年 12 月

目录

总　序	026
前　言	030
第一章　新中国成立初期的南京大学（1949—1952年）	035
第一节　国立中央大学的接管与更名	036
第二节　体制机构及基本情况	039
第三节　初步改造旧教育	044
第四节　政治运动理论学习及思想改造	047
本章参考资料	053
第二章　南京工学院的创建时期（1952—1957年）	055
第一节　院系调整与南工的兴起	056
第二节　南工创建时期的基本情况	061
第三节　以教学为中心，办学依靠教师	066
第四节　学习苏联经验，全面进行教改	069
第五节　扩充学校规模，振兴学校事业	078
第六节　改善党的领导，加强党的建设	085
本章参考资料	099
第三章　曲折中发展的十年（1957—1966年）	101
第一节　整风运动与"教育大革命"	102
第二节　贯彻"八字方针"和"高教六十条"	118
第三节　社会主义教育运动与教育改革	130
第四节　学校基本情况及事业的发展	135
本章参考资料	143
第四章　"文革"中动乱的十年（1966—1976年）	145
第一节　十年浩劫满，满目疮痍	146
第二节　"教育革命"的风风雨雨	153

第三节　为埋葬"四人帮"而斗争　163
　　　本章参考资料　165

第五章　改革开放中的振兴时期（1976—1988年）　167
　　　第一节　拨乱反正，正本清源　168
　　　第二节　调整领导、机构，规划发展、改革　172
　　　第三节　调整学科，谋建新型综合大学；深化改革，形成办学新格局　181
　　　第四节　积极开展科研，建设重点学科　197
　　　第五节　面向世界，扩大国际交流、合作　207
　　　第六节　事业蓬勃发展，办学条件改善　213
　　　第七节　加强党的建设，改进思想政治工作　226
　　　本章参考资料　233

第六章　东南大学谱新篇（1988—1992年）　235
　　　第一节　梅开二度，重又更名为东南大学　236
　　　第二节　越江北上，创建浦口新校区　240
　　　第三节　加强本科教学基本建设，发展研究生教育、成人教育　246
　　　第四节　科研先导，建设重点学科、重点实验室　255
　　　第五节　改革管理体制，提高办学活力　264
　　　第六节　行百里者半九十，创业无尽期　270
　　　本章参考资料　280

结　语　281
后　记　286
再版后记　287

第一章

新中国成立初期的南京大学（1949—1952年）

1949年至1952年间，我国正进入新旧社会的交替时期，这也是从新民主主义向社会主义过渡的时期。此一时期的南京大学，各方面均呈现除旧布新的特点。对中央大学的接管与更名，显示学校性质和主权的改变；新体制和制度的建立，显示办学方针和方向的改变；学校广泛组织参加各项民主改革运动及思想改造运动，显示师生积极投身于客观世界和主观世界的改造，以迎接未来的社会主义建设；对旧教育的初步改革，则为学校未来的全面改革和发展奠定基础。

当时全国总的形势是：中国人民革命战争虽已取得了决定性的胜利，但还面临许多困难和严峻的考验。军事上，还有解放华南、西南、西北以及剿匪和抗美援朝等艰巨任务；政治上，尚有广大新解放区的土改、镇反、民主反霸等任务亟待进行；国际上，面临帝国主义的封锁禁运和包围；经济上，新中国所接管继承的是一个十分落后的千疮百孔的烂摊子，国民年平均收入仅有27美元[1]，而且恢复生产、救灾、平抑物价等任务均十分繁重。因此，就国家而言，还不能将教育列入重要议事日程，对教育的投入也是有限的。就学校来说，一方面，广大师生员工对新的社会政治制度还有一个认识适应的过程，并且还要参军参干，投身民主革命和民主改革运动；另一方面，随着学校性质的改变，建立新的领导体制、新的教育制度以及筹建各类组织等方面都需要一定的时间。所以，这一时期对教育、教学本身大体维持原状，只作了必要的和初步的改良。

第一节　国立中央大学的接管与更名

1949年4月21日，在东起江阴西至湖口的千里战线上，人民解放军百万雄师分三路强渡长江，国民党苦心经营的长江防线顷刻瓦解。4月23日，南京解放。

"起看星河含曙意，愿将热血荐黎明[2]。"

1949年1月，淮海战役胜利结束，蒋介石被迫宣告"引退"，国民党当局仍在负隅顽抗，国民政府教育部图谋南迁国立中央大学（简称"中大"）。在此黎明前最黑暗的时光，中央大学200余位中共地下党员在中共南京市委的领导下，紧密团结全校广大师生员工，无私无畏地投入"应变，护校，迎接解放"的斗争，终于迎来了一个崭新的世界。

---

[1] 据1949年联合国"亚洲及太平洋社会委员会"统计。
[2] 引自原中央大学教授、国立南京大学校务委员会主席梁希诗句。

一、中央大学的接管

1949年4月20日南京解放前夕，应中共中央的邀请，国立中央大学著名教授梁希、潘菽、涂长望三人，在中共地下党的精心安排下，秘密绕道香港赴北平，参加首届新政治协商会议的筹备工作。

4月27日，梁希、潘菽自北京来电："庆贺南京解放，并祝学校平安。"当天，中央大学校务维持委员会、教授会回复梁、潘："亟盼就近催促，派员接收，并恳速驾返校，共策前途。"梁、潘两教授旋即电请南京市军事管制委员会（简称"军管会"）主任刘伯承早日派员办理中央大学接管事宜。

5月7日，中国人民解放军南京市军管会主任刘伯承、副主任宋任穷委派市军管会文教委员会大专部部长赵卓为中央大学军事代表。被派任中央大学的接管人员还有：军事代表助理萧曙英，联络员郭杰、苏林歌、黄守坤、高珍谦和韩轲。当时接管的主要任务是：收缴国民党散兵游勇丢遗的枪支弹药及单位、个人收藏的武器；清点公共财产，造具清册；维持正常教学秩序，确保教学顺利进行等。同时在以徐平羽[①]为首的军管会文化教育委员会的领导下，中央大学成立了接管工作组，其成员有：刘庆云（校务维持委员会），周慧明（教授代表），杨秉仪（职员代表），吴衍庆（助教代表），李昌禄、于庆鸿、郭加强、陈万芳（均为学生代表），及工人代表1名。而在此以前，校务维持委员会已于4月28日、29日致函教授会并发布公告"今时局初定，积极准备移交"；5月7日，复通知各院系及附中、附小"迅速移交清册，准备点交"。

市军管会文教委员会和接管工作组广泛宣传接管的意义，使师生员工明白：① 接管之后，自己便做了主人；② 接管工作是建立新民主主义文化教育的开始；③ 旧法统自宣布接管之后即告死亡。接着，在深入动员的基础上，采取公开报名的方式，组织师生员工参加清点、接收工作。几天之后有2900余名师生员工踊跃报名，占全校成员的92%。全校共组成15个分组、400多个小组，对各院系、各部门的物资、设备、图书、文档等进行清点查验。参加清点的师生员工均兴致勃勃，充满当家作主的自豪感，他们说："我们不是'帮助'谁接管，而是我们自己接管。""我们都是学校的主人，一切东西必须细心清点。"

6月9日，清点工作基本结束，军事代表赵卓和校务维持委员会常委孙本文、熊子容、刘世超分别在中央大学接收、移交报告上签字。6月10日，在四牌楼校本部大礼堂和丁家桥二部学生饭厅，分别举行正式接管仪式。

9月，赵卓因同时兼任中央图书馆、北平图书馆南京分馆、国立编译馆等十余个单位的军事代表职务，不再任中央大学的军事代表，该职由孙叔平继任。后因孙叔平一度到南京市军管会高教处任职，又改派栾长明继任。实际上，校务委员会成立后，军事代表已不直接管理学校工作了。

[①] 徐平羽，南京市军管会文教委员会主任，后任高教处处长，中央大学的接管工作是在他的直接领导下进行的。后来调任华东军政委员会教育部高教处处长，具体规划华东地区的院系调整，此后调任文化部副部长。

二、改名为国立南京大学,建立校务委员会

1949年8月8日,南京市军管会文教委员会通知中大校务维持委员会:原国立中央大学应立即改名为国立南京大学(简称"南大")。

8月10日,军管会文教委员会发出关于组建国立南京大学校务委员会的决定。8月12日,南大校务委员会正式成立,其组织分工情况如下:

校务委员会委员(21人):

梁希、潘菽、张江树、涂长望、钱钟韩、谢安祐、胡乾善、金善宝、干铎、蔡翘、高学勤、胡小石、楼光来、吴传颐、韩儒林、陈鹤琴、熊子容、陈谦禄(讲师代表)、管致中(助教代表)、傅春台、陈又新(学生代表)。

校务委员会常务委员(7人):

梁希、潘菽、张江树、涂长望、干铎、管致中、傅春台。

校务委员会主席:梁希

教务长:潘菽

秘书长:干铎

二部主任:涂长望

理学院院长:张江树　　　工学院院长:钱钟韩

农学院院长:金善宝　　　医学院院长:蔡翘

大学医院院长:高学勤　　文学院院长:胡小石

法学院院长:吴传颐　　　师范学院院长:陈鹤琴

10月22日,举行庆祝国立南京大学成立大会,陈毅、陈士榘等修函祝贺并赠锦旗。

11月,中央人民政府调梁希任林垦部部长,调涂长望任中央气象局局长。中央教育部任命潘菽继任校务委员会主席,张江树任教务长。

自南京解放至中大更名为国立南京大学,学校属市军管会高等教育处领导。1950年5月,华东军政委员会命令:南京市高等教育处于5月底结束工作;国立南京大学、安徽大学、私立金陵大学、金陵女子文理学院等四校,改由华东军政委员会教育部直接领导。

1950年5月,校务委员会人员调整,设委员22人,其中常务委员有潘菽、张江树、干铎、刘庆云、钱钟韩、金善宝、管致中、陈寅星。

1950年10月10日,华东军政委员会教育部签发通知:"经政务院核定,除私立学校于校名上加冠'私立'二字外,各级学校校名概不加国立、省立、县立及公立字样。"自此,即径称"南京大学"。

第二节　体制机构及基本情况

一、体制与机构

1. 先实行"校务委员会制"

自1949年8月至1951年7月，学校实行校务委员会制，属民主集中制性质。明定校务委员会为领导和决策机构，其主要职责是：① 代表学校。② 领导全校一切教学、研究及行政事宜；审查并通过各院处的计划及工作报告；通过预算和决算以及各种重要规章；议决有关学生重大奖惩事项；议决全校重大兴革事项。③ 领导全校教师、学生、职员、工警的政治学习。④ 任免教师、职员、工警。

学校的机构设置本着层次不宜多、制度要简化的原则，在校务委员会（常务委员会）下设各特种委员会和二部（即丁家桥分部）主任办公室。在行政机关中仅设两个处，即秘书处和教务处。秘书处辖秘书室、总务科；教务处辖图书馆、注册组、讲义室。校务委员会直接领导各学院的工作。

校务委员会体制在组织广大师生员工参加民主革命和民主改革运动、领导广大教师投身于新民主主义的高等教育事业、开展政治理论学习，以及联系群众、发扬民主、发挥民主集中制的优越性等方面，都发挥了较大的作用。但由于大家对新的领导体制不熟悉，缺少经验，一时不能完全适应。在执行的过程中，存在以下缺点：行政领导集中于常委，一般校务委员对校行政工作不够关心，校委会的作用未能充分发挥；对各学院的工作存在平均主义倾向，本欲照顾四面八方，但仍不免顾此失彼；常委们十分辛劳而陷于事务，对教学工作却讨论研究得较少，抓得不力。当然这与当时的政治形势及政治运动不断有关，时常是身不由己，不是学校自己做得了主的。

2. 改行"校长负责制"

1951年7月，华东军政委员会转达中央人民政府教育部决定，南京大学自1951—1952学年第一学期起改行校长制，任命潘菽为校长、孙叔平任副校长，着先行到职视事，正式任命手续由华东军政委员会教育部办理。同年9月，政务院103次政务会议通过潘菽为南京大学校长、孙叔平为副校长的决议。

在此以后南京大学校务委员会通过的《南京大学暂行组织规程》规定：本大学在校长领导下实行民主集中制，即一方面由校长综揽校务，实行集中领导；另一方面对重大教学、行政问题则采取适当方式开展民主讨论，经校务委员会通过，由校长批准实施。校长的职责有五，前四条与原校务委员会体制下校委会的职责相同，新增的第五条为批准校务委员会的决议。

学校的行政机构调整如下：

设立校长办公室，设主任1人，对校长负责，主持秘书及人事工作，下辖秘书及人事两个组。

设教务长及副教务长各1人，由校长在教授中遴选。教务长、副教务长均对校长负责，其办事机构为教务处。教务处下辖业余教育组、政治教育组、健康教育组、注册组、辅导组及出版组。

设图书馆馆长1人，由校长聘任。图书馆馆长对教务长负责，主持图书馆一切事宜。

设总务长1人，由校长遴选。总务长对校长负责，主持全校总务工作。总务长的办事机构为总务处，下辖事务组、工务组、财务组、校产组、舍务组、膳食组、卫生室及驻卫警察队。

各学院设院长1人，由校长在教授中聘任。院长对校长负责，在教务工作上受教务长领导。

各学系（或专修科）为教学行政的基层组织，设系主任1人，由校长在教授中聘任。系（科）主任受所属学院的院长领导。

在校长领导下设校务委员会，为学校最高议事机关，由校长、副校长、教务长、副教务长、总务长、校长办公室主任、图书馆馆长、各院院长、各系科主任、校附属机构负责人以及工会代表、学生代表组成。校长为校务委员会及常务委员会的当然主席。

二、院系设置及其局部调整

1. 院系设置

1949年，国立南京大学共设7院33系、4个专修科及医学院的19个科，还有7个实习附属单位。

文学院：中国语言文学系、外国语言文学系（英文组、俄语组、法文组）、历史学系、哲学系。

法学院：政治学系、经济学系、法律学系。

理学院：数学系、化学系、物理学系、生物学系、心理学系、地质学系、地理学系、气象学系。

师范学院：教育学系、艺术学系、体育学系（体育专修科）、附属中学、四牌楼附小、丁家桥附小幼儿院。

工学院：土木工程系、机械工程系、电机工程系、航空工程系、水利工程系、化学工程系、建筑工程系、机械工厂。

农学院：农艺学系、园艺学系、森林学系（林业专修科）、畜牧学系、普医学系（畜牧兽医专修科）、农业化学系、农业经济系、农业工程系、生产场所管理部。

医学院：基础医学部（解剖科、生化科、生理科、药理科、病理科、细菌科、寄生虫科）；治疗医学部（内科、外科、眼科、耳鼻喉科、精神神经科、皮肤花柳科、妇产科、小儿科、牙科、放射及物理治疗科）；社会医学部（公共卫生科、法医科、司法检验专修科）；附设医院（大学医院牙症医院）。

2. 系科及学术机构的局部调整

1952年全国院系调整前南京大学的系科、专业和学术机构曾作如下局部调整：

国立中央大学各学院中原来均设研究所，所长一般多由系主任兼任。这些研究所是：文学院——中国文学研究所、外国文学研究所、历史学研究所、哲学研究所；理学院——数学研究所、物理学研究所、化学研究所、地理学研究所、心理学研究所；法学院——法律研究所、政治经济学研究所；师范学院——教育学研究所；农学院——农艺学研究所、农业经济研究所；工学院——土木工程研究所、机械工程研究所、电机研究所；医学院——生理学研究所、公共卫生研究所、生物化学研究所。1949年8月，校务委员会举行第二次会议，决定系所合一，取消研究所名称，原研究所的工作由各有关院系负责继续进行。

1949年9月，南京市军管会决定将南大法学院的政治系与社会系合并为政治系。同月取消法学院的边政系。

1949年10月，上海国立师专、上海市立体专、上海市立幼专三校共300余人并入南京大学师范学院；暨南大学地理系并入南大理学院地理系；南通农学院农业经济系四年级学生转入南大农学院农业经济系。

1949年11月，农学院增设林业专修科。

1950年7月，校务委员会会议修正通过《南京大学医学院业务归卫生部领导协议草案》。该草案规定：医学院业务上归卫生部领导，经费归卫生部拨款；行政系统上仍属南京大学。

1950年8月，农学院农业化学系分设为食品工业系和土壤学系。

1950年9月，安徽大学的土木工程系及艺术系教师14人和部分学生分别并入南大的工学院和师范学院。

1951年2月，南大医学院划归中国人民解放军南京军区领导，独立建校，定名为第五军医大学，后西迁西安与西北军区卫生学校合并组建第四军医大学。

1951年6月，中国科学院和教育部联合公布《1951年暑假招收研究实习员、研究生办法》，南大被列为全国15所招收研究生的大学之一。

三、党群组织及师生人数

中共南京大学总支委员会：南京大学党总支是中央大学地下党总支的延续。1949年9月，中共南京大学总支委员会成立，原中大党总支书记李慕唐继任南大党总支书记。1950年9月总支改选，选出总支委员8人，李慕唐任书记，杨世杰任副书记。按当时的党章规定，总支不是一级党委，对校行政工作起保证监督作用，但在当时的情况下，党总支积极贯彻校务委员会的决议，团结全体党员和工会、青年团、学生会的干部，在各项政治运动和各方面的工作中都发挥了党组织的战斗堡垒作用和组织领导作用。

南京大学教育工作者工会：1950年4月，南京文化教育工作者南京大学分会筹备委员会成立，潘菽任筹委会主任委员，制定了《国立南京大学教育工作者工会章程草案》。同年6月，南京大学教育工作者工会首届代表大会开幕，出席代表309人，选举产生执行委员29人，刘庆云任主席。

中国新民主主义青年团南京大学委员会：南大团委于1949年7月筹建，8月正式成立，教师中的原"校联"成员和学生中的原"新青社"社员均直接转为新民主主义青年团团员。先后担任过团委书记的有陈秀云、赵维田、傅启夏等。

南京大学学生会：1949年9月，南京市学联建议在宁高校尽快组建学生会。1950年1月，南京市首届学生代表大会召开，南大学生郭加强被选为市学联执委会主席。同年4月，南京大学学生会执委会经选举产生，卢和煜任首届南大学生会主席。

师生员工人数[①]：

1949年，教职工合计889人，其中教授180人、副教授67人、讲师助教279人、职工363人。毕业生1183人，新招学生929人，在校学生2363人。

1951年，教职工合计1480人，其中教授145人、副教授146人、讲师助教282人、职工907人。毕业生245人，新招学生900余人，在校学生2859人。

1952年，毕业学生822人，其他数字因院系调整而须分校进行统计。

在1949年至1952年间的南京大学毕业生中，现已被评选为科学院院士的有：齐康、王业宁、戴元本、章综、经福谦等；被评为中国工程院院士的有丁衡高等。

四、工学院概况

中央大学工学院在抗日战争中迅速发展壮大，至胜利复员后已成为全校规模最大的学院，被称为工学院五大支柱学科或五大古典学科的机、电、土、建、化工，一应俱全，且均有悠久的历史和丰富的办学经验；水利工程系源出河海工科大学，基础雄厚；航空工程系发端于1934年，系全国首创。各系均拥有一流的师资和精良的实验装备。学生人数居全校各学院之冠。新中国成立初期，总的说来学校处于维持状态，某些系科还有所缩减，唯有工学院仍处于发展的势头。以在校学生为例，1949年全校学生为2363人，其中文、理学院各200余人，法、医、农、师范学院各300余人，工学院却有634人。1951年全校本科生共2545人，其中工学院976人，占全校学生的38%。

---

① 统计数字引自《南京大学大事记》。

1949年工学院各系任职教授情况如下：

土木系

系主任：梁治明（后徐百川接任）；教授：刘树勋、黄继渼、金宝桢、戴居正、徐百川、方左英、方福森；副教授：胡家骏；兼职教授：胡竞铭。

机械系

系主任：胡乾善；教授：钱钟韩、石志清、范从振；副教授：潘新陆、高良润、舒光冀；兼职教授：杨定安、沈正功。

电机系

系主任：陈章；教授：程式、吴大榕、钱凤章；副教授：陆钟祚、闵咏川；兼职教授：严一士；兼职副教授：吴祖垲。

航空系

系主任：谢安祐；教授：黄玉珊、许侠农；副教授：王培生。

水利系

系主任：张书农；教授：谢家泽、沙玉清、顾兆勋、黄文熙；副教授：姜国宝。

化工系

系主任：时钧；教授：王昶、丁嗣贤。

建筑系

系主任：杨廷宝；教授：刘敦桢、徐中童、李汝骅；副教授：张镛森、刘光华。

教授中后来被评为一、二级教授的约有20人，其中被遴选为中科院学部委员的有黄文熙、杨廷宝、刘敦桢、钱钟韩、时钧等5人。

第三节　初步改造旧教育

新中国成立初期，南京大学一边逐步建立新的教育制度，一边对旧教育进行了初步改造，将各项工作较快地纳入了为新民主主义经济和政治服务的轨道。

一、明确学校的性质、宗旨与任务

1949年9月通过的《中国人民政治协商会议共同纲领》（简称《共同纲领》）规定："中华人民共和国的文化教育为新民主主义的，即民族的、科学的、大众的文化教育。人民政府的文化教育工作，应以提高人民文化水平，培养国家建设人才，肃清封建的、买办的、法西斯主义的思想，发展为人民服务的思想为主要任务。"

1949年12月，第一次全国教育工作会议确定我国教育工作的方针是"教育必须为国家建设服务，学校必须为工农开门"，并提出"以老解放区新教育经验为基础，吸收旧教育有用经验，借助苏联经验，建设新民主主义教育"。

1950年6月，第一次全国高等教育工作会议在北京召开，毛泽东出席，周恩来作报告。会议就高等学校的性质、宗旨、任务、体制、学制、教育内容及方法等问题制定了一系列规程、决定和办法，说明新中国的高等教育制度开始逐步建立。

南京大学校务委员会根据《共同纲领》、第一次全国教育工作会议及第一次全国高等教育工作会议的精神，结合本校实际，制定《南京大学暂行组织规程》，该规程在总则中对学校的宗旨、任务作如下表述：

本大学的宗旨为以理论与实际一致的方法，培养具有高级文化水平、掌握现代科学与技术、全心全意为人民服务的高级建设人才，并配合教学及国家建设的需要进行研究工作。

本大学的具体任务为：

（1）进行革命的政治及思想教育，肃清封建的、买办的、法西斯主义的思想，树立正确的观点和方法，坚定为人民服务的立场；

（2）适应国家建设需要进行教学工作，培养通晓基本理论并能实际运用的工程师、农业技师、教师、政法财经干部以及语文、艺术和科学工作者；

（3）运用正确的观点和方法研究自然科学、社会科学、哲学、文学、艺术，以期有切合实际需要的发明、著作等成就；

（4）普及科学及技术知识，传播文学艺术成果。

二、对旧教育进行初步改造

1. 取缔训导制，废除国民党的政治课程

1949年5月11日，在宁高校教授代表一致要求：取消国民党统治学生的训导制。国立中央大学在取缔训导制的同时，废除了国民党政府统治时期设立的"党义""公民""军事训练"等课程。各有关院系先后删除了显然与新民主主义相悖的课程内容。

2. 改革招生制度，为国家多培养专业人才

南京大学为改变旧教育歧视工农群众的倾向，采取切实措施，优待革命军人及工农子弟入学。1949年9月，南大校务委员会作出了"本校招收新生及转学生宜予革命工作人员及革命军人暨其子弟以及自国统区逃出学生以特别优待"的决定。1950年12月通过的《南京大学守则》中明确规定："家境清寒者得申请人民助学金及减免学杂费。"

南京大学充分利用本校的师资和设备，勇于接受地方和各有关业务部门的委托，先后设立了土建专修科、林业专修科、地质专修科和气象专修科；举办了水利工程、畜牧兽医、调查统计等培训班，为国家培养了大批急需的专业技术人员。

3. 精简与改革课程

课程的精简与改革是改造旧教育的重要组成部分。自1950年初，南京大学以1年多的时间，组织全校教师和高年级学生采取师生混合编组的方法集中进行了课程改革。

课程改革的目的和方向是：第一，把封建传统和资本主义本质的旧教育改造成为新民主主义的新教育；第二，理论和实际相结合，强调学以致用；第三，精简化，把不必要的功课和功课中不必要的成分尽量减去，但这是为了提高而不是降低、是为了加强而不是减弱人才培养的质量；第四，重点化，努力使每个系整个的课程都有一个重点，全部课程都按照这个重点组织起来，每一学年的课程也都有一个确定的重点，这样学生对所应遵循的循序渐进的目标、步骤也就更为明确了。

课程改革的内容大体有以下几个方面：

一是政治课及与政治密切相关的课程。以"把旧本质的课程改变为新本质的课程"为原则，首先废除了国民党统治时期所设置的各项政治课程，继而停开了文、法等学院有关科系所设某些内容不当的课程。先后开设了"新民主主义论""社会发展史""政治经济学""中国革命问题"等马列主义政治理论课，并将其列为公共必修课。

二是国文、英文、体育等课程。过去上述课程均被列为全校必修课，后来经过师生的热烈讨论和争论，仍未能取得一致意见，最后由校务委员会决定，其不再作为全校的必修课，而是让各系根据实际需要决定列为必修课或选修课。

三是针对旧大学缺乏明确的培养目标，课程设置漫无原则、芜杂散乱等弊端而进行的精简与调整。精简的方式有：把重复或相似的课程归并；把分量太重的课程减轻；把内容杂乱无益的课程删汰；把分量太轻的课程加强；把应该有而没有的课程增设。

各系科在课程改革中均强调从整体角度衡量课程设置的合理性与科学性。例如，地质系经反复讨论后首先明确了教学目标："使学生能在四年内得到有关地质之基本理论与知识，以及工作研究能力的培养和训练。"然后确定一、二年级的学习重心在于基本理论知识的奠定，三年级的学习重心在于理论课程的综合和应用；在二、三年级学期中及暑假内安排短期和长期的野外实习，使学生能更好地把理论与实践结合起来。又如，课程改革之前，航空工程系学生学习任务严重超负荷，周学时普遍达 70 学时左右，以致出现了死啃业务、学习效率较低、忽视时政学习、文体活动冷冷清清、健康情况不良等情况。经讨论研究，认为其主要原因在于课程太重理论而与实际脱节，且门类过多、内容过繁，因而对课程进行了适当的调整，减少了必修学分，增加了选修学分，取得了较好的效果。

课程的精简与改革显示了建国初期的南京大学力图在教学上摆脱旧大学的框架模式，努力贯彻教育为国家建设服务、理论与实际相结合的方针，在执行中强调去芜存菁、突出重点，这无疑是正确的，是一个良好的开端。但从人才培养和学科建设来看，单纯的"重点""重心""中心"论未免失之偏颇。在一个系科、专业的培养目标中，在一个年级的诸多课程中，甚至在一门功课中，均不宜过分强调只有一个重点或中心。同一系科、专业的学生，最后往往是各有所长。科学在不断发展，每门学科都会出现新的领域，交叉学科间往往还会出现新的更重要的学科。因此对一个系科、一个学年或一门课的"重点"，只能置于适当的"度"，不能强调过头。

4.改进业务教学

在课程精简与改革的基础上，自1951年9月始，校务委员会进一步作出了改革教学的决定，主要抓了以下几方面的工作：

（1）加强教学的计划性。普遍要求各系科先确定学生的培养目标，继而按培养目标拟订全盘教学计划，教学计划应包括：各课程开设的目的，各课程的主要内容，教学时数以及施教程序等。至1952年上半年，各系科基本上拟订出已具雏形的教学计划，为以后开展的全面教学改革作了一次演练。

（2）初步拟订教学大纲并投入实践。要求各课程制订的教学大纲，经系主任审查，在正式上课之前就向学生传达，并根据教学大纲的精神编写讲授提纲和讲义。这一工作开展后，教学工作初步得以规范化。在教师方面，喜欢即兴发挥而完不成课程目标过急硬赶功课、虎头蛇尾草草结束功课等情况均明显减少；在学生方面，凭兴趣任选功课、贪多好胜加选功课、学习漫无目标、不求甚解等情况，亦得到了改善。

（3）加强对教学的组织领导。旧大学在系科内一般不设教学组织，即使教同一课程的教师，相互间多互不通气，教学内容可能有很大差别，这不利于教学质量的提高和青年教师的成长，也不利于学术活动的开展。校务委员会积极引导和推动各系科按课程或学科建立教学小组，逐步使教师能参加到共同的教学活动中去，开始出现了新型的教师关系。教学小组作为教学的基层组织，成了校、院、系、科联系教师的桥梁，有利于教育方针的贯彻和教学任务的落实，加强了学校对教学的组织领导。

第四节　政治运动理论学习及思想改造

按理说，培养各科专门人才是学校的根本任务，教学与研究是学校工作的主线，但是在解放初期这一特定的历史条件下，全国有半壁江山尚待解放，抗美援朝战争接踵而至，新生的政权亟待巩固，政治上、经济上的民主革命和民主改革正在进行，因此学校的师生经常被组织参加各项政治、社会活动，学校的正常教学工作不免受到影响。另外，中大的接管与更名标志着师生员工已成为学校的主人，他们的革命热情很高，但其立场、观点和世界观尚需有一个新的转变。积极组织广大师生投身各项政治社会活动，就成为建国初期高等学校光荣而紧迫的任务，也是广大知识分子通过社会实践接受新思想和投身革命的历史必由之路。

一、投身民主革命与民主改革运动

1. 参加西南服务团

为配合第二野战军解放大西南，南京市军管会于 1949 年 6 月 25 日号召知识分子参加西南服务团。西南边陲山高路遥，交通闭塞，经济落后，疫疠流行，匪多为患。参加西南服务团，工作艰巨，生活艰辛，并可能遇到生死的考验。故西南服务团筹建之初，市军管会副主任宋任穷就要求中大的共产党员起先锋模范作用，做西南服务团的骨干。6 月 23 日，中大率先组成西南服务队，由李洪年、王道义、王德化等同学负责。24 日，胡联辉等 14 位同学首先响应，川、康、滇、黔四省同学踊跃报名，他们表示"要把解放的旗帜插遍故乡的原野"，土木、建筑、水利系的同学纷纷要求"去水力资源最丰富的西南施展自己的身手、抱负"。一时，校园内贴满了决心书、响应书、挑战书，影响遍及，工务组主任陈钥等亦动情地要求报名参加。

6 月 25 日晚，在大礼堂召开学生大会，著名教授吴传颐、何兆清、宗白华等饱含激情地向同学们介绍西南地区的经济地理、风俗民情，勉励同学与工农兵结合，为西南的解放和建设献出青春。至 7 月 11 日，中大已有千余人报名参加西南服务团，约占全校人数的一半。最后被批准的有 349 人，其中助教 6 名、职员 5 名、学生 338 名。这是拥有民主革命传统的国立中央大学在解放后的人民革命运动中，向祖国递上的第一份合格试卷。

2. 抗美援朝

1950 年 6 月，朝鲜战争爆发，美军迅速武装援助韩国，并令其海军进入台湾海峡。9 月，美军在仁川登陆，战火烧到了鸭绿江边，新中国面临外来侵略的威胁。自 11 月中旬至 12 月初，南京大学停课 3 周，开展"抗美援朝，保家卫国"运动，批判亲美、崇美、恐美思想，进行爱国主义、国际主义教育。1951 年初南大校园内沸沸扬扬，出现了参军、参干的热潮，全校报名参加军事干校及援朝医疗队的师生共达 1130 人，占在校师生员工总人数的 38%。最后被批准参加军事干校的师生有 157 名，参加援朝医疗队的师生有 55 名。

1 月 6 日，全校师生在大礼堂举行盛大欢送会。7 日至 9 日，南大党总支、南大团委和各系各单位分别举行欢送会。1 月 7 日上午，著名教授潘菽、高济宇、施士元、杨廷宝、刘树勋、陈之佛等的 100 多位夫人披风冒雨来到了学生宿舍，主动为参干同学洗补衣被，一天洗补衣物 400 余件，仅补衣就用去 6 丈多布。抗美援朝深入人心，深入了家家户户。

3. 土地改革

土地改革（简称"土改"）是我国民主革命的重要内容之一，其目的是：废除地主阶级封建剥削的土地所有制，实行农民的土地所有制，借以解放农村生产力，发展农业生产作为新中国的工业化的基础。自 1950 年冬土改运动在南京郊区开展以来，南大师生即纷纷要求参加，不少剥削阶级出身的师生亦要求组织给予自己以考验的机会。1951 年 1 月，经郊区土改委员会同意，艺术系、历史系、教育系、中文系的 150 名师生首批被批准参加土改。接着农经系的教授刘庆云、刘世超、刘松生等偕同学 39 人，亦随之赴郊区参加土改。同年 9 月，在华东军政委员会的统一部署下，文、法两院的师生 415 人，以范存忠教授为领队，同赴安徽省太和县等地投入土地改革运动，历时 3 个月。师生们经受了阶级斗争的考验，增强了阶级观点和群众观点。

4. 镇压反革命

镇压反革命与抗美援朝、土地改革并称为解放初期的三大革命运动，运动打击的重点是土匪、特务、恶霸、反动会道门头子和反动党团骨干分子等。1951 年 5 月，南大肃反委员会成立，在学习文件、增强认识、统一思想的基础上，开展群众性的检举和揭发反革命分子的运动。运动对增强师生员工的阶级观点、提高政治警惕性和组织纯洁性等方面起了积极的作用。由于历史的原因，也有一些失误，错伤了个别不该惩治的人。

5. "三反"运动

根据市委部署，南大于 1952 年 1—4 月开展反对贪污、反对浪费、反对官僚主义的"三反"运动。开始侧重于反浪费，不久即转入反贪污的所谓"打虎"运动，发动全体师生员工"搜山探穴，捉住老虎（指贪污分子）"。运动历时 3 个月，揭露了大量铺张浪费、公私不分、损公利己等情况。这说明学校并非清水衙门，也不干净。总的说来，这次运动教育了大多数人，挽救了犯错误的同志，抵制了旧社会的恶习和资产阶级的腐蚀，对于形成健康的社会风气有较大作用。但运动中一度夸大了敌情，误伤过好人，发生过一些逼供讯等过火现象，在运动后期作了纠正。

二、深入农村，服务社会

建国初期南大师生热烈响应党和政府的号召投入了水利、测量、血防、夏征、救灾以及人民政权建设等一系列社会活动中。

1949年冬，土木系三、四年级全部学生参加了南京郊区八卦洲的水利建设，之后又选调部分同学去铁道兵团参加铁路建设。1950年1月，第三野战军号召苏浙两省医学院赴浙江嘉兴参加防治血吸虫病工作，南大医学院先后派出三批师生共156人奔赴现场。工作中大批师生受到表扬，并有人获"功臣"称号。土木、水利两系师生140余人与解放军一起投入郊区防洪修堤工作。1950年春，受刘伯承市长邀请，我校土木、水利、建筑系部分师生参加了雨花台烈士陵园的地形道路、玄武湖入江水道的测量等市政工程建设。应南京市人民政府的邀请，文、法、师范三院毕业班学生前往各灾民转运站，宣传动员苏北、皖北等地灾民尽早返回家园，生产自救，勿误农时。1950年10月至1951年8月，土木系教师率领二、四年级学生参加淮河水利工程的勘测工作，一再受到淮河水利总局的表扬并多次延长他们的工作期限。应淮河水利总局的要求，学校还为该局代培了100名水利工程人员。1950年至1952年间，农学院的大部分师生受华东军政委员会委托，连续三个暑假奔赴山东、苏北、皖北进行农村调查。

建国前，我国发电机组及其主要零件均依赖进口。建国初，国内尚未建立发电设备的制造工业，而帝国主义又对我国实行经济、技术封锁。当时，南京下关发电厂及东北、南方的一些发电厂的汽轮机叶片断裂无法补充，严重影响电力供应，工农业生产和人民生活均面临威胁。党和政府号召自力更生，攻克难关。在校党政领导的鼓励和支持下，在范从振、钱钟韩教授的悉心指导下，机械工厂的技术人员和工人昼夜奋战，几个月内就试制成功了数千片各种曲面的叶片，满足了下关发电厂的急需。全国各地电厂纷纷要求订货，机械工厂加班制造出各种类型的数以万计的叶片，解决了各地电厂的困难，取得了反封锁斗争的胜利，受到了中共南京市委的表彰。

师生们通过多种社会实践，提高了政治思想觉悟，增进了与劳动人民的感情，增长了组织才干，在改造主客观世界上迈出了可喜的一步。

三、政治、理论学习

伴随着经济基础和社会制度的变革，人们的思想亦发生了急剧的变化。在解放战争时期，中大师生中的多数对国民党政府的统治已极为不满，倾向革命，但对新民主主义革命和社会主义革命却知之不多；部分人则对革命的前景若明若暗多有迷惘；部分人受国民党歪曲宣传的影响，更是疑虑重重。南京解放后的种种变化，解放军的一言一行，共产党干部的一举一措，使他们有所觉悟，大有"闻道恨晚"之感。虽然他们缺乏对革命理论的系统了解，但他们渴求新知，愿自己尽快跟上迅速发展的形势。

早在1949年5月，应广大师生员工的要求，中大的教授会、助教会、职员会和学生会就开始分头组织大家进行政治学习。市党政军的领导同志及驻校军事代表及时来校作了关于形势与任务、党的方针与政策、共产主义与共产党等内容的报告。当时的会场鸦雀无声,人人边听边记,老教授们同样奋笔疾书。会后多勤奋自学,开展大组、小组讨论,气氛热烈。

1949年8月,校务委员会一成立即明令将领导师生员工的政治学习列为校、院、系三级的重要职责,并在时间上作出具体规定。1950年2月,学校成立了政治教学委员会,各院系相应建立政治教学小组,政治课被列为必修课,政治学习形成制度化、经常化。

在政治、理论学习中,师生普遍认为关于"历史唯物论—社会发展史"的学习,收获最大,印象最深。师生混合编组,互敬互助;学习形式灵活多样,方法上有诸多创新。例如组际间的"互相留学",有争议问题的"互相点将挑战",热门问题的大、小组辩论,重大疑难问题的"问题宴会",还有专题发言、报告等,师生们学得生动活泼。学习结束时有人说:"我接受马克思主义,始自历史唯物主义。"有人说:"真理所向披靡,荡涤思想污垢,我的人生道路由此掀开新的一页。"概括起来,通过学习有如下收获:

第一,确认劳动在"从猿到人"演变中的作用,使部分信教的人也否定了"上帝造人"的观点。确认"劳动是人类一切财富和文明的源泉",鞭挞了"万般皆下品,唯有读书高""劳心者治人,劳力者治于人"的千年陋见;初步树立了正确的劳动观点和奠定了"向劳动人民学习,为劳动人民服务"的思想。

第二,基本认同自原始公社解体迄今的历史是一部阶级斗争史。社会是划分阶级的,人们的思想都打上了阶级烙印,剥削阶级出身的知识分子应背叛原来的阶级,与工农共命运、同呼吸。人们开始运用阶级分析的方法来考察现实生活中的问题。这对于南大师生日后在土改、镇反等运动中能分清是非、划清敌我界限,均不无裨益。

第三,初步明白人类的历史又是一部生产力和生产关系的演变史。生产力决定生产关系,生产关系必须适应生产力的发展,生产力始终是最活跃、最积极、最革命的因素。现在回过头来看,为什么20世纪50年代的师生在"文革"中批判"唯生产力论"时多有所抵触或抵制,而对现在倡导的以经济建设为中心多深信不疑,这体现了学习历史唯物主义的作用。对社会发展史的学习,还使师生初步建立了对社会主义的信念,促使人们积极投身到社会主义的高等教育事业中去。

四、知识分子的思想改造运动

1951年9月,北京大学12位教授发起在北大教师中开展政治学习运动。由此开始,京、津两市20余所高校开展了思想改造运动。周恩来受中央委派,向两市6000余名教师作了《关于知识分子的改造问题》的报告。周恩来结合自己参加革命的经历和思想改造的体会,着重就立场、态度、为谁服务、思想、知识、民主、批评与自我批评等7个问题,作了长达6小时的讲话，使参加学习的教师深受鼓舞，学习成效显著。10月，毛泽东在全国政协会议上说："根据中央人民政府的方针，广泛开展了一个自我教育和自我改造的运动，这同样是我国值得庆贺的新气象。""思想改造，首先是各种知识分子的思想改造，是我国各方面彻底实行民主改革和逐步实现工业化的重要条件之一。"

1952年3月，华东军政委员会教育部对全区高校作了统一部署。同月22日，南大全体师生投入了思想改造运动。运动分为三个阶段：第一阶段，学习文件，交代家庭关系与社会关系，划清敌我界限，划清资本主义与共产主义的界限；第二阶段，采取批评与自我批评的方法，进行个人检查，做到人人"洗澡"；第三阶段，进行思想总结。

经过思想改造运动，广大师生的政治觉悟、思想觉悟有了较大提高；封建的、买办的、法西斯主义思想受到了严厉抨击，资产阶级的腐朽思想受到了严肃批判；大部分师生初步划清了敌我界限，增强了为人民服务的观点，表示要积极投身到社会主义革命和建设中去。许多同志说："思想改造荡涤了自己思想上的污泥浊水，看到了努力的方向。"许多同志表示："思想改造是长期的任务与过程，千里之行始于足下，要学到老改造到老，持之以恒。"总的看来，思想改造运动是健康的和富有成效的，它直接为即将进行的院系调整奠定了思想基础，并对即将进行的全面教学改革作了思想上、政治上和组织上的准备。后来的历史还表明，思想改造运动对知识分子的进步有长期的、积极的影响。

南大的思想改造运动也存在如下缺点：

人们的思想观念是长期形成的，思想改造不可能在短期内毕其功于一役。思想改造的有效途径是：力促知识分子自觉自悟，自我革命。运动采取人人"过关"、个个"洗澡"的策略，以及运用"学生力量"的方法，要求过高，急于求成。有的单位对待少数教师生硬粗暴，进行了过火的批评，挫伤了部分教师的感情。学校举办的"思想展览会"将一些小问题上纲过高，给一些教师心理上造成压力和痛苦，亦不相宜。

思想改造应着眼着力于立场、观点和思想方法的转变，但有的单位对政治和学术的界限未加区别，在对待某些学科、学派和个人时，没有采取科学的态度和作实事求是的分析，就简单给人冠以"伪科学""资产阶级流派"等帽子，这既不能服人，亦不利于学术争鸣和科学的发展。

个别领导同志的讲话及"思想展览会"所展示的内容，片面强调中大是为国民党服务、为国民党培养干部并为国民党所牢牢控制，买办思想、封建思想极为猖獗等，这种说法不完全符合实际，国民党是想完全控制这所学校的，但实际未能做到。学府不同于官府，中大亦不同于国民党直接领导和控制的政治和军事院校，在中大时期除蒋介石、朱家骅等少数校长外，其他校长、院长、系主任和著名教授基本上都是悉心治学的学者，他们在治校从教中并不怎么听命于国民党政府。进入解放战争后，在共产党的影响下，中大的进步力量不断加强，在

"五二〇"运动中首先发难并使之波及全国,成为第二战场的主力之一;在应变、护校、迎解放和配合接管等斗争和工作中,大部分师生倾向于革命。故时至今日,多数师生并不承认中大在政治上较其他高校落后。不适当地强调中大反动落后的一面,甚至称之为"伪中大",使部分教师感到有些领导对本校的实际情况了解得不够,觉得政治上不被信任,因而出现了部分教师想离开南大去其他学校或单位工作的情况。总的来讲,南大的思想改造运动中较多地运用了外力,而在促进知识分子自觉自悟、尊重和信任他们、引导他们进行自我革命等方面的功夫还下得不够。

本章参考资料

[1] 南京大学校史编写组：《南京大学史（第三编）》，南京大学出版社，1992年。
[2] 南京大学校史资料编辑组：《南京大学校史资料选辑》第四部分，南京大学出版社，1982年。
[3] 东南大学档案馆馆藏档案：文书类部分，1949—1952年。
[4] 刘一凡：《中国当代高等教育史略》第一章，华中理工大学出版社，1991年。
[5] 《新华日报》，1949年6月27—28日。
[6] 周强泰、徐益谦：《锅炉专家范从振》，载《东南大学校史研究（第二辑）》，东南大学出版社，1992年。
[7] 胡绳：《中国共产党的七十年》第六章，中共党史出版社，1991年。

第二章

南京工学院的创建时期（1952—1957年）

第一节　院系调整与南工的兴起

一、院系调整的方针与步骤

1949年至1951年间，我国曾对京、津、沪等地的高等学校进行过局部调整，调整结果为：全国共有高等学校211所，其中，普通大学（含3个以上学院）49所、独立学院91所、专科学校71所。但调整后的高等学校的布局并没有大的改变，高等学校仍集中于沿海或接近沿海的大城市，内地和边远地区数量较少；在学校类型上还缺少统筹规划，工、农、医、师范等社会主义建设所急需的院校数量少，规模不大；在系科设置上，偏重文法而忽视理工。例如，全国有100所高校设置政治、法律系科，70所高校设置财经系科；在校学生中，政法、财经、文科学生占总人数的56%，而工科学生只占总数的17.4%，农科学生只占总数的6.5%，医科学生只占总数的7.6%。

1953年中共中央指出："党在这个过渡时期的总路线和总任务，是要在一个相当长的时期内，逐步实现国家的社会主义工业化。"据此而制订的第一个五年计划的基本任务是："集中主要力量，进行以苏联帮助我国设计的156个建设单位为中心的、由限额以上的694个建设单位组成的工业建设，建立我国的社会主义工业化的初步基础。"

根据上述情况，中央教育部先于1952年制订了全国高等学校院系调整计划（草案）。其方针、原则、步骤是：第一，根据国家建设计划和各地各校的主观力量，分轻重缓急，有步骤地、有重点地分期进行。第二，高等学校的调整重点，是整顿与加强综合大学，发展专门学院，首先是工业学院与师范学院。第三，高等学校的类型基本上仿效苏联分为综合大学及专门学院两种，适当保留一些专科学校。第四，高等学校的布局为：综合大学，各大行政区最少1所，最多不超过4所；专门学院，各大行政区视实际情况设置。第五，高等学校的调整，原则上在大行政区范围内进行。

1952年在全国五大行政区先后进行了院系调整。1953年继续进行调整，调整的原则是："着重改组旧的庞杂的大学，加强和增设高等工业学校，并适当地增设高等师范学校；对政法、财经各院系采取适当集中、大力整顿及加强培养与改造师资的办法，为今后发展准备条件。"至1953年底，全国调整后的高等学校共有183所，其中：综合大学14所，工业院校39所，师范院校31所，农林院校29所，医药院校29所，财经院校6所，政法院校4所，语言院校8所，艺术院校15所，体育院校5所，民族学院2所，其他1所。工科院校发展的势态独占鳌头。

二、南京大学院系调整概况

华东地区的院系调整，以上海、南京两市为重点；南京市的院系调整，又以南京大学为中心。《华东区高等学校院系调整设置方案》中规定，南京市在调整后共设 8 所院校，即南京大学、南京工学院（简称"南工"）、南京师范学院、南京农学院、华东航空工业学院、华东水利学院、南京林学院、华东药学院。

1952 年 7 月 26 日，南京大学与金陵大学（1951 年 5 月由私立金陵大学与私立金陵女子文理学院两校合并而成）两校校务委员会举行联席会议，通过了《南京、金陵两大学合并、调整工作进行办法》。7 月 30 日，两校常委联席会议讨论通过并公布了下列四校建校筹备机构人员名单：

南京大学建校筹备委员会
 主委：潘菽 副主委：李方训、孙叔平
 委员：张江树、陈中凡、戴安邦、胡小石、高济宇、戈福鼎、刘敦桢、刘庆云、叶南薰、
    陈纳逊。

南京工学院建校筹备委员会
 主委：张江树 副主委：钱钟韩
 委员：杨致平、胡乾善、闵华、王国宾、时钧、王培生、吴大榕、徐百川、陈章。

南京师范学院建校筹备委员会
 主委：陈鹤琴 副主委：吴贻芳
 委员：齐建秋、高觉敷、张士一、熊子容、钱日华、黄显之、陈洪、戴安邦、高济宇。

南京农学院建校筹备委员会
 主委：金善宝 副主委：靳白重
 委员：朱启銮、罗清生、樊庆笙、程淦藩、冯泽芳、刘马。

华东航空工业学院、华东水利学院和南京林学院三所高校，因牵涉到上海、杭州、厦门等地多所有关学校，暂缓建立建校筹委会。

在各校建校筹委会之下，分别设立了校舍利用、校舍修建、图书文物调配、仪器设备调配、教具用具调配、宿舍调配等设计委员会，具体负责有关师资、设备、宿舍、图书、文物等调配方案的筹划制订。

1953 年华东地区高等学校继续进行调整，原南京大学的院系调整工作基本完成，其新建院校的概况是：

南京大学，由原南京大学和金陵大学两校的文、理、法等学院为主体组建而成，共设 13 个系。校址设在原金陵大学。潘菽任校长，孙叔平任第一副校长，李方训任第二副校长。

南京工学院，以原南京大学工学院为基础独立建院，并入金陵大学的电机、化工 2 个系，

江南大学的机械、电机、食品工业3个系，以及南大农学院的农化系，武汉大学园艺系的农产品加工组和农化系的农产制品组，浙江大学的农化系和复旦大学的农化系，1953年又并入浙江大学、交通大学、山东工学院的无线电通讯和广播系科，以及厦门大学的机械、电机2个系，组建成一所多科性的工业大学。全院共设7个系、10个本科专业、10个专科专业。考虑到国家工业建设人才的需要和工学院发展的需要，经南大、金大两校校务联席会议研究决定，将原南京大学四牌楼本部作为南京工学院校址，因该处面积较大，短期内不盖新房亦能基本满足教学、生活用地用房的需要。汪海粟任院长，钱钟韩任副院长。1988年改名为东南大学。

南京师范学院，以原南大师范学院和金陵大学有关系科为基础，并入南京师专数理班、上海私立震旦大学托儿专修科、广州私立岭南大学儿童福利组等。校址设在原金陵女子文理学院所在地。陈鹤琴任院长，吴贻芳任副院长。1984年改名为南京师范大学。

南京农学院，以原南大与金陵大学农学院为基础，调入浙江大学农学院部分系科组建而成。校址初设在丁家桥原南大二部，1958年迁至东郊卫岗。金善宝任院长。1984年改名为南京农业大学。

华东水利学院，由原南大工学院水利系、交通大学水利系、同济大学和浙江大学两校的土木系水利组，以及华东水利专科学校的水利工程专修科合并组建而成。校址在西康路。严恺任院长。1985年改名为河海大学。

华东航空学院，由原南大工学院航空工程系、交通大学航空系、浙江大学航空系合并组建而成。范绪箕任院长。校址设于南京东郊卫岗，1956年迁至西安，更名为西安航空学院。1957年10月，与西北工学院合并组建为西北工业大学。

南京林学院，由原南大农学院森林系与金陵大学农学院森林系合并组建而成。1955年又并入了华中农学院的林学系。校址初设在丁家桥，1955年迁至太平门外锁金村。郑万钧任院长，杨致平、干铎任副院长。1985年改名为南京林业大学。

南京大学医学院于1951年变建制，属华东军政委员会卫生部领导，但仍保留南京大学医学院名称。蔡翘任院长。1952年改名为中国人民解放军第五军医大学。1954年迁至西安并入解放军第四军医大学。

三、院系调整说评

院系调整，是我国高等教育在布局上、结构上的一次空前大调整，也是一次有历史意义的高等教育体制改革，在调整中国大学布局，推动国家工业方面成绩是十分显著的，但也一直存在争议。究竟应该如何看待1952年的全国高校院系调整，怎样历史地、唯物地、辩证地估量院系调整的利弊得失，可能对今后高校的建设和发展将有所裨益。

历史地看，旧中国高等学校存在国立、公立、私立、教会所属等多种体系，总的情况是：

系科设置庞杂重叠，布局不合理，规模小，招生人数有限，办学效益不高；学校各自为政，办学水平参差不齐，有名牌大学，有一般院校，也有所谓的"野鸡大学"，后者办学往往没有明确的培养目标和具体的教学计划，有什么教师开什么课，教学水平不高。从总体上看，旧大学各类人才的培养模式都难以满足新中国建设的需要，其中部分系科、专业短缺情况尤为严重，例如，第一个五年计划中国家需补充约 30 万名工业技术人才，而当时的工科院校充其量只能向国家输送 4 万至 5 万名毕业学生。院系调整后，高等学校统归中央和地方政府领导，这使国家和学校有限的人力、财力、物力得到了较为集中的使用，规模过小、效益不高、结构和布局不合理等情况得到了改善，教学质量普遍有所提高，国家迫切需要的系科、专业取得了较快的发展，特别是工科、农林、医药、师范等院校蓬勃兴起，招生规模迅速扩大，适应了经济社会发展和工业要求，我国的高等教育进入了迅速发展的时期。

院系调整中，一般均以师资阵容较强、学科有特色优势的院校系科为基础，并入有关院校的系科专业，筹建新校；或将数所学校的相同系科合并后独立建校。这样，南京大学这所历史悠久、办学经验丰富、名师荟萃的学校，经院系调整就衍生和共生了 8 所高等学校，且后来均成为教育部、中央部委和省的直属重点学校，其中每所学校的在校师生和毕业学生，均先后达到和超过原来国立中央大学的人数，对国家作出了很大的贡献。

在院系调整中，工科、师范、农林、医药院校均得到了加强和发展，除个别边远省区以外，各省区基本上达到了各有一所工科、师范、农林、医药院校，其中工科院校发展较快，一批著名综合大学和以理工为主的大学改建为多科性工业大学，工科院校大有异军突起之势，这对社会主义工业化计划的实现无疑有积极的作用，但从长远和全面来看，这样做有利亦有弊，这在后面将要述及。

院系调整亦存在一些缺点和失误，主要有下列几点：一是忽视了世界高等教育建设发展的经验和趋势，忽视了本国办学中的优良传统与经验以及中国专家的作用，机械照搬当时苏联高等学校的模式，综合大学只设文、理两个学科，工、农、医药、师范、财经等独立建院，把我国一些知名大学拆散，弄得全国很少有多学科融合、真正意义上的综合大学，这应当说是一大失误。而某些新独立出来的或新组建的院校，因准备不足，基础并不充实，基础教育多有所削弱。学科间的交叉渗透和综合互补是高等学校发展建设的重要条件，理工分家、基础学科和应用学科分离，影响了学科间的交流与合作，影响了教学质量的提高和科学研究的开展，影响了新兴边缘学科的发展，对此广大教师从实践中已有愈来愈深的感受。二是忽视了某些大学的优势、系科特长以及本身发展的需要，而将其某些有较好基础、有较大发展前途的学科，或移重就轻，或连根拔掉，使该校多年积累起来的教学基础和科研基地一朝失之，失去应有的作用。这导致时过多年以后，学校还得重新进行建设。三是重当前的政治需要，对政治、教学和学术未加区别，缺乏长远和整体观念。院系调整前的系科专业设置，文法、财经类比例较大，理工、农林类比例较小。而院系调整时，又对文法、财经类的院校系科收缩裁减得过多，只看到其课程内容陈腐和非目前急需的一面，简单地作出调出、合并或取消的决定，而不是有区别、有步骤地加以合理取舍，逐步改造，以适应将来的需要和发展，致使若干年后，又要花较大力气重建这方面的院校系科。

另外，随着院系调整，高等学校的领导管理体制相应作了变革。单科性院校委托中央有关部门直接管理，以后各部门自办一套体系完整的院校，以图人才培养能自给，结果出现效益不高，大量学科、专业低水平重复现象。后来虽几次想予以改变，但终因体制、经费问题而未解决。

就南京大学而言，原本是一所基础较好、学科较全、师资较强、规模较大的综合大学，院系调整中，先后被分解为 8 所院校，南大本身仅保留了文、理两个学院 13 个系，确实是被严重地肢解和削弱了。故学者多认为，一个国家综合大学的水平，往往反映该国高等教育的水平，如能高瞻远瞩，在南大，或保留若干必要的院系，或采取"母鸡下蛋"的方法，从各院系抽调部分力量支援新建院校；在全国，基本保留 10 余所基础较好的综合大学，作为全国的教学基地和科研基地，使它们继续得到加强和发展，尽早跻身于世界高校之林；这样对国家、对学校均可能更为有利。

当然，对于院系调整的利弊得失，不能单从一校、一时或某一方面来看，还应从全局和发展来看。从某所高校来看，或有得有失，或得多失少，或失多得少，各种情况都是一时存在的。问题是在经过较长的实践以后，要及时总结经验教训，扬"所得"之长，补"所失"之短，使情况不断向好的方向发展。自 20 世纪 80 年代以来，南京大学抓住改革开放的契机，经过自身的不断努力，至今年已建立 8 个学院 26 个系。而在院系调整中新诞生的南京工学院，经努力建成国家的重点工科大学以后，不断探索办学建校的经验，也越来越感受到要办好工科大学、培养优秀的工科人才，同样需要理科的坚实基础，需要人文科学的协调和熏陶，需要增强财经、管理等学科的知识，因而提出了"以工为主、工理文管相结合"的专业和学科建设方针，向综合大学迈出了重要的一步，并于 1988 年改名为东南大学。但要办成真正一流的综合大学，还需要几代人的努力。

综上所述，1952 年至 1953 年的院系调整，成绩是显著的，它改变了院系庞杂纷乱、设置分布不合理的状态，使高校走上了适应国家建设需要的道路，为国家培养了大批专业人才，但也存在一些不容忽视的缺点和失误。故学者多认为，院系及专业之调整，宜顾及国家目前与长远的需要，学校的实际、优势与发展学科的建设与发展，以及自然科学与人文社会科学协调发展等多种因素，审时度势，综合分析，贵轻重，慎权衡，才能作出科学正确的抉择；出现问题，要及时总结教训，不失时机地进行调整和改进。

第二节　南工创建时期的基本情况

一、学校概况

1. 领导体制

1952年南工建院时,按1950年政务院规定,主要由华东军政委员会教育部领导。1953年5月,政务院决定:"与几个业务部门有关的多科性高等工业学校,由中央高教部直接管理。"南工改由高教部及华东军政委员会双重领导与管理。

1952年10月,南工建院筹委会主委张江树调任华东化工学院院长,华东军政委员会任命汪海粟为南京工学院首任院长兼党委书记(1955年6月,国务院正式任命汪海粟为南工院长)。1953年钱钟韩任副院长兼教务长。

按高教部规定,南工实行院长负责制。院党委起保证监督作用,保证党的路线、方针政策在学校的贯彻执行,保证和监督行政任务的完成,领导全校的思想政治工作。院务委员会在院长的领导下,组成多种委员会,协调各方面工作的开展。

院长的职责是:代表学校;规划与批准全院各项工作计划;领导全院教学研究、政治辅导与行政工作;任免与提请任免全院教职员工;批准院务委员会决议;掌握财务、处理校产与规划基本建设工作。

副院长协助院长领导全院各项工作。1956年9月,中共中央政治局批准吴大榕、金宝桢、刘树勋三人为副院长(先到职视事)。1957年11月,中共江苏省委文教部决定杨德和任南工副院长兼党委书记(当年4月已到校)。

院设教务长、总务长。副院长钱钟韩兼教务长,总揽全校教学、教务及科研工作;王克刚任副总务长,1955年4月任总务长,总揽全院总务后勤工作。

2. 组织机构

行政机构

设一室三处,即:

(1)院长办公室,设办公室主任、秘书科、人事科;

(2)教务处,设秘书室、教学研究科、教学行政科、教学设备科、生产实习科、出版科、图书馆、体育室;

(3)政治辅导处,设组织科、宣传教育科、青年工作科、校刊室(后改属院长办公室);

(4)总务处,设秘书室、事务科、管理科、财务科、工务科、保健科。

1953年,政治辅导处正式列为党委的工作机构,院行政机构变为一室二处。

1954年9月,工农速成中学正式开学;10月成立"南京工学院学报编辑委员会",钱钟韩任编委会主任委员。

1955年，教务处扩分为教务部和科学工作部，分别由一名副院长主管。总务处改为总务部，人事科改为人事处。

1956年，图书馆从教务部划出，直属院领导，陈章教授兼任馆长。设立夜校工作部，开办夜大学，设立机械制造、发配电、无线电、工民建4个本科专业和1个机械类特别班。

党组织机构

1952年7月，上级党委派杨致平来院负责党的组织领导工作，时学校设教师、职工、学生3个支部。10月汪海粟来校，党的组织、工作机构尚未健全，即以政治辅导处作为党委的办事机构。政治辅导处在各系设政治辅导室。各系开始建立党支部，支部书记一般即由政治辅导员担任。

1953年1月，经中共江苏省委组织部批准，成立南京工学院第一届党委会，有委员5名，汪海粟任书记，杨致平任副书记。

1955年，党委设立一室二部，即党委办公室、组织部、宣传部。经中共江苏省委高校委员会批准，增任鲍有荪为党委副书记。各系支部改为总支。政治辅导处被撤销。是年秋杨致平调任南京林学院副院长兼党委书记。

1956年6月，中共江苏省委文教部批示，同意宫明光、郑定锋为党委副书记。9月南工召开第一次党员大会，选举产生19名党委委员，汪海粟任书记，鲍有荪、刘岩、宫明光、郑定锋为副书记。

1957年11月，中共江苏省委文教部任命杨德和为党委书记（4月已到任），免去汪海粟党委书记职，同时免去宫明光、刘岩、郑定锋三人的党委副书记职。

院务委员会

下设4个委员会：基本建设委员会、生产实习指导委员会、体育健康委员会、财务检查委员会。1955年增设2个委员会：教学法委员会、文化指导委员会。院务委员的人数，首届为21人，1955年后增至70余人。

3. 系与教授

1952年设建筑工程系、机械工程系、电力工程系、电信工程系、土木工程系、化学工程系、食品工业系等7个系，共设10个本科专业和10个专科专业（详见本章第五节）。

1954年，电信工程系更名为无线电系；电力工程系更名为动力工程系，将原机械系的热能动力装置专业并入。

1957年，机械系扩分为机械一系和机械二系，后来又分别更名为机械工程系和农业机械工程系。

各系的前后任系主任及教授的分布情况如下①：

建筑系系主任：杨廷宝。教授：刘敦桢、童寯、李汝骅、陈裕华、张镛森、刘光华、成竟志、张烈。

机械工程系系主任先后为：胡乾善※、舒光冀※。教授：钱钟韩※、范从振※、石志清※、夏彦儒※、潘新陆、高良润、霍少成、汤心济※。副教授：黄锡恺、钱定华、方友鹤、林世裕。

动力工程系系主任先后为：吴大榕、范从振。教授：钱钟韩、夏彦儒、王守泰、曹守恭、闵华、杨简初、严一士、孙仁洽。副教授：李士雄。

无线电系系主任：陈章。教授：钱凤章、王端骧、金宝光、陆钟祚、闵咏川。副教授：沈庆垓、吴伯修、魏先任。

土木工程系系主任先后为：徐百川、金宝桢。教授：刘树勋、方左英、方福森、余立基、陈昌贤、张烈※、黄继渼、戴居正、吴肇之、孙云雁。副教授：李荫余。

化学工程系系主任：时钧。教授：丁嗣贤、王国宾、汪仲钧、张瑞钰。副教授：谢启新、张有衡。

食品工业系系主任先后为王昶、朱宝镛。教授：向瑞春、沈学源、黄本立。副教授：王鸿祺、汤逢、刘树楷、刘复光。

机械一系系主任：舒光冀。

机械二系系主任：钱定华。

基础课教研组教授：胡乾善、梁治明、石志清、丘侃、郭会邦、倪可权、谢景修、沙玉彦、倪尚达、祝修爵。副教授：汪克之、张图谟、许启敏、杨景才、徐镳、刘戎波、马遵廷、徐培林、鲍恩湛。

二、汪海粟的办学主张

汪海粟（1912—1993），江苏靖江人，中学时参加少共（社会主义青年团），投身抗日救亡运动，大学时代任同济大学学生救国会会长、上海学生救国会领导成员并参加中国共产党。抗战爆发后投笔从戎，先后任中共浙南特委书记、浙江文化界党团书记、新四军政治部宣传科科长等职。1941年在皖南事变中被敌囚于上饶集中营，在狱中因组织暴动失败而遭到严刑拷打，后机智越狱，历尽艰辛，辗转到达苏北革命根据地，历任县长、县委书记专员、专署党团书记、华中行署秘书长、华中支前司令部秘书长、华中工委宣传部负责人等职。新中国成立后任中共苏南区党委委员、宣传部部长兼秘书长。1952年，当党的战略重点转入经济建设、文化建设之际，汪海粟怀着新的历史使命感，志愿投身高教战线而被派到南京工学院工作。

---

① 姓名右上角有 ※ 记号者，表示后来工作单位有变动

汪海粟具有较丰富的实践经验、较高的马克思主义理论素养，思想敏锐，有胆有识，开拓进取，实事求是，刚直不阿，平易近人，富有个性，兼具革命者、学者的气质。汪海粟于1952年至1957年主政南工期间，根据党的路线、方针和政策，遵照教育的自身规律，结合南工的实际，先后就学校工作的中心、高等学校的任务、办学应依靠谁、党的教育方针、高等学校党组织的任务和作用、怎样贯彻党的知识分子政策等一系列问题一一作了明确的阐述，且环环相扣，形成了一套比较完整的办学主张，并贯彻于其任期的始终。40个寒暑过去了，我国的高校经历了许多曲折、磨难和变革，而汪海粟的上述主张及实践，仍经得起历史的检验。

汪海粟的办学主张主要有下列几点：

（1）社会主义建设时期，高等学校的主要任务是为国家建设培养合格人才，教师应面向学生，保证教好学好；学生应为祖国而学，把学习作为青年特别突出的中心任务。全校的各项工作都应努力保证这一任务的完成。

（2）教学和教学改革是学校长期的中心任务。学校中的一切工作，包括党的工作、行政工作、后勤工作以及工会、青年团等群众组织的工作，都应围绕教学和教学改革这个中心，全心全意地为这个中心服务。1954年又提出教学工作和科研工作都是高等学校的基本任务。

（3）教师是办学的主导力量，是学校的主要干部。要搞好教学、进行教学改革、培养青年教师，必须首先依靠教师，尤其是有丰富教学经验的老教师，要让他们有职有权，充分发挥他们的积极性和创造性，并切实纠正学运风的影响，改变党团员包办代替的现象。

（4）旧中国的知识分子有两重性，他们一方面为统治阶级服务，无疑都受到反动统治阶级的影响；另一方面也受帝国主义、封建主义、官僚资本主义的剥削和压迫，不满现实，但多数是爱国的。党和国家有必要与可能对他们采取团结、教育和改造的方针，知识分子也有必要与可能摆脱旧社会的影响，成为适应新社会需要的知识分子。解放后经过历次政治运动的影响，多数已改变立场，拥护党、拥护社会主义。现在的老师，是受了国家的委托来做工作的，他们是为国家培养人才的社会主义劳动者，应当尊敬他们，像尊敬所有的劳动者一样。要满腔热情地团结他们，政治上帮助和信任他们，工作上放手，并切实改进他们的工作条件和生活环境。

（5）要树立社会主义的优良学风。党的总路线、总任务要求高等工业学校把学生培养成以社会主义为目标的、德才兼备、体魄健全的全面发展的人才。经过几年的培训，把他们从社会主义建设的预备军培养成为建设社会主义的能手。

（6）开始主张全面和全心全意地学习苏联，经实践发现问题后强调学习苏联要结合中国实际，不要机械照搬照抄，要倾听中国专家的意见，发挥他们的作用，授予教师在教改中有较多机动灵活的权利。进而提出要"创造性地学习苏联高等教育的经验和人民民主国家的经验，同时也要吸收旧中国高等教育和英美各资本主义国家高等教育的长处，独立思考创造为新中国社会主义建设服务的我国自己的整套高等工业教育的经验"，走中国自己的道路。

（7）加强党的领导，首先要改进党的领导和加强党的自身建设。党的领导不是自封的，党的领导主要体现在党的思想政治的领导，党的路线、方针的领导，以及广大党员的先锋模范作用。党的组织路线是实现政治路线的保证，要重视党的基层建设，积极、慎重地发展新党员，要十分重视在学生和教师中建党。现在学校中的党员不多，要实现党的高等学校的任务，必须同时充分发挥行政、工会、青年团、民主党派和学生会等组织的作用。机关干部和基层干部之间，政工、业务、后勤干部之间，各组织的干部之间，都要同心同德、分工合作，共同为办好南工而奋斗。

20世纪50年代前、中期南京工学院的工作基本上是按上述思路而进行的。这一时期所取得的成绩，是正确贯彻党的路线、方针和全体师生员工共同努力的结果。但汪海粟在南京工学院初创时期为学校发展所做出的努力和贡献是巨大的。

现将这一时期的工作分为四个部分（即本章第三、第四、第五、第六节）来记述。

第三节 以教学为中心，办学依靠教师

一、实现学校重点的转移

一所高校，在其从事研究工作的师资队伍和实验装备没有达到一定的规模和水平之前，主要任务是培养学生，中心工作是教学。但是，1949年前后，中国正处于人民革命的高潮和社会制度的急剧变革时期，在国民党政府盘踞大陆的最后年代，党在白区的工作、学校中的党团组织和进步青年的任务，主要是发动群众，团结广大师生，推翻国民党政权。解放初期，则是通过一系列政治运动和民主改革运动巩固人民民主政权，改造旧大学，建设社会主义的新型学校。因此，在建国初期的近3年中学校领导的主要精力尚未转向教学，学校中社会活动频繁，政治活动常处于中心地位，党团员碰到政治活动与业务活动相重而有矛盾时，一般都以参加政治活动为主，致正常的教学活动和教学秩序常遭冲击。

1952年南工建院时，上述情况基本没有改变，汪海粟到校后做的第一件事就是实现学校重点的转移。他首先在领导层和党内沟通思想，强调党和国家的战略重点已经转向经济建设，第一个五年计划即将全面实行，作为向社会主义建设输送人才的高等工业学校，切不可忘记自身的根本任务，以免贻误时机。他要求全院的党政工团以及民主党派等各级组织的工作都应围绕教学和教学改革这个中心，努力为这个中心服务，并长期坚持下去。全体职工都应树立一切为了教学、一切为了保证教学任务完成的思想。全体党员、团员和政工干部都应转变习惯于搞运动而忽视教学的倾向。这些要求在当时要被普遍接受并付诸行动，却非轻易之举，经过反复的动员和坚持贯彻，才逐渐成为广大教职工的共识。

院领导向全院提出下列要求：严格遵守作息制度，节约时间，不进行无计划的工作，不举行无效果的学习，不召开无准备的会议，不侵犯规定的作息时间，保证集中力量进行教学改革和教学工作。与此同时，公布了全院性的以保证教学、贯彻教学改革为中心的工作计划，制定了各部门的工作职责，建立了正规的会议制度，严格控制各类社会活动、社团活动和集体活动，保证教师有六分之五的时间用于业务。规定系主任、教研组主任的办公时间，各系党、团的组织生活均自觉安排在晚上或星期天。对于来自校外各条条块块布置下来的活动及来访、外调等均作了合理的安排和限制。某次，一位省领导亲自通知汪海粟说，某国一个代表团来宁参观，要求南工派学生去机场列队欢迎，汪回答说：学生停课这样的大事，学校不能作主，需经高教部批准方行。给顶了回去。经过一个时期的思想工作并辅以各种组织制度的约束，教学秩序乃步入正常轨道，教学活动才稳固地成为学校的工作中心。

二、发挥教师的主导作用

在高等学校中，举凡授业育人、科学研究、学科建设等要务，都要依靠教师。但由于历史的原因，建院初期对此一度却是模糊的。解放后，军代表进驻、接管学校，校院长和系主任名义上仍由教授担任，而校院系的各项工作实际上多由党团员教师在组织实施；历次政治运动，仍然主要是依靠学生来发动和进行。人们似乎认为学校有了党团组织就能办好学校，对于如何发挥广大教师作用的问题，并未很好地进行研究。

汪海粟到校后通过工作看到，南工教师经过历次政治运动的锻炼和影响后，世界观有了明显变化，政治上要求进步，业务上愿意提高，教学上表现负责，对党的号召多能积极响应，从表面来看，是好的，似乎没有问题了；可是经过深入了解，实际上是存在问题的。这主要表现在相当一部分教师还存在消极被动的情绪，不愿多说，不愿多事，会议气氛一般比较沉闷，对上面布置下来的工作多采取"响应号召""奉命执行"的态度，缺乏热情，缺乏主动精神。为摸清教师思想上的症结，院领导召开了多次民主党派座谈会和教师座谈会，会上较多的反映是：党团员的包办代替现象比较严重，支配会议，包揽工作，不虚心倾听他人的意见，会议要结束时，往往由秘书（均由党团员担任）作总结发言，有人直截了当说是"秘书专政"，系主任和教研组主任有职无权，说话不算数，"虚有其位，难谋其政"。学生不尊敬教师，没有礼貌，对教师评头品足，在教学改革检查中，公开对教师指名道姓地予以不恰当的指责，个别学生还把教师当作旧人员、改造对象，领导还怂恿学生这样做，不予以批评教育。学生如此傲气，教师怎敢多管，怎么"得罪"得起？

院党委连续召开党委及各系党支部书记会议，对上述情况作进一步分析和研究，认为上述教师思想情况的产生，除了教师方面的主观原因外，主要来自下列几点：一是在"三反"与思想改造运动中，偏重于揭露和批判错误的、丑恶的一面——这是对的，但是在运动后期和运动结束以后，忽视了一项建设性的工作，即让各人看到自己的优点、长处与应当发扬的方面，该肯定的应予以肯定。院系调整及其以后的工作中，对教师的要求都比较严格——这也是对的，但往往批评多、鼓励少，要求多、帮助少，求全责备，甚至有某些不适当的批评，致使有些教师感到自己缺点多、压力重、不被信任，而内心又不怎么服气，故情绪振作不起来。二是历史上一度形成的学生运动的经验，如解放前白区的民主革命运动，主要靠学生冲锋陷阵，解放后的各项政治运动，也曾依靠学生的力量来进行，均有其必要的意义与历史的作用。问题是在今天的形势与任务已发生了根本的变化以及学校已经以教学和教学改革为中心任务的情况下，对于如何完成这中心任务，如果仍主要依靠学生冲冲闹闹而不首先去依靠教师作科学而细致的研究，显然是严重的错误。如对这种情况不予以纠正，教师的积极性必然不能发挥，学校重点的转移也就无法实现。三是党团员的作风问题和缺乏民主精神，同样是使教师积极性不高的重要原因之一。要帮助党团员放下政治优越感的包袱，认识到自己业务上的不足，虚心听取群众意见，虚心向老教师学习。只有在政治上、业务上同时取得进步和提高，才能团结广大教师共同搞好教学和教学改革。大家还认为问题虽然出在下面，但根子是在上面。教师、学生和党团员中出现上述问题，要到院领导的指导思想和领导方法上去找原因。为什么院领导在召开系主任会议之前要先找秘书通气，事先布置一番？为什么对于教学改革这样的教师分内之事，院里不让教师自觉地去做，倒要发动学生来向教师施加压力？联系起上述党团员中存在的包办代替及学生不尊敬师长等现象，其因果关系不言而喻。

  在1953年夏南京工学院呈高教部的报告中，一开始就写道：首先，在行政领导方面，对于集中精力办好学校、搞好教学，并以教学改革作为当前的中心任务这一中心问题，基本上是明确的，贯彻是坚决的。报告中又说道：教师是学校的主要干部，搞好教学，贯彻教学改革，必须首先依靠教师的努力和高度发挥他们的积极性和创造性。……这个问题关系到学校中心任务的开展，是学校工作中的政策与路线问题，为此我们曾进行了多方面的调查研究，并以严肃的态度进行了一系列的工作。1953年11月，汪海粟在本院第三届学生代表大会上所作的"树立社会主义的优良学风"报告中进一步指出："老师是受了国家的委托来做工作的，他们是为国家培养人才的社会主义的劳动者，我们应当尊敬他们，像尊敬所有的劳动者一样；我们愈加尊敬老师，就愈加能够学好我们所要学习的东西。"

  "办学依靠教师""教师是社会主义劳动者"，这些话语如春风吹绿了校园，温暖了人心，给学校带来了勃勃生机。教师们积极参政议政，议论院系大事，系主任、教研组主任主动挑起担子，筹划起系组的全面工作；党团员和广大教师间的关系渐见融洽，既谈业务又谈心，共求进步；工会的民主生活活跃，民主党派的组织生活热烈；学生们如"拂去了心头的阴霾"，表示他们本不愿评点老师，不希望师生对立，过去的师生关系是受到了某些扭曲，中国素有尊师爱生的传统，他们希望在新形势下恢复和发扬这个传统。校园里开始出现新型的师生关系，系主任们接连向学生作关于学习问题的报告，教授们接连向学生作关于治学、自学等方面的讲演，许多教师深入学生宿舍和自修教室，主动给同学辅导答疑，校刊《人民南工》上涌现了大量尊师爱生的动人报道，逐渐形成了教师爱生乐教、学生尊师敬业的良好校风。

第四节　学习苏联经验，全面进行教改

一、学习苏联的前期准备工作

学习苏联之始，着重抓了两件事，即建立教研组和突击学习俄语。

1. 建立教研组

1952 年 9 月，华东军政委员会教育部召开所属工学院座谈会，讨论各院校的专业分工，并决定了南工应设置的本、专科专业。专业设置和专业教育在我国是新事物，大家都不熟悉。学校即仿照苏联高等工程教育体制，在各系设置了若干专业，按培养目标和教学计划的要求，把教师组织起来，分两步建立教学组织。第一步，选择人力比较集中、性质较单纯的基础课程，组建教研组；对课多人少的专业课程，先建立教学小组。第二步，经院系多次召开教研组、教学小组工作会议，交流情况，总结经验，明确教研组任务，工作流程逐渐正规，至 1953 年下半年，遂全部改为教研组。这一组织形式一直沿用至今。从实践情况来看，它有利于教学计划的贯彻执行，有利于教师业务水平和教学水平的提高，在生产实习、课程毕业设计及科研活动中有利于人员的调配和群体智慧力量的发挥。教研组能增强人的集体观念、组织观念、组织才干和为人民服务的精神，是培养干部人才的基地。许多教师在教研组的工作中展示了他们的业务专长和组织才华，而后成为学科骨干、学术带头人和院系领导干部。

科学与教育的发展往往也要经历由整到分、由分到合的过程。近年来有的教师感到某些划分过窄的专业教研组不利于学科的互渗互补，不利于基础理论的加强和高层次人才的培养，建议进行改革，或以学科组代替教研组，或系办专业，以系为教学研究的基本组织。这是一个值得讨论研究的问题，可以试行，但教改和学科的发展有一个历史过程，教研组的历史作用不宜否定。

2. 突击学习俄语

学习苏联首先碰到的问题是语言障碍，当时南工的教师绝大多数不懂俄文。院领导决定组织全体教师突击学习俄语，因缺少师资，故分两步走。第一步，从全院各系共抽出 48 名教师，先进行速成训练，以取得经验，并作为日后的辅导力量。第二步，组织全体教师突击学习俄文，按系及专业分为若干大组，经过 3 周学习，大多数教师基本上粗通俄文语法，掌握了一二千个单词，能借助字典阅读专业书籍，具备了自学基础。以后主要由各系组织教师在学习苏联教材及编译过程中进行巩固和提高。

学习俄语打开了学习苏联的大门，其好处不言自明。对高校教师来说，多掌握一门外语就是多掌握一把知识的钥匙。语言是民族的产物，是人类文化的组成部分，它没有阶级性，可以共同为繁荣各民族的文明而服务。但由于历史的原因及认识上的片面性，认为一切都是苏联

的好，业务上也要"一边倒"，所以学习苏联及俄文以后，英语教学也一度停止了。影响所及，有的教师不再参考英美教材，还把学习英语也作为一种忌讳。1956年后，有的教师勇敢地提出既要学习俄语，也应该学习英德等其他外国语，对此院领导予以鼓励和支持，1957年英语教研组才正式恢复。但这一曲折使得一代人的外语水平总的说来都比较差，这对学习和借鉴外国的先进技术是很不利的。

在学习苏联的初期，院系前后还选派了50余名青年骨干教师去苏联、哈尔滨工业大学或其他兄弟院校直接向苏联专家学习，为日后的全面教改创造了条件。

二、全面学习苏联

南工以苏联高等教育为模本进行教学改革，首先是设置专业。当时学校设置的专业是在华东军政委员会教育部召开的华东地区工科院校的会议上确定的。所以当时的教改，就是从专业教学计划、课程教学大纲、教学内容、教学方法至教学各环节，系统学习苏联。主要特点简述如下：

1. 制订、修订教学计划

教学计划是学校培养专门人才和组织教学的主要依据。南工仿照苏联高等工程教育体制把通才教育改变为专业教育，按各专业培养目标要求，分别制订各专业教学计划。教学计划对修业年限、课程设置及时间分配、教学进程、课堂讲授、实验、实习考试考查、毕业要求等，均作了严格具体的规定，是学校组织教学的基本文件，按当时的说法，它具有法律意义。

由于当时能得到的苏联教学资料不多，所以在1952年秋第一次全面制订教学计划时，一般只能以苏联五年制教学计划为蓝本，凭臆测、主观判断以及凑学时的办法来制订南工四年制本科和二年制专科的教学计划。1953年秋，根据全国高等工业学校重点修订教学计划座谈会的精神，参照兄弟院校修订教学计划的经验以及自身的实践体会，学校又进行了一次全面修订。1954年3月，《南京工学院1954至1957年教学改革计划纲要》（简称《纲要》）正式颁布，《纲要》规定：对1953级本科新生和1954级专科新生，按新修订的教学计划，全面采用新的教材教法；对1952级本科生和1953级专科生则进行新教材教法试点；对高年级学生则制订了过渡性教学计划。1955年高教部决定将南工本科四年制改为五年制，故1955年秋至1957年又进行了第三次制订和修订教学计划的工作。这样，在50年代前、中期，南工就进行了三次全院性的制订和修订教学计划的工作。

2. 教学大纲、教材和理论教学

各门课程的教学大纲是规定学生关于各门课程所应获得的知识、技能和技巧的文件，是编写教材和进行教学的依据。大纲对该课程的目的、教学内容和要求、学时分配、教学环节的安排等均有明确规定。教师须按大纲编写或选用教材，编写讲授提纲、教学任务指导书及教学日历。由于学习苏联的不断深入，教师的业务水平得到不断提高。但学校要求学习苏联要和中国实际相结合，适应国家经济建设要求。

教师学习苏联教学内容的热情较高。1953年，教师所编教材基本保持苏联教材精神、体系者占20%，以旧有教材为基础、部分吸收苏联教材内容者约占70%，无甚变动者约占10%。1954年，直接采用苏联教材者约占45%，参考苏联教材及参考书而编出讲义者占45%左右。1955年后，提倡结合中国实际编写教材。

理论教学是教学的主要组成部分，院系和各直属教研组始终把主要精力放在提高课堂讲授质量上，不断加强对备课、试讲、课程进授的指导和检查。院务委员会曾多次分别听取各直属教研组的报告，并通过相应的决议。对教学的重视，一开始就成了南工的传统。

3. 实验和实习

理论联系实际是苏联教学计划的显著特点之一。实验是印证理论、学会使用基本仪器设备以及进行科学训练的重要教学方式。至1957年，全院已有3门基础课、41门技术基础课、56门专业课共100门课程按教学大纲要求开出了实验课。实习被列入教学计划的重要组成部分，并作为一项必须进行的教学环节。以本科为例，于二下、三下、四下学期分别进行认识实习、生产实习和毕业实习。院和系分别成立了生产实习指导委员会和生产实习领导小组，对师生进行深入动员，并在教学准备、组织准备、物质准备等方面做了大量工作。1953年和1954年，全校分别有1200余名和2100余名师生分布在全国数十个厂地进行实习。实习对于增进学生对专业的了解、增进师生对生产实际的了解、密切厂校联系以及向工人群众学习等方面，无疑都有积极的作用。

4. 课程设计与毕业设计

旧大学也有课程的综合性作业和毕业时写论文的要求，但常常脱离关系。现在各专业有关课程的课程设计或课程作业、本科生的毕业设计和专科生的结业作业，都要按苏联教学计划的高要求来严格正规地进行，十分强调学习动手能力培养，这对南工教师来说，一下子也难以适应。故院系及各教研组对此两项工作都极为重视，提前一至两年做好各项准备工作，指定教师先行试做，并按正规办法确定总指导人和顾问教师，制定设计任务书，在试做过程中加强指导，检查结束时通过正式答辩并进行总结。1954年，有40门课程开出了课程设计课或课程作业课，1955年开出课程增加32门，1956年全部开出。1956年，在全院15个本、专科专业进行毕业设计。

5. 考试与考查

苏联教学计划强调考试与考查是检查学生成绩的唯一标准，并且是一种阶段学习总结的方法。在改革考试、考查的过程中，南工也曾仿效苏联的形式和方法，积极推行口试答辩和五分记分制。但因这样做期终考试门类过多、时间过长，在后期就作了灵活变通处理。

6. 发挥苏联专家的作用

20世纪50年代中期，前后来南工工作过的苏联专家有：阿·马·库兹涅佐夫，水泥生产工艺学专家，院长顾问；姆·叶·金斯布尔克，粮食储藏与加工工艺学专家，兼院长顾问；尼·依·尼柯拉也夫，农业机械理论、构造和设计专家，院长顾问；谢·瓦·斯维什尼柯夫，工业电子学专家；尼·瓦·查林柯，工业热能专家。他们在协助学校开设新专业、制订教学计划、开出新课程、培养师资和指导研究生以及协助院系领导推动教学改革等方面，均发挥了积极的作用。

由于全体教师与职工的共同努力，南京工学院 1954 年至 1957 年的四年教改计划纲要提前于 1956 年完成。在此期间，共开出 256 门新课，编写或采用了新的教材，其教学方法和各个教学环节均按苏联高等工程教育的要求试走了一遍。

学习苏联经验，实行教育改革，成绩显著，主要体现在：旧大学的教育缺乏全盘的计划，现在重视了学生德、智、体的全面发展；旧大学的教育不注意理论联系实际，现在则在整个教学过程中体现了强烈的理论联系实际、教学要为生产及社会主义经济建设服务的精神；从总体上讲，教学质量在原有的基础上逐步有所提高。当然在改革的过程中也存在不少缺点，主要是学习苏联过程中结合我国和南工的实际不够，在若干制度、方法和教学环节上存在盲目仿效或机械照搬的现象；某些要求偏高偏重，实施某些措施前，未很好倾听和采纳教师的意见；在改革的过程中对旧中国高等教育和资本主义国家高等教育基本上采取否定和抹杀的态度。这些主观主义和教条主义的倾向，影响到教学改革没有能取得更多更好的效果。

三、结合实际，探索教改新途径

教改的中后期教学和教改中的一些问题逐渐暴露出来，部分教师对学习苏联和教学改革先后提出了不少意见和建议，院系领导能发扬民主精神，开展自由讨论，虚心听取教师意见，并鼓励教师从教学计划、教学大纲、教育内容、教育方法到教学各环节，大胆实践和提出自己的意见，院系自身亦不断进行探索、总结和改进，使教改未走大的弯路，在某些方面还体现了南工的特色。

教改的问题，首先和核心的问题是教学计划的问题。为了解放思想，广开言路，1956 年春，院教务部搜集了不少资本主义国家和旧中国高等学校的课程表，印发给各系作参考。同年暑假，学院邀请了 30 余位教师进行座谈，事后由教务部整理为《关于当前高等工业教育中的问题及改进的意见》一文，该文指出："现在仿苏联拟订的高等学校工科专业的教学计划对我国情况（主要是对我国学生的实际水平和我国生产的实际需要）不大合适。教学计划的基本问题是课程排得太多太满，以至学生除了应付教师指定的课外作业以外，没有什么可以让自己支配的时间。这种情况在高年级和低年级没有多大差别，程度好的学生和程度差的学生也没有多大差别。学生平日无暇把学得的一些重要知识提高到技能和技巧的阶段，也无暇就个人爱好对某一学科作较深入的研究。"由于学校的学术气氛较浓、思想禁锢较少，建筑系经酝酿于 1956 年在全国第二次建筑学专业统一教学计划会议上,根据本系数十年教学经验,结合社会需要,提出了"喇叭口式"的建筑设计教学计划。其主要论点是低年级着重加宽基础,设计课让学生放开思路;高年级增加技术、结构等课程,以期艺术与科学的统一;同时增加建筑历史和美术课的学时,建筑设计课的学时占总学时的45%左右。这些主张是建筑系多年来形成的教学特色的体现,据此培养出来的学生基础扎实、思路开阔、动手能力强,因此受到了兄弟院校的赞许。又如无线电系无线电技术专业的教师在开出苏联教学计划所规定的课程后,经过实践、探索,感到其课程设置多以"设备为纲",内容烦琐,不实用。为使培养出来的学生具有较厚的理论基础、较强的分析能力和适应性,他们另外拟订了一个以技术为主或者说以学科为主的加强基础和加宽专业面的新方案,取消设备性课程,按学科设置了"微波技术""脉冲技术""雷达原理""信息论"和"半导体电路"等课程,受到了系和院的支持。在全国教学计划修订会议上,系主任陈章与钱凤章教授将原订教学计划和新方案同时在会上作了介绍,与会者赞扬了新方案并予以肯定,将之作为该专业教学计划的第二方案——后因"反右"斗争而未能执行。无线电系遂将这些新课程作为选修课或加选课,在国内先行开出其中的"微波技术""脉冲技术"课程——后来还成了必修课。粉碎江青反革命集团以后,新方案中的许多合理主张为以后多次修订该专业的全国指导性教学计划提供了有益的意见和准备。

在其他方面亦作了一些改进。例如,教学大纲可灵活运用,经教研组讨论可作适当删减;高年级的习题课可以取消,低年级的习题课对于不同程度的学生可以分别安排;基础课实验的时数不能减少,但可考虑减少实验个数,提高每个实验独立工作的要求,某些专业课实验可以酌量减少;课程设计和毕业设计要避免不必要的重复,精炼设计内容,对某些课程设计和作业可以考虑合并或删除;对于本科生是否需要经过3次实习,鼓励大家研究讨论并提建议;考试时间可改4周为2周,考试门数可不超过4门,有考试又有考查的课程时两者可取其一,考试的方式不必全部采用口试,计算较多的课程可采用笔试,或采用笔试、口试的混合形式。学习苏联初期,人们多朦胧地认为,苏联有先进的社会制度,其教育内容、方法和形式必定也是先进的,随着教师对情况的了解、见识的增长和思路的开阔,许多教师渐渐独立思考起来了,敢于面对学习苏联和教改中存在的问题,直抒己见。

在日常教学工作中,院系领导要求教师面向学生,管教管学,善于启导,既要充分地发挥教师在教学中的主导作用,又要善于调动学生学习的积极性和主动性。同时强调提高教学质量的关键在于提高教师的水平。各系都制订了教师进修的规划,各教研组均根据教师的具体情况订出了近、中期和长远的进修提高计划。这一时期学生的学习中,普遍而长期存在着两个问题:一个是课程多、内容多、作业多,学习不得法,死记硬背,消化不良,学习负担过重,学习效果不好;与此有关的另一个问题是自学能力、独立思考能力和独立工作能力不强,习惯于被动接受知识,而不善于自己去吸取、拓宽知识。为此,教务部门和各系每个学期都要经常组织教师对学生进行指导,并请著名教授给学生作关于自学、治学等方面的报告。1955年院、系均成立教学法委员会，从一、二年级抓起，制定了"关于低年级学生独立工作能力指标和分工意见"，对学生的听讲、阅读、笔记、解题、计算、实验等能力，都分别提出了具体要求，并提出了分口培养、归口负责的办法。同时要求教学内容和教学各环节中贯彻循序渐进、因材施教、"学少一点，学好一点"的精神。由于采取了一系列措施，多数学生都能克服困难，开动脑筋，较好完成学习任务。教与学的两个方面都初步出现了生动活泼的局面。

1956年8月，南京工学院召开第一次全院党员大会，汪海粟代表党委作工作报告，报告回顾和总结了4年来学习苏联、进行教学改革的经验，既肯定了它的巨大成绩，也指出了其中的许多缺点和不足之处，并提出了要"密切结合实际，创造性地学习苏联高等教育的经验和各人民民主国家的经验，同进也要吸收旧中国高等教育和英美各资本主义国家高等教育的长处，独立思考，创造为新中国社会主义建设服务的我国自己的整套高等工业教育的经验"，"走自己的道路"。可惜的是探索新道路正开始起步，1957年夏政治风云突变，这一探索不得不陷于中断。

四、学习苏联说评

关于学习苏联的功过问题，曾经是一个禁区，不容置评，即使在实践中看出一些问题，也只能旁敲侧击。20世纪80年代改革开放以来，思想活跃，眼下人们对学习苏联的看法，有总体肯定的，有基本否定的，有一九开的，有倒三七开的，看法很不一致。完全肯定或否定，均非实事求是，三七开或七三开也不科学，难以作出定量分析。若能历史地看问题，具体情况具体分析，从中总结经验、吸取教训，则可裨益未来。

建国初期的历史背景是：帝国主义在政治、经济、军事上孤立、封锁、包围中国，妄图把新中国扼杀在摇篮里，当时只有苏联愿意帮助我们，在这样的环境下，我国在外交上实行"一边倒"的方针；在第一个五年计划中，以苏联援建项目为中心的社会主义建设迫切需要大量人才；旧中国高等教育的总体水平不高，远不能适应国家建设的需要。真可谓形势严峻、任务紧迫。而十月革命30余年后的苏联，已积累了一套高等教育适应社会主义建设的初步经验，他们给我们派来了大批专家，先是技术科学家集中在哈尔滨工业大学，社会科学家集中在中国人民大学，继而向不少著名高校也陆续派了专家。这样，学习苏联进行改革变得顺理成章，成了历史的选择。现在有人说，学习苏联一开始就选错了路，这是不顾历史的说法。有人说这是"必由之路"，"舍此别无选择"，也说过了头。我国历史上的、解放区的以及世界各国许多办学经验和科学技术，不都可供选择和借鉴吗？在一段时间内，我们忽视了其他渠道，有的领导不适当地提出了所谓业务上也要"一边倒"的主张，一门心思地走在学习苏联的单行道上，照搬照抄，不免走了一段弯路。

学习苏联的成绩是显著的。苏联高等教育的总体水平比我们高，科学技术比我们发达，是客观事实。苏联高等教育有明确的培养目标,实行德智体全面发展的方针,其教学计划比较全面和严密。重视打好宽广而坚实的基础,重视理论联系实际,重视实验、实习和实践,重视教学为社会主义建设服务,是其显著的特点。经过全面教学改革,我国教学质量普遍比原有基础有了较大提高。这一时期培养出来的学生大部分都有理想、有事业精神、有一定的专业知识,能较快适应工作的需要,并有较好的组织才能,不久就成为单位或一个方面的骨干。在很长一段时间内,从中央到地方,从学校到厂矿、部队和科研单位,都是他们在挑大梁,这也是客观事实。

当然,学习苏联并非全好。学习苏联的主要问题是,我们在此过程中没有对政治、教育和学术问题加以区别对待。政治是经济基础和阶级关系的集中表现,自然具有鲜明的阶级性,科学技术则无国籍、无国界,它可以为任何国家、任何阶级服务。教育的情况则要复杂一些,作为上层建筑为谁服务,其教育方针、教育制度等方面是有明显的阶级性的,而教学方法、教学环节和教学诸手段则人人均可取而用之。作为培养人才的教育内容和众多学科,其人文社会科学不少确实带有阶级性,但亦非尽然,语言文字等就没有阶级性,且人类知识多带有继承性,马克思主义的三个来源和三个组成部分就包含了德国的哲学、英国的古典经济学和法国的空想社会主义;至于林立纷呈的自然科学,本为人类共同创造,理应为人类所共同享有。而教育学作为一门科学又有其自身的体系和发展的规律。阶级立场原指阶级斗争中的政治态度,可是在某一时期,似乎什么都带有阶级性,以至对学习苏联有某些不同看法,也可以被认为是政治问题,"学习不学习苏联,也是政治立场问题";谈论旧大学的教学和教育家,自然更是忌讳之事。学术上的闭关锁国,自己封锁自己,使我们在振兴中国高等教育事业中失去了许多宝贵的时间和机遇。

学习苏联的另一个问题是没有结合我国的国情、生产实际和学校的实际,对若干制度、措施和方法存在盲目追求和机械照搬的现象,存在某些形而上学和形式主义的东西。例如,过窄的专业口径与分工过细的专业教育,已为实践所证明是难以适应科技迅速发展的时代需要的。而我们不去研究苏联形成这套教育体制的历史、经验和教训,也不去具体研究我国当时产业发展的情况,一度也设立了不少过细的产品性专业,其培养的学生也就很难专业对口和适应生产的需要。而根据苏联专业教育而制订的教育计划和所设置的专业课程,过多地将一些具体设备或工艺作为教学内容——这些内容不是学了无用就是很快过时,造成了教学中时间、精力、物力的大量浪费。再如在推广习题课课堂讨论、口试和五分制等方面也存在不讲效果而图形式的现象。一度在上课时推行的"六时一贯制"就忽视了苏联大学生与我国大学生的生活条件及饮食习惯不同,效果很不理想,以后复又下马。

回顾学习苏联的过程,对比改革开放以来的情况,可以得出这样的结论:苏联好的东西要学,世界各民族、各国家先进的东西都值得学,中国历史上的优良传统都应加以继承和发扬。我们应当按照建设中国特色的社会主义的理论来建设和发展中国的高等教育事业。

五、科学研究的起步

建院初期,因学生和新教师人数迅增,新专业、新课程大量开设,教师学习苏联、进行教改以及备课进修等任务均甚繁重,尚难以顾及科学研究。开始,只要求各教研组实事求是地根据教师的业务水平来考虑,不宜过急地要求所有教师都参加研究工作,但亦不应把科学研究看成高不可攀的而裹足不前;研究题目要结合生产实际和教学实际。当时把学习苏联的体会、编写教材、教学经验报告以及安装实验设备等一类工作均当作科学研究的前期准备工作。

1954年10月,院务扩大会议通过了《关于开展科学研究工作的决议》。决议指出:进行教学工作和科学研究工作都是高等学校的基本任务。开展科学研究,不仅对科学的发展和国民经济的发展有着重要的意义,而且在鼓励教师钻研科学,联系实际,从而提高业务水平和教学质量方面,也有着重要的意义。所以高等学校的教学工作与科研工作是不可分割的两个方面。结合当时的实际,钱钟韩副院长要求教师注意"从小到大,从低级到高级,循序前进",并对基础课教研组、专业教研组以及不同水平的教师分别提出了不同的要求,各系和教研组都制订了科研工作的计划,科学研究启动。1955年,总计提出科研项目的教研组共35个,项目113个。参加科学研究的教师147人,其中正、副教授42人,占同级教师的53.8%;讲师52人,占同级教师的32.3%;助教53人,占同级教师的23.8%。与此同时,学术报告、学术讨论会也初步开展起来,建筑系举办了多次建筑思想的报告会和研讨会。与工厂、企业合作进行研究的工作也已开始,共与12个单位签订了联系、合作合同。但执行情况并不理想,由于有些项目并非教学或生产上亟须研究解决的问题,有些项目因工厂生产任务变动而中止,有些项目缺少必要的实验手段和物质条件,故约有三分之一的项目没有完成任务。

1955年下半年,中共中央提出了"向科学进军"的号召,科研工作加快了前进的步伐,院系作出具体部署,教师从不同的起点上参加了各层次的研究工作。经过一年的努力和准备。1956年10月26日至30日,南京工学院召开了第一次科学讨论会,讨论会规模宏大,盛况空前,按学科、专业性质分别在20个场所同时进行;来宾共1400余人,在宁的科研机构、厂矿院校来人踊跃,来自西北、西南、华东、华南的也有500余人。

大会共收到科学论文201篇,其中20篇为工厂企业、科研部门及兄弟院校所提供,181篇系本校教师提供,其中又有30%为青年教师所撰写,这显示了新一代教师在迅速成长。论文内容丰富,不少论文有较高的学术价值和实用价值,引起了与会者的兴趣和重视。例如,建筑系刘敦桢教授所作的《苏州园林》学术报告得到了专家学者的高度评价。(后来据此修改成专著,获国家特等奖,多次再版,并被翻译成几国文字向海外发行,国外专家称赞该著作是"研究中国古典园林的经典著作"。)舒光冀教授所作的《钢铸件冒口尺寸的计算》报告,获铸造工程界的好评,戚墅堰机车车辆厂的工程师认为对他们的启发帮助很大,当场表示愿意协助学校进行该项试验。闵华教授作了《电力系统不对称运动》专题报告,电厂同志听后满意地认为解决了他们多年未解决的问题。食品工业系的论文报告大部分结合实际情况解决工厂生产中的实际问题，如王昶教授的《豆油高温水化》、沈学源教授的《目前碾米工业存在的几个问题》、黄本立教授的《从碾米厂的废物（下脚）中用物理方法分开杂质的初步试验》等，对工厂改进生产都有直接的作用与贡献。此外如刘光华、苏华钦、戴居正、成竟志等的研究报告，也均受到了与会者的较高评价。化工系水泥工学教研组在苏联专家库兹涅佐夫指导下共提交8篇论文，受到了同行的赞许。

这次科学讨论会是一个良好的开端，虽然大部分报告在科学水平上未获重大突破，但是在推动学校的科学研究、密切学校与工厂企业及科研单位的合作、为国民经济建设服务等方面，都起了积极的作用，影响所及，各系和教研组也积极举办起多层次的学术报告会，增强了学校的学术气氛。

在此期间，也曾筹划过科研据点的建设（所谓"科研据点"实质上即今天的学校重点科研机构和重点实验室），后来也因种种原因而中断。

1957年，全院预计进行科学研究的选题有213个，参加研究工作的教师共291人，占全院教师的58.1%，其中正副教授61人、讲师93人、助教118人。在全部选题中，属于国家研究项目的有18个，属于工厂企业部门提出的共97个，编写教材方面的有24个，其他项目74个。并准备于1958年4月前后分系举行南工第二次科学讨论会——后因整风运动、"反右"斗争等原因而未能举行。科学研究最需要有一个做学问的环境，并做扎扎实实的工作，如果不是政治运动的冲击，学校能组织大家以坚韧不拔、始终如一的精神努力工作若干年，则南工的科研成绩必将可观。

第五节　扩充学校规模，振兴学校事业

1952—1957年间，学校规模迅速扩大，学校事业蒸蒸日上，本科专业由10个增至20个，教师人数由268人增至842人，在校学生人数由1944人增至6018人，建筑面积由8.77万平方米增至17万平方米，呈现一派欣欣向荣的景象，成为南工历史上第一个鼎盛时期。1954年院领导讨论学校远景规划，发展目标定为万人。现将当时学校事业的发展分述如下：

一、专业的设置、调整与发展

1952—1957年学校专业的设置与发展情况见表2-1。

表2-1　1952—1957年南工专业的设置与发展情况

系　别	1952年所设本科专业	1957年所设本科专业
建筑学系	房屋建筑	建筑学
土木工程系	工业与民用建筑	工业与民用建筑 公路与城市道路
	汽车干道与城市道路	装配式建筑混凝土与钢筋混凝土制品工艺
建筑工程系	房屋建筑	建筑学
机械工程系	普通机械制造工艺热能动力装置（后调入动力系）	机械制造工艺、金属切削机床及工具 铸造工艺及机器 农业机械 建筑机械及筑路机械与设备
动力工程系 （原电力工程系）	发电厂配电网及联合输电系统	发电厂、电力网及电力系统 工业企业电气化 热能动力装置 工业热能学
无线电系 （原电信工程系）	无线电通讯及广播电气真空技术	无线电工学 电真空技术
化学工程系	水泥生产工学	硅酸盐工学 化工机械
食品工业系	食品工业	粮食储藏及加工工艺学 发酵剂制造工艺 油脂工艺学 食品机械及装备

注：机械工程系分系后，机械一系辖机制、铸工2个专业；机械二系辖农机、建筑及筑路机械2个专业。

建院初，为适应国家对工业建设人才的迫切需要，曾设立以下 10 个专修科：工程测量、工业与民用建筑、公路、建筑施工、金属切削加工、动力厂检修、工业电气化、无线电广播、工业用瓷、制糖。随着国家对建设人才层次和质量的提高，1955 年高教部决定将部分条件较好的高校改变学制，从是年秋开始，南工的四年制本科改为五年制，二年制专修科停止招生。

自 1956 年始，南工有 3 个专业开始招收研究生：一个是基础较好、师资较强的建筑学专业，另两个是有苏联专家的专业，即农业机械和粮食储藏及加工工艺。

1955 年，高教部与第二机械工业部会商决定，将南工的无线电系与交通大学、华南工学院的相关系科合并，迁四川建立成都电讯工程学院。南工一方面服从上级决定，部分设备已装船运抵重庆，教职工亦已整装待发；另一方面紧急与有关教授专家磋商，并征询南京有关大企业的意见，一致认为南工无线电系不宜内迁，理由是：① 世界先进国家正以迅猛速度发展无线电技术与教育，而我们却采取集中紧缩的政策，是否合乎潮流？② 华东、华南处国防前线，而无线电与国防的关系至为密切，将其全部教育机构撤向后方，害多利少。③ 南京有许多电子方面的国家重点企业，多年来与南工无线电系在技术与教育等方面充分合作，已见成效，若目前撤去，损伤至大。汪海粟迅速将此意见反映到省委，获省委支持，并派一位书记专程去沪，向正在上海视察的周恩来总理面陈江苏省委意见。总理表示返京后与有关方面重新研究。不久，高教部急电南工无线电系师生暂缓启程，并会同二机部邀请有关三校校长去京重议。汪海粟赴京之际，陈章系主任连夜与众教授共商大计，并急电呈请总理裁夺。

日理万机的周总理工作慎重仔细，在听取各方面的意见后表示：一个重要学科的兴衰，对于一个国家的学术、科技关系至深，指示高教部重作考虑，慎重处理。高教部与二机部再次会商后决定：① 南工无线电系留南京停迁；② 调南工无线电系 15 名教师去成都支援新校；③ 南工已迁入四川的仪器设备除有线电部分外，全部运回南京。

南工无线电系及其专业就这样留了下来，后来，这个系又衍生了电子工程系、生物医学工程系及其他 6 个新专业，为南工增设了一些新兴的尖端学科。而无线电系本身也由 2 个专业增至 5 个专业，其教学和科研工作均处于国内领先地位，至八十年代中期已建成 2 个国家级重点学科、1 个国家重点实验室，培养出大批技术人才，对学校、对国家作出了很大贡献。周总理对我校的关怀和英明决策，令人永志难忘；50 年代办学者的胆略胆识和深谋远虑，也给人留下了深刻的印象和深邃的启示。

二、师资队伍的发展与建设

1952—1957 年，教师队伍的发展呈超常规、跳跃式态势，见表 2-2。

表 2-2　1952—1957 年南工师资队伍的发展情况

年份	教授	副教授	讲师、助教		教员	合计
			讲师	助教		
1952	55	14	80	119		268
1953	55	19	80	195		349
1954	57	17	81	239		394
1955	58	16	133	257		464
1956	56	19	150	335	11	571
1957	55	20	150	617		842

由表 2-2 可见：① 在此期间，因高教部暂停教授职称的评定，教授人数没有变动，只有个别讲师晋升为副教授；② 讲师人数由 80 人增至 150 人，增为 1.88 倍，③ 整个教师队伍增至原有人数的 3.14 倍，其中助教增为 5.18 倍。助教占全体教师人数的百分比由 1952 年的 44% 增至 1957 年的 73%。应加以说明的还有，在助教中，修业三年提前毕业和二年制专修科毕业的约有三成。

这一情况说明南工的事业在迅速发展，当然也说明了师资培养提高问题的严重性和紧迫性，但只要把师资队伍建设工作做好了，未来是大有希望的。

院领导经常分析师资队伍的情况，年年都作出师资培养提高的计划或规划。几年中对不同课程性质和不同水平的教师采取了多种培养渠道和方式：① 对于新设专业的专业课程和基础技术课，一般派业务、政治条件较好的讲师、助教去有苏联专家的或水平较高的兄弟院校学习 0.5 年至 3 年，先后约派出 50 人，回校后多能独立开出新课，并推动实验室建设及课程设计、毕业设计等工作。② 为南工有苏联专家的 5 个专业配备较强力量，共 50 余人，他们努力学习专家的本领和专长，掌握了新教材的基本内容及各教学环节，后来其中 3 个专业及其所属系均独立建院（南京化工学院、无锡轻工业学院、江苏工学院）。③ 对于某些新课，当时国内并无苏联专家，兄弟院校亦无特强师资力量，则指定一些老教师来准备，为他们下厂、去外校参观、去业务部门收集资料等创造条件，由于任务明确和教师责任心强，成效均较显著。④ 对于某些结合实际很密切的新课，如保安防火技术、工厂设计、工业建筑设计、企业组织及计划等课程，则指定专人脱产备课，给他们以较长的下厂和到业务部门学习的时间，多能按期开出新课。⑤ 对于南工已能开出但需大量增加新教师开课的课程，一般是在原来担任该课的教师指导下，通过听课、答疑、自学及参加教学工作等方式来完成培养任务。⑥ 对于本科提前毕业和专修科毕业的教师，首先根据本门课程的教学要求，组织补课。有些教师还要补做课程设计和毕业设计。为了统筹对这些教师的补课和进修，机械工程系等大系还设立了"教师进修班"，起了较好的作用。

各系和教研组均制订培养师资的计划，并组织教师制订出一年的和中长期的进修提高计划，内容包括政治、理论、外语、基础理论与专业知识实践等多方面，既保证了教学任务的完成，也逐步提高了业务水平和教学水平。

三、招生人数和毕业生的迅速增长

1952—1957 年在校学生和毕业生人数的增加情况，见表 2-3。

表 2-3　1952—1957 年南工在校学生和毕业生的增加情况

年　份	在校生人数	毕业生人数
1952	1944	376
1953	2618	462
1954	3352	541
1955	3816	847
1956	4898	967
1957	6018	480
合计	22 646	3673

由表 2-3 可见，自 1952 年至 1957 年，在校学生人数增加了 4074 人，达原有人数的 3 倍多；若与前国立中央大学工学院相比，在 1947 年中大工学院的兴盛时期，在校学生为 1230 人，1957 年时南工学生为 6018 人，已为中大时学生数的 4.9 倍。6 年中南工共毕业学生 3673 人，而中大工学院自 1929 年至 1947 年的 19 年中才毕业 1612 人，比南工这几年尚少 2061 人。当然因院系调整之故，工学院的系科有进有出，难以作出精确的统计与对比，但从总体上说，应该说是有了高速增长。

这一时期毕业的学生都有下列明显特点：思想政治觉悟较高，组织纪律性好，业务基础扎实，动手能力较强，有创业献身精神，工作上苦干实干，在社会上赢得了"南工学生多实干家"的美誉。其中业绩卓著的人有很多，例如：刘盛纲，著名电子学家，中国科学院院士，成都电子科技大学校长；闵桂荣，著名航天专家，中国科学院院士，中国空间技术研究院院长；陈叔平，原子能科学家，中国原子能科学研究所所长；还有一大批毕业生担任了大中型企业的总工程师、厂长、经理和高校教授、校长、院长等。

四、实验室的建设与发展

实验室是工科院校完成教学任务及开展科学研究的必备条件和重要基地。建院初全院仅有19个实验室,且大多设备已较陈旧,规模较小,不能满足工作的需要。学校采取"统一规划,重点投资,分批建设"的方针,1952—1953学年,集中新建扩建基础课、技术基础课的实验室,1954年转入专业课实验室的建设,1956年后进一步充实实验室的仪器设备,至1957年,使3门基础课、14门技术基础课、56门专业课等共100门课程全部如期开出了符合教学大纲要求的实验课程。建成实验室的分布情况如下:

动力工程系

高压实验室、电网实验室、继电保护实验室、发电实习厂电力拖动实验室、电工学实验室、电力机械实验室、生产机械电力设备实验室、蒸汽机实验室、汽轮机实验室、仪表自动装置调节实验室、热工实验室、热力学及传热学实验室、生产机械电力设备实验室、制冷实验室。

无线电系

电工基础实验室、电工量计实验室、无线电量计实验室、无线电接收设备实验室、无线电发送设备实验室、无线电实验室、电工材料实验室、电气真空仪器制造技术实验室、电子管实验室、离子管实验室、超高频电子管实验室、雷达实验室、电话电报及广播理论实验室及发射机陈列室。

土木工程系

施工实验室、土工实验室、材料实验室、木工实习场、水力学实验室及测量仪器室。

机械工程系

金相热处理实验室、实习工厂、机床刀具实验室、技术量法实验室、铸工实验室、农业机械实验室。

食品工业系

食品生产过程机械实验室、专业分析实验系、制粉碾米实验室、油脂制造工艺实验室、粮食加工生物化学实验室、粮食学与作物栽培实验室及粮食加工贮藏室。

化学工程系

普通化学实验室、物理化学实验室、普通工业化学实验室、分析化学实验室、硅酸盐物理化学实验室、水泥学泵及水泥机械实验室、窑炉干燥实验室、普通硅酸盐实验室、水泥工学实验室、化工生产过程装备实验室。

建筑工程系

美术室、模型室。

基础课教研组

普通物理实验室、力学实验室、材料力学实验室。

机械、动力、无线、电化工等系都购置了一批较为先进的设备和仪器，使实验室的装备处于国内同类实验室的领先水平。同时力争外援，农机部调拨了苏联展览馆的 10 余种大型农机具，粮食部调拨了一批粮食加工机具，军事部门赠送了雷达、燃气轮机等重要设备，无偿充实了有关实验室。

各系组均为实验室选派了得力的教师担任实验室主任，建立了实验室的规章制度。院人事部门为各实验室配备了必需的实验员、技工等辅助人员，并集中先进行初步培训。总务部门负责仪器、设备及实验材料的采购供应并负责修建扩建房屋和水电等设施。院机械修造厂面向教学，尽力为实验室修造必要的零部件和整机。在各有关部门的共同支持下，南工实验室初具规模。

五、图书馆的建设

1952 年秋工学院刚从南大分出独立建院时，仅有图书 2 万余册，全院师生员工人均图书不足 10 册，是一个很低的水平。院投入了较大的财力，藏书量增长迅速。当年底，增至 44 629 册，1953 年为 72 934 册，1954 年为 95 506 册，1955 年为 152 019 册，至 1956 年，已增至 258 364 册，4 年中增加了约 12 倍，全院人均 40 余册，其中，中文图书 193 586 册、俄文图书 35 350 册、其他外文图书 29 428 册。

在期刊方面，1952 年仅有装订期刊 820 册。学校采取扩大种类、增订现期期刊、增补过期期刊等措施，至 1956 年，共有期刊 989 种、装订本 3194 册、零本 22 924 册，其中，中文期刊 146 种、8410 册，苏联及人民民主国家期刊 204 种、5199 册，其他外文期刊 433 种、5 211 册；补进国内外过期期刊及影印期刊 206 种、3194 册，零本 3904 册。

为了加强图书馆的建设和使图书馆更好为教学、科研服务，院聘请著名教授陈章兼任图书馆馆长。图书馆由教务处分出成为院直属机构。针对新人员大量增加，图书馆组织他们进行系统的业务学习、俄文英文学习、各系及专业概况的学习。为方便师生借阅书刊，图书馆实行开架借书，并较快地编制出各种书刊的目录和索引。为便利教师，图书馆专设了教员研究室，教师借书数由 15 册增至 30 册。为配合课程设计、毕业设计及科研工作的开展，图书馆主动派人到各系征询意见，集中采购、统一调度，以满足需要。为解决南工馆藏不足，大力开展馆际互借工作，仅 1956 年就曾与 26 个单位互借图书 1338 册。

经过努力，南工书刊已初步能满足教学和科研的需要，图书馆各项业务活动渐次开展，开始走向正轨。

六、基本建设的进展

中大、南大时期工学院及各系的教学实验及办公用房分布于以下四处：①改建前的前工院；

② 西平院（今逸夫科技馆的部分旧址）；③ 图书馆西侧 3 幢平房；④ 大礼堂北面的平房及机械工厂，合计建筑面积约 2 万平方米。

1952 年院系调整时，决定将原南大四牌楼校本部及其附近宿舍全部划给南工，建筑总面积约为 8.77 万平方米，虽然比原有用房增加了几倍，但由于招生人数和教职工人数迅速增加，很快教学及生活用房皆呈紧张状态。1953 年，南工一面支持华东水利学院与华东航空学院新址的基本建设，一面利用其迁出房以满足教学需要。

自 1954 年始，南工拟订出 4 年基本建设计划并开始实施。由于国家财力所限，采取了"精简节约，合理建筑，经济使用"的原则，当年建成了五四楼、工农速中教学楼、学生宿舍各一幢。1955 年以后，先后建成了五五楼、铸工厂、学生宿舍河海院、铸工实验室、农机实验室、食堂以及兰园三幢教授宿舍；1957 年兴建动力楼。这样，前后共增加建筑面积 8 万余平方米，使全院建筑总面积增至 17 万平方米，增长约 94%。

南工原有土地面积为 540 亩，因处于市中心人烟稠密之处，发展甚为困难，经多方努力征地兴建了小营操场，征购了校西等处零星土地，合计约 110 亩，学校基地增至 650 亩。此后 30 年直到浦口新校区建立之前，学校校园面积始终没有增加，仅有零星调整。

第六节 改善党的领导，加强党的建设

党的领导，主要是党的思想、政治领导，党的路线方针、政策的领导，党的组织领导，以及党员的先锋模范作用。这一时期，南工在加强和改善党的领导、加强党的自身建设方面主要做了以下工作：

一、组织马克思主义理论的学习

1. 教职工的马克思主义理论学习

1953—1954年，组织全院教职工系统地学习《实践论》《矛盾论》《辩证唯物主义与历史唯物主义》等马克思主义哲学著作。1955年后，在自愿原则下，分别组织教职工学习中国革命史、政治经济学和辩证唯物主义与历史唯物主义，以期在3年内，现有教师均能学完以上3门课程。

哲学是自然科学和社会科学的基础，学习马克思主义要从哲学入手，这对理工科教师显得格外相宜。汪海粟亲自向全体教师作学习动员、上课，并作阶段小结，一方面作正面宣讲，另一方面引导教师独立思考，把哲学和社会实践、业务实践以及自己思想上的问题联系起来，自行分析，自谋解决。广大教师怀着浓厚的兴趣参加学习，上课用心听记，课后自行复习学习，结束时大部分教师写了学习心得，百余位教师写出专题报告。其中普遍有以下几点收获：矛盾存在于一切事物发展的过程中，有矛盾就有斗争，就有进步，这是矛盾的普遍性；各种矛盾又都带有特殊性，马克思主义的最本质的东西就在于具体地分析具体情况；在许多矛盾中必有一种是主要矛盾，抓住主要矛盾，其他矛盾就可迎刃而解；内因是根据，外因是条件，外因通过内因而起作用；实践是检验真理的唯一标准，实践、认识、再实践、再认识，循环往复以至无穷，这就是辩证唯物论的认识论；看问题必须历史地、发展地、全面地和辩证地看，而不能孤立地、静止地、形而上学地、局部地看。通过学习广大教职工体会到哲学是锐利的思想武器，有助于树立马克思主义的立场观点和思想方法，有助于建立马克思主义的世界观。

在学习方法上采取"坚持自学为主，讲解与讨论为辅的方针"，强调独立钻研和独立思考。教师具有自学的习惯和自行思考的能力，具有一定的科学水平和文化水平，有接受真理的科学态度。经验证明，只要加强领导和引导得法，这种学习方法是会受到欢迎和取得较好的效果的。

1955年后，由于在全体教职工中同时开展3门课的学习，领导力量分散，效果不甚显著，有的单位自学变成自流。这说明对马克思主义的理论学习，既应坚持自学为主，又必须加强领导。

2. 学生中的马克思主义理论学习

按照培养目标制订的各专业教学计划均把马克思主义理论课列为必修课。1952—1953年，为学生开出"新民主主义论""中国革命史",1954年起推行以"中国革命中""政治经济学""马列主义基础""社会主义经济建设"等4门课为中心的系统理论教育。由于授课者多系刚走出校门未久的年轻教师,为使他们增加社会实践经验和提高教学水平,学校有目的、有计划地组织政治课教师下厂、下乡参加社会实践和做社会调查,或分批外出进修。马列主义教研组不断总结教学经验,明确应以"理论联系实际"为核心,并总结出如下经验:面向学生,找出症结;联系主客、钻研理论;大胆虚心,展开论争;抓住重点,解决问题。课堂讲学渐见生动活泼景象,教学效果逐步提高。学生通过4门政治理论课的学习基本上弄懂了中国共产党和中国革命及中国社会主义建设的关系:没有共产党就没有新中国和社会主义;初步懂得了用马克思主义的立场、观点和方法来认识问题和分析问题,初步接受了马克思主义的世界观。

二、坚持德智体全面发展的教育方针

1953年初,毛泽东号召青年要"身体好,学习好,工作好"。党中央发出了"学习是中国青年更加特别突出的任务"的指示,汪海粟结合学校实际,发表了《树立社会主义的优良学风》一文,要求全体师生都把培养适应国家社会主义工业化的建设人才作为崇高的任务和目的,"这样的人才,不仅要具有一定的社会主义建设的科学技术知识,而且要有胜任艰巨的社会主义建设的健全体格;不仅要有这样的知识和这样的体格,而且要具有社会主义的思想面貌和道德品质"。概而言之,就是"要培养以社会主义为目标的,德才兼备、体魄健全的全面发展的人才"。南工坚持德智体全面发展的教育方针,并取得了显著的成绩。

1. 在德育方面

为使今日的社会主义建设预备军变成日后的社会主义建设能手,除加强系统的马克思主义理论教育外,还结合形势,举办报告会、讨论会、辩论会,进行热爱祖国、热爱社会主义、关心世界命运和前途的教育;结合"五四""七一""一二·九"等纪念日进行革命的传统教育;结合党史、党课和优秀党员的事迹进行共产主义和共产党的教育;结合下厂实习、假期回乡、公益劳动进行热爱专业、热爱劳动、热爱人民的教育;结合新生入学、文体活动、学习小结开展优秀生、优秀班等活动,进行热爱集体、关心同志、尊敬师长、热爱学校的教育。广大教师通过授课、辅导、谈心等活动,以亲身的感受,不断鼓励学生为祖国而学,把自己培养成建设社会主义的先锋战士。

思想先行,教育相继,联系实际,有的放矢,果实自成。雨花台烈士陵园的一次次团日活动,带动了一批批团外青年申请入团;党课和对《把一切献给党》的学习,以及组织对《钢铁是怎样炼成的》等优秀文艺作品的学习,促使一批批学生立誓要把自己的青春献给党的事业;优秀生和优秀班的活动的开展,推动了人们争当"三好"学生,机械系31、32两个班的学习成绩和健康情况大有进步,党团员人数均占全班的50%,双双被评为全院的特等优秀班。要求进步，要求入团入党，成了这一时代的良好风尚。

由于思想教育的经常化、多样化和紧密结合实际，学校政治气氛浓厚，学风校风良好，人人奋发向上，相互团结帮助，呈现一派生机勃勃的景象。50年代前、中期毕业的学生至今仍十分眷念这一阶段的学生生活，觉得是沐浴在党的春风阳光之下，生活在愉快幸福的集体之中，这是自己赖以成长的重要时期。

2. 在智育方面

中学与大学的学习环境和学习的要求迥异，且50年代高校招生人数剧增，而高中毕业生人数并未有相应增加，报考生与录取生的比例一般不到2:1，生源可选择的余地不大，致使不少学生刚入校时感到不适应，笔记不会记，习题不会做，参考书不会看，困难很多；学生的思想水平也参差不齐，有的不安所学专业，有的见难思迁，情绪很不稳定。南工十分重视新生入学教育和前期对学生学习方法的指导。新生一入学，即向学生进行为谁学习、如何学习、热爱专业、准备为祖国献身的教育。

当时存在一个较突出的问题是，10个专修科的学生人数占全校学生的40%，他们都是服从分配而进入专修科的，且有不少是因成绩较好、国家急需人才而被动员来到专修科的，他们做到了组织服从，但思想上总感到专修科低人一等，不安心学习。系主任和专业教研组主任向学生详细介绍了各专业的性质、作用及其在国民经济中的地位，汪海粟及党团组织激励专修科的同学，"以革命英雄主义的精神，抛弃个人打算，当祖国需要的时候，努力准备好自己可能准备的知识，以旌旗所指义无反顾的英雄气概踏上社会主义建设的疆场"。专修科的同学端正专业思想后，因仅有2年学习时间，多奋力学习，努力克服困难，不断改进学习方法，在教师悉心指导下，成绩优等（5分）的比例逐步上升，及格（3分）的比例逐步下降。在毕业实习中专修科学生的所学知识和工作能力得到了全面考验。工业企业电气化专修科毕业班在沈阳重型机器厂实习时，5个学生用4天时间修复了724龙门刨床的自动控制机构，使切削速度提高1倍多。工业用瓷专修科毕业班在抚顺电瓷厂实习，一学生改进了球磨机运转效率，提高生产量30%，磨出的粉也更细。建筑施工专修科毕业班在石家庄国棉二厂工地实习，提出了用滚轴式自动运料器的合理化建议，在一个车间就可节省11个劳动力。公路专修科毕业班参加浙江省公路建筑工程，学生均顶岗工作，以至实习结束时，工程出现了无人接替的困难，要求学生延长实习时间。事实说明：南工专修科的毕业生已达到了预定的培养目标，具备了技术员的水平。

院系对低年级学生的学习尤为关注。新生入学伊始，系主任总要结合专业特点作学习方法的报告。教务部门总要组织基础课教研组作如何学习数学、物理、化学、力学的报告。任课教师总要根据学生从中学到大学的这一变化，循序渐进指导学生不断提高独立思考和独立工作的能力。院系两级教学法委员会按照教学各环节的顺序，不仅要在教师教的方法方面进行研究和改进，并且还要在学生学的方法方面进行研究和改进。这一时期学生学习中存在的一个比较突出的问题是学习负担过重，其缘由主要是学校的教学计划、教学大纲基本上是按苏联五年制的计划大纲制订的，要求无大的变动，但学时却由5年压缩至4年和2年，而教师的主观愿望一般总是希望多讲一点、作业习题多布置一点、让学生多学到一点，但几门课都如此，学生就受不了了，贪多嚼不烂，消化不良，开早车开夜车，依然难以应付。学校在此期间曾3次组织修订教学计划和教学大纲，并提出了"学少一点，学好一点"的方针，情况渐次改善。

怎样使学生学好，也成了团委和学生会的中心任务，团委的各项活动主要都是围绕"三好"而开展的。班三角（团支书、班长、班主席）的中心任务是抓好学习，班会中经常开展学习心得、学习方法等方面的交流，进行"一帮一，一对红"的活动。各系还任命部分教师担任低年级的班主任，辅导学生自学和解决学习中的疑难问题；对于学习中有较大困难的调干生和工农速中毕业的学生，或集中编班，或另设小组选派有丰富教学经验的教师专门辅导。这样做，成效是明显的，学习上后进的同学能较快地听懂跟上，但事后总结经验发现，还存在教师讲得多、扶得多、启发学生独立思考不足的缺点，其后又作了改进。

由于从各个方面调动教师和学生两个方面的积极性和主动性，学生由入学到毕业，学习成绩和自学能力均逐步得到提高，淘汰率较低，学生的基础知识、基本理论、基本技能均较扎实，基本上达到了培养目标的预定要求。这一时期的教育思想和教学方法基本上是正确的和成功的。

3. 在体育方面

院领导始终把体育作为全面发展的教育方针的组成部分。教学计划规定，低年级体育课列为必修；《学则》规定，学生必须参加早操和课外锻炼；院长办公室规定学生每日下午1小时的文体活动时间不容任意侵犯；党团组织均要求同学把参加文体活动看作是对人民负责的表现，要为献身社会主义建设而锻炼自己。体育教研组主任徐镳教授（后调任南京体育学院院长）工作特别认真积极，计划性与组织能力很强，每周要向院领导汇报工作并提出建议，使体育教育和体育活动被列入学校的重要议程。在体育教师的组织带领下，有95%以上的学生坚持早操和课外锻炼，80%以上的学生参加劳卫制预备级锻炼。下午课余时间，校园里每一处运动场所和空地上都有人参加活动，龙腾虎跃，气象万千，颇为壮观。法国一位体育专家来南工参观现场后感慨地说："这是奇迹，在法国即使是体育院校也做不到这样。"苦练出成绩，每届南京高校运动会上，南工均获得较好成绩，1954年更获殊荣，囊括了男生体操总锦标、女生体操总锦标、女生田径总锦标、女生越野接力锦标、男女排球等金牌，24位同学荣获南京市各种"选手"称号。

团委、学生会组织了话剧、京剧、合唱、舞蹈、乐器、地方戏等10余个社团。学生自愿组织的书法、美术、摄影、集邮、语言、无线电等各种兴趣小组多达150余个。周末的夜晚校园里一片欢歌笑语，紧绷了一周的神经借此得到了舒张和调剂。每个学期的中后期，院系还举办文娱汇演，竞技赛艺，一展风姿，既丰富了同学的文化精神生活，又进一步推动了文化艺术活动的开展。

学校还重视学生的保健工作，定期对学生作健康检查，改善医疗条件，并配合体育教研组提出每位学生应参加锻炼的级别。1956年的调查统计说明：55.5%的同学感到体质比过去提高了；35.9%的同学感到体质和过去差不多；8.6%的同学认为体质下降了。失眠的比例由22%下降到15%。绝大部分同学食欲正常，精力充沛，认为参加文体活动对自己的健康有较大帮助，使自己能坚持长期的学习任务。在生产实习中，即使在高温车间或野外工地劳动，也很少有中暑、病倒等情况。

三、贯彻党的知识分子政策及"百家争鸣"的方针

1. 统一对知识分子的认识

1953年在实行学校重点转移、以教学为中心的过程中，经酝酿和努力，取得了共识。但对办学依靠谁的问题，院领导提出办学要依靠教师，党内和部分干部思想上尚存在某些疑虑，执行中也存在一些无形的阻力。汪海粟认为要解决好这个问题，首先要在领导上和党内统一思想认识。

是年春夜，院党委连续召开党委扩大会议及各系党支部书记会议，讨论知识分子的性质、特点及作用，大家互相启发，互相补充，取得了如下一些认识：知识分子是一个阶层而不是一个阶级，它一般依附于统治阶级；在半殖民地半封建的旧中国，知识分子既为统治阶级服务，同时也受统治阶级的剥削和压迫；由于旧政权的腐败和黑暗，他们对旧社会日益不满；中国历史上的农民革命、波澜壮阔的中国民主革命运动，都有大量知识分子参加并为之献身；革命导师马克思、恩格斯和我们党的领导人，许多也是知识分子出身；早在延安时期，党中央就作出了大量吸收知识分子的决定；解放后经过历次政治运动的教育，知识分子已初步建立了为人民服务的观点，其多数是拥护党和拥护社会主义的；学校的发展和建设、教学工作和教学改革的开展，都需要欢迎广大知识分子来共同参加。

思想统一后，议题转入了结合我院的实际，怎样落实知识分子政策和充分发挥教师的作用。好几位支部书记列举了多位教授的情况，说明工学院的教师事业心更重，他们过去就有朦胧的教育救国、工业救国的思想，可惜没有机会施展其抱负，眼看当前的形势他们都想一显身手。院党委抓住契机，引导大家具体讨论如何发挥系主任、教研组主任和教授的作用，一般均由各系支部书记首先发言，在肯定他们的长处和优点的基础上，阐述本系将采取的措施，他系可以插话。每当听到好的意见和不足之处，汪海粟与党委副书记杨致平就随时予以鼓励和补正。全院7个系都逐个讨论了，会议开得生动活泼。南工全党贯彻知识分子政策的工作就这样开始了。院党委多次召开民主党派会议和教师座谈会，请大家着重就如何办好南工的问题畅抒己见。汪海粟首次向教师提出了要发挥教师的主导作用，并提出了要向老教师学习。其实当时的教授和所谓的老教师年龄大部分都在40岁左右，正处于精力充沛、风华正茂之际。党对知识分子的

信任驱走了人们心头的疑虑，大家踊跃发言，好的意见和建议源源而来。院领导又走家访户，与众知名教授促膝谈心，虚心求教办学之道，倾听他们对学校党组织的意见，大凡学校的方针大计，均欢迎大家拿主张、提方案，广纳其智慧。有的教授事后反映说：领导从善如流，学校有希望了。

各系党支部随即召开教师党团员会议，边传达党委扩大会议精神，边研究如何改变党团员自身的工作和思想作风。各系均普遍认为，要严格执行系主任、教研组主任负责制，使他们有职有权，秘书只能是助手；要虚心向老教师学习，这是搞好团结、共求进步、共同把系组工作做好的有效途径。党团员的作风有了较大转变，党群关系和新老教师的关系亦有了明显改善。

在转变领导思想、作风期间，党委某位领导同志在草拟院政治工作计划时曾写上"要继续改造旧知识分子"一条，汪海粟阅后认为知识分子自然应继续改造，任何人都应学到老、改造到老，但新中国成立已多年，再提旧知识分子就不恰当了。他将"改造"二字改为"团结"，删去了"旧"字，这一改一减，精神就不一样了。这件事对党的干部和工作有积极的影响。校刊《人民南工》编辑部在教学改革检查中，曾组织并刊登了学生写的不少未经核实的批评教师的文章。编辑部对此主动作了公开的、严肃的自我批评，受到了教师的欢迎和谅解。在院召开的民主党派会议上，电力工程系系主任吴大榕教授言辞激昂，尖锐地批评了系里某党员骄横跋扈，妨碍系行政工作。吴大榕是九三学社成员，南工九三学社的一位负责人听了，深恐吴的话冒犯党员，让领导不快，会后就私下找汪海粟为之解释，说吴心直口快，不存恶意，希望领导包涵谅解。谁知在第二天继续召开的民主党派会议上，汪海粟表扬了吴大榕意见提得好，是相信党和对工作负责的表现。事后院系党组织均对该党员进行了批评和教育。一年后吴大榕感慨地写道："我原以为当系主任无非挂个空名，对学生作作报告而已。可是事实纠正了我的不正确看法，现在系的重大事情，如系的人事安排、进修教师的选派、实验室的建设等，院领导都支持我的意见和做法，我体会到共产党的领导确实大公无私、实事求是，我心悦诚服。"

南工贯彻执行党的知识分子政策，是党内实行领导先行、思想先行，并在此过程中不断改善党的领导和党员自身的思想作风。

2. 政治上信任，工作上放手

贯彻执行党对知识分子的政策对教师来说，重在尊重他们的业务，能发挥其专长。院领导按德才兼重、人尽其长的原则，通过多种途径陆续作出如下安排：

从加强教学第一线出发，不断充实系和教研组的领导班子。先后任命11位教师担任副系主任，他们是：张镛森、舒光冀、霍少成、潘新陆、范从振、陆钟祚、闵咏川、李嗣范、孙云雁、张瑞钰、朱宝镛，其中有的不久又被任命为系主任。先后担任直属教研组主任的有：萧焜焘、汪克之、梁治明、马遵廷、沙玉彦、张培哲、徐镳、王荣年、童强、时昭瀚、何锡嘏。

为加强院对教学和科学研究工作的领导，向中央推举著名教授吴大榕、金宝桢、刘树勋出任副院长。

为推进教学法的研究和改革，任命著名学者胡乾善为院教学法委员会主任委员。

院工会主席和各系部门工会主席一般均推选教授担任。

院各民主党派的成员多系教授，院党委重视发挥其参政、治校及监督等方面的作用。

先后推荐下列人士为各级人民代表大会代表及政协委员：

全国人民代表大会代表：杨廷宝、刘树勋。

江苏省人大代表：汪海粟、钱钟韩、杨廷宝、刘树勋、陈章、刘敦桢、徐镳、姚琎。

江苏省政协委员：钱钟韩、金宝桢、朱宝镛、童寯、钱凤章、吴大榕、王守泰。

南京市人大代表：刘树勋、徐镳、时钧、李荫余、吴大榕、梁治明、范从振、胡乾善。

南京市政协委员：杨简初、徐百川、舒光冀、孙仁洽、成竟志。

经推荐，国务院授予刘敦桢、杨廷宝两教授当选为中国科学院学部委员。

经推荐，杨廷宝出任国际建筑师协会副主席，刘敦桢出国考察。

在中青年教师中，先后派出70余名教师去苏联或国内有苏联专家（含本院苏联专家）的院校学习。大批青年教师担任了系和教研组的秘书。

以上种种任命、推荐和推选，均是在50年代中前期进行的，曾在本市校内外知识界引起较大的反响，反映南工执行党的知识分子政策好，善于发挥教师的作用，使知识分子产生了向往南工的情绪，铸工专家舒光冀教授、无线电专家王端骧教授、农机专家钱定华教授等，就是在这一时期主动要求调来南工工作的。广大教师从中感到了党的关怀和信任，热爱党、热爱社会主义之情，化为致力于教育事业的源泉和动力。

3. 努力改善工作生活条件

院领导反复强调，全院党政工团等所有组织，都要明确树立"一切为了教学，一切为了教学任务的完成"的思想。要求机关、政工干部深入系组和师生中去，通过教学发现和解决问题，通过教学发现和培养积极分子，纠正那种只习惯于搞运动、不愿做艰苦细致工作的作风；要求全体职工树立主人翁思想，开动脑筋，千方百计为改善师生的工作生活创造条件。这种教育，大会讲、小会议，行前有目标、事后有检查，渐渐形成习惯、深入人心，成为建院初期可贵的校风之一。

机关的职能是管理和服务。院部根据南工实际先后制定了一系列规章制度，如《行政组织及教学组织的工作职责》《职工考勤考绩暂行办法》《学生守则》《学则》《优秀生、优秀班奖励办法》《学生成绩检查暂行办法》以及一整套较完整的教学文件等，对全院师生员工都提出了明确的要求，既便于执行、检查和监督，又为奖惩提供了依据。院领导十分重视学校的规划、计划及总结，在制订了四年教学改革计划纲要后，又补充制订了教学与科学工作要点、政治工作计划要点、体育健康工作计划要点、文化工作计划要点等文件。每当学年、学期之始，均召开全院教职工大会，宣讲本年度、本学期的任务与计划，使每一个教职工明白学校及自身的工作。后人高兴地看到，自1952年至1957年间，所有这些规划、计划、纲要、总结及规章制度等文件均逐年汇印成册，从中可看出南工这个时期的概貌和前进的轨迹，成为南工校史中的珍贵资料。

师生们最为关心的是学校图书馆、实验室的建设和教学生活用房的改善，学校尽一切可能投入了很大财力、物力和人力（详见本章第五节，在此不赘述）。

为了使学校有限的经费能多用于事业，院和财务部门严把经费关，使事业费逐年上扬、行政费逐年下降。在人员不断增加的情况下，我院1953年事业费占总经费的51.9%，1956年提高到68.26%；而行政费（含工资）在同期内则由占总经费的48.1%降至31.74%。这是校史上少见的现象。

总务部门的职工雷厉风行，流汗最多。教材缮印科大力提高工效，4年中排字效率提高11%，缮印效率提高39%，描图效率提高39%，教师所需教材、讲义均如期交付使用，有的讲义是教师加班编好，临时交来，上课在即，火烧眉毛，教材缮印科的职工突击完成，令教师感动。行政科保证教学区室内外的清洁卫生，每栋教学楼均设立教员休息室供应开水、粉笔，方便洗手；给教研组的教师配齐桌椅，对讲师以上的教师配藤椅；汽车房日夜值班，公出需要，随叫随到，仅1955年就运送实习师生32 500人次、师生参观达8000余人次。凡教学区、宿舍区的房屋、门窗、水电、卫生等设备发生故障，用户一张便条或一个电话，校产科立即派人登门，急件急修，慢件不超过3天。员工食堂改包伙制为食堂制，每天早点花样翻新，中晚餐都供应十几个菜；最后一节下课的教师，另炒小锅菜；病号另设营养食堂，可以定菜；代办便宴，吃不完的，食堂代存代热；平均每个炊事员要担负100个人的饭菜。工资、车船票、饭菜票、办公用品等送到系，省去教师往返及排队的时间。幼儿园扩大招生，保证适龄儿童均能入园，为教职工解除后顾之忧。保健部门定期预防接种，定期安排教师去医院体检，积极治疗，使神经系统、呼吸系统、消化系统、循环系统及传染病的患病率明显下降，自1952年至1956年，总患病率降低38.38%。1956年，保健科还为全校4070名学生作了劳卫制体格检查，检查后提出：3359人可参加劳卫制锻炼，占82.5%；241人可参加一般锻炼，占5.9%；194人可参加和缓运动，占4.8%；273人不宜参加锻炼，占6.7%。此举为学生分级锻炼提供了依据，在宁高校闻讯后多派人前来参观了解，赞许此项工作做得细实，有益于学生健康。

为保持校园宁静，汽车在校园中行驶禁按喇叭。为保持校园整洁，落叶季节卫生组得加班。为了给教师生活提供方便，设立了"教师服务站"，代办室内装修，代为购物，代为购票和代雇保姆。总务部门为教学服务、为教师服务的工作之所以能如此有效和全面地开展，固然要归因于后勤职工的主人翁思想和态度，也得力于有一位精明能干的总务长王克刚。他那开拓进取、励精图治、说到做到的精神和气度，至今还给人们留下深刻的印象。

50年代，部分家庭负担较重的教师既不会向组织伸手，也羞于向同事言及，人事部门就把生活补助费主动送上门。有的教师虽从教20余年，学识、经验丰富，只因未出过洋，还是副教授；有的讲师业务进步甚快，已独当一面，却未能得到及时提升，学校就派人事科长进京，向高教部详陈，终使他们晋升为教授、副教授。为较好掌握教授概貌，汪海粟责成组织部门为每一教授立一小传。学校对青年教师的成长尤为关心，凡符合条件者均及时提升为讲师。当时教师的普遍心态是，只要自己努力，组织上是不会忘记自己的。

由于南工对党的知识分子政策的贯彻做得较好较早，全校师生员工之间、上下左右之间、党政工团民主党派之间，同心同德，通力合作，共图振兴南工。校业日振，校誉日著，呈现出欣欣向荣的景象。

1954年，高教部召开全国高等学校校院长会议，曾专门让汪海粟介绍了南工贯彻党对知识分子政策的工作和经验，引起了与会校院长的关注。在中共江苏省委召开的地市委书记与宣传部长会议上，也让汪海粟对这方面的工作作了介绍，并予以肯定。随后，中共江苏省委文教部两度召开在宁高校组织部长会议，又让南工土木、机械两系党总支在会上介绍了对知识分子政策的贯彻及党的工作。

4. 贯彻"百家争鸣"的方针

学术自由是繁荣学术的必由之路。春秋战国时期，诸子百家曾把中国的学术文化推上一个高峰。秦王朝尊法排儒，汉武帝以后，罢黜百家，独尊儒学，皆维护帝制所需，却长期窒息了中国的学术文化。20世纪初的新文化运动和五四运动曾一度展现生机，但在新旧军阀统治下，终又万马齐喑。建国初期，以俄为师，独崇苏联有得有失。斯大林逝世后苏联国内形势的种种变化引起人们的深思。

1956年4月，毛泽东在《论十大关系》一文中指出："我们的方针是，一切民族、一切国家的长处都要学。""自然科学方面，我们比较落后，特别要努力向外国学习。"同年4月28日，毛泽东在中共中央政治局扩大会议上说："'百花齐放、百家争鸣'，我看这应该成为我们的方针。艺术问题上百花齐放，学术问题上百家争鸣。"党中央随即发出号召并指出："双百方针是促进艺术发展和科学进步的方针，是促进我国的社会主义文化繁荣的方针。"1956年秋，院党委作出具体部署，要求当前的工作首先是鼓励大家鸣起来，对学校工作勇抒己见，畅所欲言；在学术和科学讨论会上，坚持真理，敢于争辩；在修订教学计划和教学大纲中结合实际灵活运用并创造新的教学方式。

广大教师竭诚拥护这一方针。学习苏联的中前期，教师们顾虑提出某些疑问会带来一顶"反苏反共"的帽子，均默然不作声。现在党中央、党委鼓励大家"百家争鸣"，言路自开。学术造诣较深、教学经验较丰富的钱钟韩、吴大榕等教授表示，现行专业设置过窄，专业课程中以过多的篇幅介绍各种各样的产品和设备，这些零星的知识学生只要翻翻手册和产品目录就可找到，专业课程中非主干课的门类和学时均可作较大的压缩，其中许多知识学生毕业后到工厂一看就会，培养高级技术人才，重在指导学生掌握治学、自学之道。机械系霍少成教授说，现行机械制造专业的教学计划过于偏重工艺，是一个培养工艺师的教学计划，五年制的机械本科应加重机械设计的分量，对所有工科学生来说，都应打好数学基础。作为院教学参谋部的教务部，在1956年暑假期间，经过百家争鸣和充分讨论，整理出《关于当前高等工业教育中问题及改进意见》一文，对4年来学习苏联的情况作了较系统的总结，它对应肯定的予以肯定，对存在的问题尖锐地予以指明：修改教学计划的方向是大大减少课堂讲授时间，大多数专门化课程都可以取消，可改为专题演讲、选修或让学生独立钻研；教学大纲是各课分别制订的，每门课都过分强调自身的系统性、完整性，内容繁多，高教部又不允许对教学大纲进行任意删减，导致学生负担过重问题长期得不到解决，并大大地妨碍了学生独立工作能力的培养，应允许教师对教学大纲以灵活运用并作适当修改。建筑系刘敦桢、童寯等教授认为，建筑学是一门艺术和科学相结合的学科，绘画、设计和建筑历史都是其重要的基础，建筑工程系理应改名为建筑学系。无线电系的陈章、钱凤章等教授均强烈主张无线电专业应大力加强无线电的各门技术基础课，反对设立许多以各种设备为教学内容的专业课程。许多教师建议高教部和院领导在学习苏联和进行教学改革的过程中，应倾听中国专家的意见，要参考西方高等教育的经验，只要目标一致，"条条道路通罗马"，不能独钟情于苏联。有的教师批评某些党员干部不熟悉高校情况，不学习业务。动力系范从振教授说，政治要落实到业务，业务工作应体现政治，政治不和业务结合就会变成空头政治，业务不体现政治就失去了方向，这一点对教师、对政工干部都同样适用。

自1956年夏至1957年春，教学、教改和学术领域中"百家争鸣"的氛围初步形成，政治上的民主气氛亦得到了提高，如能长期坚持下去，教学上、学术上都必然会姹紫嫣红，花开满园，结出丰硕成果。可惜时不经年，1957年夏政治气候一变，初步形成的"百家争鸣"局面迅即为"大民主"、实为不民主的政治风浪所代替，言路受阻塞，智慧被禁锢，"百家争鸣"方针的贯彻被迫陷于中断。

四、充分发挥各群众组织的作用

学校工作林林总总、方方面面，学校党组织不可能也不应该事事包揽。南工党委对各群众团体的工作，除要求其配合院中心任务的完成以外，对其自身工作，主要是提出目标、要求，做好协调工作；怎么做，则充分发挥各群众组织的积极性和创造性，形成自己的特点，有成绩作表扬，有困难给帮助，故各群众组织的工作均显得有声有色，卓有成效。

当时的工会就在党组织领导下承担起组织教职工政治学习的任务。教研组的政治学习由工会小组长主持，全系范围的政治学习与活动由部门工会主席主持。工会小组长和工会部门主席多数均非党员，但工作均十分认真。节日大游行由工会干部领队；去武汉长江大桥等地方参观的名单，去青岛、庐山等地疗养的人员，均由工会会同党组织商定。工会还主管教职工的生活福利、文化体育活动及大扫除等工作。工会干部都把工会工作看成学校工作的组成部分，把自己的工作看成党对自己的信任，工作认真负责、任劳任怨、大公无私，在保证学校中心任务的完成、健全教职工的民主生活、增进教职工的健康、丰富教职工的精神生活等方面，较好地发挥了党和群众的纽带作用。

青年团及学生会,在配合党和行政贯彻德智体全面发展的方针,建立良好的学风校风,培养德才兼备、体魄健全的人才等方面,持久地开展了一系列工作。为贯彻"三好"指示,对青年进行"树立社会主义的理想与情操"和"学习是中国青年更加特别突出的任务"的教育;广泛开展改进学习方法和提高独立思考能力的报告会、研讨会及经验交流会;根据青年特点,积极开展各项体育锻炼和竞赛,组建、组织各类文化社团和汇演,以丰富生活、增强体质;通过各类政治活动、学习、文体活动,培养和发展了千余名共青团员,并协助党组织对优秀青年做好入党前的教育工作;教师团支部对教师团员在思想上、政治上、业务上的进步和提高均做了大量工作,成为教师党支部的得力助手。

民主党派的成员多是政治上拥护党、学术造诣较深、教学经验比较丰富的专家教授,他们的政治态度和言行在教师中有较大的影响,他们在对学校的重大决策提供咨询、在办校治学上提供经验、团结中老教师共求进步以及反映群众的意见要求等方面,均发挥了不可替代的作用。在共产党的领导下,党和民主党派团结合作,这是社会主义民主的体现和崭新形式。

五、加强党的建设

1. 积极发展党员

建院初,全院只有60名共产党员,且多为干部,教师党员仅10余名,每个系仅1—3名,大部分教研组和班级还是空白。由于经过三大革命运动和思想改造,进行了较充分的形势教育和整党建党学习,师生员工中已涌现一大批要求入党的积极分子,组织上对他们的历史和现实表现也比较了解,他们在客观上已具备了入党的条件。根据上级党的指示精神,院党委确定了积极、慎重的建党方针。但是当时各系党员甚少,开展建党工作有一定困难。党委决定把全部机关党员干部分配到系担任组织员工作,包括党委书记、副书记等在内,每人至少要负责培养、考察和发展2名以上党员。接受任务的党员对此均十分热情认真,1952年下半年首先在条件成熟的调干生中发展了一批党员,1953—1954年,重点在中青年教师和三、四年级学生中发展党员。

1955年始,建党工作已正常化、规律化。对于学生,一、二年级重在发现、培养和考察,三年级开始发展,四年级凡已具备入党条件者在毕业前发展入党,使其到达工作岗位后能更好地发挥作用。对于教师,成熟一个发展一个,并积极慎重地在教授中发展党员,经充分准备,1956年春就发展了钱钟韩、刘敦桢、吴大榕、金宝桢、陆钟祚、王昶、方福森、方左英、徐百川、潘新陆等10位教授及5名中年教师入党,在教师中产生了较大的影响,使更多的中老教师更加靠拢党。同时在职工中积极进行建党工作。至1956年底,全院共发展党员588名,学校党员的人数比1952年增加了10倍,大大壮大了党的队伍。

50年代入党的师生员工,一大批很快就担任了各个学术、工程和党政机关的领导干部,对国家的建设起了重要作用。以后虽历经"左"的路线的干扰,"文革"中多被当作资产阶级的反动学术权威、地主阶级孝子贤孙、修正主义苗子等来批判,部分同志的道路曲折坎坷,但绝大部分同志对党的信念不变,为党的事业奋斗终生的意志不变,在困境中自强不息。这说明这一时期的党建工作是成功的和有生命力的。

2. 认真执行党的干部政策

这一时期的学校领导对干部的使用和教育有以下几个特点:任人唯贤,不分亲疏,对学校原有干部和外来干部一视同仁,致相互间团结合作,数年中未发生过矛盾纠纷,形成很好的合力;善于识别干部,了解其长处,按其工作能力安排在适当岗位上,充分发挥其所长;信任干部,院领导管全局、管大事,对部门工作、具体工作不多介入,放手让干部独立发挥其积极性和创造性,一大批干部被推上了教学、科研、行政等重要岗位;十分重视对青年干部的培养,一大批青年干部在党政工团等组织中担任工作;爱护干部,平时注重正面教育,使干部少犯错误,当干部在工作中出现了某些毛病和偏差时,不随便加以指责,而首先分析领导上的原因和责任,当运动中出现某些过头的现象和可能造成对干部的伤害之时,领导能不计个人得失站出来为干部讲话;对于党员干部或非党员干部、机关干部或基层干部、政工干部或业务干部,皆使其明白共同的任务是办好学校、为国家培养人才,使各类干部间无厚此薄彼之感,工作上互相协调合作。

3. 加强党的自身建设

随着党的队伍的壮大,党的组织机构逐步健全,院党委设立了组织部和宣传部,系支部改为党总支,教职工与学生分别建立党支部,学生党员人数多的按年级建立支部,多数教研组有了党员。

新党员骤增后,院党委组织党员结合形势和中央重要文件、指示,学习党的方针、政策;开设党课,学习党章、党的基础知识和《论共产党员的修养》。要求党员"在学习中提高,在工作中成长",不断增强党性,全心全意为教学服务、为群众服务,在保证系和教研组任务的完成中起先锋模范作用。总支与支部均制订学期及年度工作计划,使党的教育和工作均落到实处。组织生活两周一次,大家均聚精会神地围绕主题发言、讨论,无空谈现象;且均安排在晚上或星期天,认为这是党员的义务,党的其他活动一般也安排在业余时间。党组织关心爱护党员,有意见当面及时指出,从严要求;党员信任组织,主动向组织汇报思想,无话不谈;党员间相互关心,相互交心,认真开展批评和自我批评。广大党员的组织观念得到加强,党的方针政策贯彻执行无阻,党委的决议、任务均能迅速落实到基层。党员均甚怀念这一时期党的民主生活,认为它增强了自己的党性。

当然,这一时期党内的教育和生活也不是什么都好,过分地强调党员要无条件服从组织决定,对党组织的决议只求贯彻,很少讨论,这使党内的民主生活受到了影响,党员个人的意见不能充分发挥,党员从事何专业、担任何课程,一般也须服从组织决定,个人的志愿和专长受到了某些限制。久而久之,党员渐渐形成一切信任组织、一切服从组织、不容自己有与组织不同的意见的意识。其实在一般基层组织,也不是任何决议、决定都是十分完善或完全正确的。以至在党内出现分歧、领导层出现矛盾及"左"的路线盛行之际,党员就感到惊讶和无所适从,不能根据党的基本路线和基本准则独立思考,为了不犯"组织错误",往往就只好"紧跟形势"或紧跟某个个人。这反映了党内民主生活不够充分,民主机制不够完善。

4. 党内在办学路线等问题上的争论

50年代中前期,南工较早地提出以教学为中心,办学要依靠教师,积极贯彻党的知识分子政策,全面进行教学改革。这样做在当时是需要勇气的。这样做的成效是明显的。它受到了高教部的肯定,今天看来也是理所当然的。而且这也与1956年初,在中共中央召开的知识分子问题会议上,周恩来总理所作的报告精神是一致的。关于学校的领导体制,当时中央和高教部均明定在高等学校实行校长负责制。在学习苏联的过程中,中央号召全面学习苏联,而苏联的高等学校均实行校长负责制,党委起保证监督作用,因此当时在南工推行院长负责制也是势所必然。

1955年春,学校调入了几位领导干部,开始汪海粟曾对他们寄予厚望,希望他们主持党委工作,自己能有更多的时间和精力从事行政领导工作。他们到校后看学校的许多工作不顺眼,觉得问题很多:办学依靠教师,就不要依靠党?院长负责,党委往哪里摆?强调团结知识分子,捧得太高,知识分子就不要改造了?对这些问题和不同看法,他们不是在院领导班子内通过讨论辨析加以解决,而是直接向上级党委反映,导致矛盾激化。1956年2月至4月,省委遂派陶白等同志来院检查工作,连续在梅庵召开了13次党委会,主要讨论南工领导上存在的问题。会上有的同志批评汪海粟积极推行"行政路线",撇开党委,不要党委集体领导,排挤工农干部,违反党的组织原则和民主集中制准则,制造个人迷信,搞个人崇拜,闹独立王国,对知识分子只讲团结,存在右倾机会主义,等等。4月12日,省委召开常委扩大会议,南工党委常委列席,陶白作主要发言,他说:"几年来南工的工作在党的领导下,是有成绩的,另一方面也存在不少问题,基本问题是领导问题,而最基本的又是集体领导问题,汪海粟同志要负主要责任。"省委副书记刘顺元(注:当时有第一书记,省委书记实际上是副书记。)在讲话中也对汪海粟作了严厉批评。4月23日,省委在白下路257号大楼内召开全省高校及科研单位党员干部大会,省委副书记刘顺元首先就新形势下高校和科研单位党委领导的问题作了报告,省委常委俞铭璜在一次讲话中说:"南工整个工作是好的,集体领导有毛病,汪海粟同志的作风有毛病;政治工作跟不上教学,恐怕许多学校均有此问题,追究责任很困难,客观上主观上都要作具体分析。"

1956年8月30日,南工首次召开全院党员大会,汪海粟代表党委作工作报告,总结4年来学校的工作,选举产生了19名党委委员,组成了新的党委会,在大会行将闭幕之际,党委某部长竟要求上台发言,她对汪海粟作了严厉指责,讲了许多原则,扣了许多"帽子",并将党委内部的矛盾一齐捅了出去。党员听后深感惊异和忧虑，特别是一些年轻新党员，向来以为党是神圣的，其内部一定是很纯洁的，未想到党内也有这么多矛盾。不少党员认为这个发言不切实际，无限上纲上线，对工作无益。各种意见先后反映到上级党委。而各系党总支和教师支部仍普遍认为南工在贯彻执行党的方针政策和办学路线等方面是正确的，并不存在右的问题，各项工作照常进行。

1956年10月，南工召开第一次科学讨论会，省委常委、省委文教部部长俞铭璜到会致辞，他说："几年来，南京工学院在学习苏联先进经验、进行教学改革方面，是有很大成绩的；在其他工作方面，也是全省高等学校里成绩最好的学校之一。""我们希望南工全体共产党员、青年团员、政治工作人员和行政工作人员，在这次讨论会里向大家学习。我们不要整天空口讲这种'原则'那种'原则'等等，说这个不行、那个不行。今天大学里的关键问题就是要我们老老实实地下苦功学习。"同年11月中共江苏省委文教部召开在宁高校党员干部大会，俞铭璜在报告中对南京工学院的工作作了肯定，对汪海粟作了肯定，并批评了有些干部"左面口袋里装满了原则，右面口袋里装满了原则"，用来对付别人，自己不干实事。

这是南工历史上第一次受"左"的干扰，持"左"的观点的人数虽然不多，但能量不小，革命的辞藻、"左"的口号，颇能迷惑年轻党员，并在一定程度上影响了学校工作的部署。

1956年10月，高教部组织部分高校校院长赴苏联考察高等教育，历时3个月，汪海粟任代表团秘书长，在这时期南工党内相对较为平静。

这种平静的基础是南工新改选的党委会、各基层组织和广大党员仍然坚持执行党在学校的方针政策和南工建院以来所推行的办学方针，并得到了上级主管部门的支持。但是，持不同观点的同志则仍坚持个人意见。这样，在1957年夏政治形势剧变之时，南工党内一场激烈的斗争就不可避免了。

本章参考资料

[1] 刘一凡：《中国当代高等教育史略》，华中理工大学出版社，1991年，第16-23页。
[2] 南京大学校史资料编辑组：《南京大学校史资料选辑》第四部分，南京大学出版社，1982年。
[3] 南京大学校史编写组：《南京大学史（第三编）》，南京大学出版社，1992年，第251-260页。
[4] 东南大学档案馆馆藏档案：文书类，1952—1957年。
[5] 东南大学档案馆郑姚铭：《东南大学党政组织机构沿革（1952—1957年）》。
[6] 《汪海粟同志生平》，刊于《东南大学报》，1993年6月20日。
[7] 汪海粟：《南京工学院关于教学行政领导的工作报告》，刊于《南京工学院汇刊》一周年辑，1952—1953年。
[8] 汪海粟：《树立社会主义的优良学风》（1953年11月28日在本院第三届学生代表大会上的报告），刊于《南京工学院汇刊》二周年辑，1953—1954年。
[9] 汪海粟：《动员全院力量，将教学水平科学水平工作水平和党的领导水平推向新的阶段，为进一步提高培养干部的质量而奋斗》（1956年8月30日在党员大会上的工作报告），刊于《南京工学院汇刊》，1956—1957年。
[10] 汪海粟：《树立社会主义的优良学风》，刊于《南京工学院汇刊》二周年辑，1953—1954年。
[11] 《中国教育年鉴》编辑部编：《中国教育年鉴（1949—1981）》，中国大百科全书出版社，1984年，第293-303页。
[12] 建筑系系史编写组：《建筑系系史》，刊于《东南大学校史研究（第一辑）》，东南大学出版社，1989年，第93-94页。
[13] 孙文治、谢嘉奎、何立权、黄健：《无线电工程系发展史》，刊于《东南大学校史研究（第一辑）》，东南大学出版社，1989年，第149-155页。
[14] 张熙瑾、朱一雄：《开拓建业奠基南工，政通人和欣欣向荣——汪海粟在南京工学院》，刊于《东南大学校史研究（第二辑）》，东南大学出版社，1992年。
[15] 《汪海粟院长在1954—1955学年第一次教学会议上的报告》，刊于《南京工学院汇刊》二周年辑，1953—1954年。
[16] 毛泽东：《大量吸收知识分子》（这是毛泽东同志为中共中央写的一个决定），刊于《毛泽东选集（第二卷）》，人民出版社，1966年，第581-583页。
[17] 毛泽东：《论十大关系》，刊于《毛泽东选集（第五卷）》，人民出版社，1977年，第267-288页。
[18] 钱钟韩、管致中：《怀念汪海粟老院长》，刊于《东南大学报》，1993年6月20日。
[19] 俞铭璜：《中共江苏省委文教部俞铭璜部长1956年10月26日在本院第一次科学讨论会上的讲话》，刊于《人民南工》，1956年11月2日。

第三章

曲折中发展的十年（1957—1966年）

第一节　整风运动与"教育大革命"

一、整风运动与反右派斗争

1956年，我国社会主义改造基本完成，发展国民经济第一个五年计划又提前实现了，国家发展进入了社会主义建设新阶段。在学校，则自1952年开始学习苏联，全面进行教学改革至1956年，已经历了一个完整的过程，开始探索新的适合我国国情的高等教育发展道路。

在这历史变革时期，中央决定在全党进行一次整风运动，1957年4月27日，发布了《关于整风运动的指示》(简称《指示》)，指出：我们的国家已经从革命的时期进入了社会主义的建设时期，正处在一个新的剧烈的伟大变革中。中央认为有必要按照"从团结的愿望出发，经过批评和自我批评，在新的基础上达到新的团结"的方针，在全党重新进行一次普遍的、深入的反官僚主义、反宗派主义、反主观主义的整风运动，提高全党的马克思主义的思想水平，改进作风，以适应社会主义改造和社会主义建设的需要。要求这次整风运动以毛泽东同志1957年2月在扩大的最高国务会议上和3月在中央召开的宣传工作会议上代表中央所作的两个报告[①]为思想的指导，把正确处理人民内部矛盾问题作为当前整风的主题。两个报告的传达与讨论，实际上就是整风运动的开始。要求各级党委必须组织这两个报告的学习，总结和改进本地区、本部门、本单位的工作。对各级领导机关和干部、对一般党员，也分别提出了不同要求。《指示》并指出：这次整风运动，应该是一次既严肃认真又和风细雨的思想教育运动，应该是一个恰如其分的批评和自我批评的运动。坚决实行"知无不言，言无不尽；言者无罪，闻者足戒；有则改之，无则加勉"的原则。欢迎非党员自愿参加整风运动，整风和工作两不误等。关于整风的目的、内容、方针、步骤、要求和方法，应该说《指示》均作了十分明确的表述。《指示》还规定了整风运动首先从县团级以上的党组织、大的厂矿、大专学校的党组织开始。

南工党委的整风运动也正是根据《指示》的精神进行的。早在4月下半旬起，即组织院系两级党、政、工、团、民主党派领导干部和马列主义教研组全体教师先行学习毛泽东在最高国务会议上的讲话，通过自学、讨论以领会精神，提高认识，贯彻"双百"方针，联系实际，揭露院、系内部矛盾。《指示》公开发布后，院党委经初步学习、讨论，明确了立即开始整风运动的必要性。认为：目前学校工作情况、师生员工思想情况反映出许多矛盾存在，而党委的领导落后于现实的需要，未能正确处理、适当解决这些矛盾。领导上的官僚主义、宗派主义、

[①] 毛泽东在最高国务会议第十一次(扩大)会议上的讲话经整理、补充，于1957年6月19日在《人民日报》上发表，题名为《关于正确处理人民内部矛盾的问题》。

主观主义在不同程度上有所滋长。党中央提出的整风主题——正确处理人民内部矛盾，将有利于督促自觉克服缺点与错误以及寻找解决矛盾的方法。并认为整风的过程就是发扬民主的过程、群众结合的过程和改进工作的过程。

5月16日，院党委召开教职员工党员大会，动员党员大胆批评领导，并提出整风初步计划。党委书记杨德和[1]根据党内外思想情况，回答了如下问题，即：① 放手发扬民主会不会引起混乱？不会的。因为我们的党是经过锻炼的，知识分子也是经过锻炼的。② 放手发扬民主会不会是非不清？不会的，要相信群众。③ 批评要不要有范围？没有。知无不言，言无不尽。④ 批评领导，以后会不会挨"整"？不会。我党不允许对批评者报复。⑤ 党内外一起批评领导，党员要不要顾虑影响？不必。⑥ 讲错了有没有关系？没有关系，有错误是很自然的。杨德和又谈了整风中既要严肃认真又要和风细雨、整风和工作两不误、边整边改等原则。整风初步计划是分批进行，目前要求党员和党外同志一起学习《关于正确处理人民内部矛盾的问题》，向党委提出批评；同时党委召开各种座谈会，听取批评，征求意见；然后由院党政领导检查工作和思想作风。

17日，院长汪海粟向全院教职工作学习《关于正确处理人民内部矛盾的问题》的报告，提出了学习要求，着重说明在学习中要揭露矛盾、批评领导，帮助党员领导干部整风。在学生中也于12日开始，分批传达了毛泽东的两个讲话。如果说学习《关于正确处理人民内部矛盾的问题》是整风前奏的话，至此则拉开了南工整风运动的序幕。

5月22、23日，党委邀请农工、民盟、九三、民建等民主党派负责人座谈正确处理人民内部矛盾的问题；25、27日邀请基础课、技术基础课、中老年教师举行座谈会。各系党总支也在5月中下旬分别组织教职工座谈。会上大家畅所欲言，对领导诚恳地提出批评与意见。校刊《人民南工》自5月10日开始刊登学习讨论的情况和对党委与学校工作的批评意见，以及胡乾善、闵咏川、范从振、王守泰、祝修爵教授和图书馆卢则文副馆长撰写的专题文章。在座谈会中揭露出来的问题大体有如下几类：领导干部和党员作风问题，如官僚主义、宗派主义、脱离实际、脱离群众、特权思想等；过去阶级斗争中遗留下来的问题，如有关肃反运动等；教学改革和学习苏联中的问题如教条主义等；有关学校体制的问题，如学校的领导、党政关系、人事制度等；还有有关生活福利问题，如房屋家具分配、补助金开支等。许多批评意见，对于改进学校工作、改进领导作风均是有益的。学校一方面继续召开座谈会听取对领导提出的意见，另一方面成立体制问题、教学和科研问题、物资供应和生活福利问题等专题小组，发动各种组织力量，通过民主方式，分析群众意见，研究解决办法，并起监督实施作用，体现边整边改精神。

正当学校整风运动按部就班开展之际，5月底形势发生骤变。报纸上的大鸣大放，北方高

---

[1] 1957年4月江苏省委派杨德和到学校以党委书记身份工作，11月正式任命。

校的信息南下，相形之下，南工显得"落后于形势"。6月1日，动力系江宇等3位同学贴出了第一张大字报《我们要鸣放》，接着数以千计的大字报一下贴满了校园及宿舍，出现了群众性的自发鸣放高潮。6月3日学生会开辟了民主论坛，学生自由报名参加，每晚在宿舍区开讲。大字报和民主论坛的内容有批评、有建议，也有争论，如他们责问为什么学校鸣放空气淡薄，批评党委、行政干部官僚主义，不深入群众，坐听汇报，偏听偏信，不关心群众疾苦，漠视群众要求，不能及时解决问题；批评党的宗派主义，以党代政，只信任党团员，不信任群众，不尊重党外人士；批评党的特权思想，对党员特殊照顾，如在留学、提拔、补助、助学金等方面；反对党团组织的不民主作风，如干部内定、选举包办等。对现行学制、考试制度、升留级制度、专业设置、课程安排、专业分配、毕业生统配工作等也提出了许多意见。不少同学批评了肃反工作中的偏差，要求为受冤屈的人平反，要求政治鉴定与个人见面，要求言论出版自由。也有人对国内外重大事件提出了自己的看法。对于整风运动，有人要求停课鸣放，主张要"暴风骤雨"，但许多人反对，仍主张"和风细雨"。和全国一样，广大群众响应号召对党和政府工作、党员干部的作风提出的批评建议，许多是正确的、有益的。当然，也出现了一些片面的、偏激的、错误的甚至是严重错误的意见，还出现了个别谩骂、人身攻击、只许自己讲不允许别人讲的现象和哄闹事件。

根据运动的发展，学校调整了原先的计划，6月5日，由院长汪海粟向同学作报告，欢迎学生积极热情帮助党整风，表示一定认真分析、研究所提的批评和建议，做到件件有交代。同时提出了整风、学习两不误，不上街，动口动笔不动手，不将矛头指向教师等希望。学校的大鸣、大放、大字报、大辩论，所谓"四大"在继续。同时，各专题小组也开始了工作。

然而，"事情正在起变化"，毛泽东根据其对整风鸣放形势的估计，早在5月15日即以篇名"事情正在起变化"写成一封信，发给党内高级干部传阅，指出，共产党内和社会上的知识分子中，均有极少数资产阶级右派分子，在最近一个时期向共产党的领导和社会主义制度发动了猖狂进攻。并作出了"还要让他们猖狂一个时期，让他们达到顶点"，从而"等待时机成熟，实行反击"的部署。至6月7日前，各级党报均按中共中央的指示，对于这种进攻一概不予回击。直到6月8日，毛泽东为中共中央起草了党内指示《组织力量，反击右派分子的进攻》，《人民日报》同时发表了社论《这是为什么？》，才正式吹响了反右派斗争的号角。

6月8日，汪海粟代表党委作关于当前我院整风运动的报告，要求把整风运动引导到正确方向，集中力量帮助院党委整风。《人民南工》发表评论，要求对准主要问题，继续深入地鸣放；对不同意见大胆展开争鸣；对恶意诬蔑，也要坚决予以驳斥。并开始刊登驳斥、批判社会上右派言论与动态的文章。6月22日，汪海粟向全院教职工作了关于反右派学习的动员报告，号召大家积极参加反右斗争。报告指出，党请广大群众帮助党整风必须贯彻到底。但目前出现了"右派言论"，如果不去批评，整风运动就不能得到健康发展。应很好开展思想斗争，明辨是非，划清界限，提高认识。并告诫大家，右派思想和我们是一种对抗性的矛盾，要进行坚决的斗争。但有这种思想的是人民，应以对待人民内部矛盾的方法来处理，注意不要伤害到人。汪海粟这么个提法，既是出自自己当时对反右斗争的认识，也与中央最初关于右派分子的定性是一致的。至此南工的整风运动转入反右派的学习与斗争。党委邀请民主党派、工会负责人举行声讨右派的座谈会；各民主党派支部也分别举行会议，批判"右派言论"，从思想上、立场上划清界限。有的教授谈了自己从想不通到想通、从有顾虑到勇敢站起来的思想变化。各系教师由本单位党、政、工、团中心组领导学习，继又根据年资特点，老年教师集中至院统一编组学习，部分青年教师参加学生班级学习；学生中的反右派斗争学习自7月3日开始，从学习文件掌握思想武器，敞开思想、热烈争论、明辨是非，到总结收获，分三阶段进行；《人民南工》选刊了《我们的纲领》《懦夫专刊》等有严重政治性错误言论的大字报，供讨论批判。从5日开始，进入了揭发批判右派分子的阶段，点名批判、集会批判的主要是一些学生，也有个别职员。至7月17日，作出了如下估计：反右派斗争获得很大收获，大部分教职工、同学积极参加斗争，划清了思想界限，正气压倒了歪风，已有一些"右派分子"低头认罪。学校于7月18日开始放暑假。

暑假中，经过摸底、排队，初步将学校人员划分为左、中、右，还有介乎其间的中左、中右。暑假后即集中一段时间，有组织地在教职员工中开展反右派斗争和在学生中进行"补课"。新的一个学期为此推迟于9月23日上课。在原先划定的100多个右派的基础上，又有更多的教职员和学生被划为右派进行批判与斗争，甚至还有个别工人和附设的工农速中的学生也被定为右派（按当时中央指示，在工人、农民中不划右派）。

10月初，斗争转向党内，党委组织党员负责干部进行为时2周的"休整"，对党委委员、院办主任秘书李时庸在5月24日机关一支部鸣放会上所作的发言《对本院矛盾的初步分析》进行辩论。同时揭发委员中的"反党言行"，成立调查组调查有关问题。至12月16日，发展"全面地、深入地开展了党内两条道路的斗争"，用大鸣、大放、大字报、大辩论的方法并进行揭露包括院长汪海粟在内的8名党委常委和委员的"反党言行"。直至1958年2月27日，在各自作了检查，"基本上承认了错误"后，于2月底召开了中共南工第二届党员大会，会上由党委书记杨德和作了《党内斗争总结报告》，至此反右派斗争告一段落。

根据中央对整风运动的部署，运动必须经过四个阶段，"即大鸣大放阶段（同时进行整改），反击右派阶段（同时进行整改），着重进行整改阶段（同时继续鸣放），每人研究文件并进行批评反省、提高自己的阶段。凡是在反右派斗争中已取得决定性胜利的单位，应该及时转入以整改为主的第三阶段，同时对资产阶级思想进行有系统的批判"。"在第三、第四阶段如果继续发现右派或者原有的右派还没有低头，当然仍有反右派的任务。"南工的运动既有阶段性，又互有交叉进行的，前期已有所整改，此后又补了一些"右派"陆续审定、处理，个别的甚至延至1960年。

南工在反右派斗争中，总计划定右派分子 260 人，另外，在随后的安全运动和肃反运动中被划定为反革命分子的有 48 人，被划定为坏分子的有 29 人。有的右派因兼有历史问题或其他问题而被定为反革命分子或坏分子。仅就右派分子 260 人计，占师生员工 6322 人的 4.11%。其中，教师 30 人，占教师总数 571 人的 5.25%；职工（含干部）21 人，占职工总数 843 人的 2.49%；学生 209 人，占学生总数 4898 人的 4.27%[①]。至 1959 年 1 月，对 260 名右派分子的处理为判处管制劳动教养的 2 人，开除公职和开除学籍送劳动教养的 27 人，开除、清洗回家的 5 人，送农村监督劳动改造的 11 人，留校监督劳动的 32 人，提前分配至外地工作劳动考察的 64 人，撤销原职分配待遇、较低工作的 19 人，留校察看、跟班学习的 83 人，退职 1 人，降级 2 人，免予处分的 8 人，尚未处理的 6 人。

综观全国的反右派斗争，按照当时中共中央领导对阶级斗争形势作出的过于严重的估计，把大量的人民内部矛盾当作敌我矛盾，因而反右派斗争也严重扩大化了。而在南工根据 1979 年复查核实，所谓的"右派分子"，竟然全属错划。另外，整风运动原来的目的是要反官僚主义、反宗派主义、反主观主义，发扬民主，正确处理人民内部矛盾，帮助各级党组织改进作风、改进工作，欢迎大家提意见，即使意见有片面、有错误，也可通过讨论、批评、说服、教育而取得认识上的一致。但是在反右派斗争中却把这些意见视为向党的领导、向社会主义制度的进攻，采取了"多行不义，必自毙，子姑待之"的"钓鱼""引蛇出洞"的"阳谋"，"钓"了一大批"右派"出来。再者，整风运动原来明确采用"和风细雨"的方式，当学生中出现自发的大鸣、大放、大字报、大辩论等"大民主"的方式时，如能正确引导，勿使其滋蔓，以当时党在群众中的威信，当可将其纳入正常轨道。但是却采取了肯定、支持"四大"的方式助长事态发展。并以同样的方式组织反右，不容当事人申辩，谁要申辩，批判斗争必然升级。这种做法，造成了严重后果。

对南工的反右派斗争来说，尤有其特殊性：

一是从南工划定右派分子的情况对照全国高校来看[②]，总的比例和学生中比例较高，教师中比例虽较低，但教授、副教授中右派分子比例则高达 10.67%，且多为九三、民盟、民建、农工等民主党派的南京市委或南工支委负责人，南工工会主席也被划为右派。他们均是教授中的"头面人物"，整风运动中本着"长期共存、互相监督"的要求，披肝沥胆，知无不言，结果被划为右派。这对党的统一战线工作和知识分子工作产生了极为不利的影响。当时，在党委内部曾有不同意见，院长兼书记汪海粟曾对反右派斗争扩大化的错误做法进行抵制，虽然处境困难，仍本着对党忠诚负责的精神，在党内进言："高校的学者专家和广大教师（包括干部）

[①] 因审定、处理滞后，划定的右派数字按 1959 年 1 月材料，而师生员工数字则按 1956 年度统计，为 1957 年实际参加整风鸣放的人数。

[②] 1959 年 1 月高教部整风办公室统计，205 所高校中教师、干部和学生被划为右派分子的占总人数的 3.6%，其中教师被划为右派分子的占教师总数的 6.56%，学生被划为右派分子的占学生总数的 3.25%。

是办学依靠力量，反右中涉及具体人的定性、处理，务必要十分慎重，不能无限上纲，否则会挫伤群众积极性和影响党群关系。"在党委某些领导主张要把时钧教授（化工系主任，九三南京市委委员）首先划为右派时，汪持异议，他说，"对高级知识分子这样搞，中央将来会发现其严重后果的"，"在现在情况下，大家怕被扣帽子，有的同志只好扛顺风旗，明明有反对的意见也不敢提出来。对时钧的问题究竟谁对谁错过两年再谈"。但是，在当时的形势下，时钧还是被划为"极右分子"，党的十一届三中全会后方获彻底平反，并于1980年被遴选为中国科学院学部委员。

二是南工反右派斗争与此前党委内部矛盾直接相关。如前述，南工自汪海粟长校以来，由于他有较高的政治修养和理论水平，既善于思考、敢于探索、勇于负责，又能坚持实事求是的思想路线，一切从学校的实际出发，遵循教育规律办学，正确执行党的知识分子政策，调动广大师生员工的社会主义积极性，校业日振，校誉日著，备受高教部和华东局的赞许，在校内也深受师生员工拥戴。但其正确的意见与做法，却遭到党委内部某些领导人的非议，以及上纲上线的批评指责。1956年春，省委组织了对南工的检查和对汪的批评，但党内认识并不统一，矛盾亦未得到解决，对南工的工作颇有影响。整风运动中，李时庸认真分析党内矛盾，力谏党委改进作风、加强团结，并提出了一些善意的批评，也包括对汪的批评。这本属一个共产党员行使自己的正当权利，却被当作反右派斗争的突破口，中层开刀，上挂下连，直到汪海粟被定为"严重右倾机会主义性质的错误"，受处分调离南工。在19名党委委员中，有3人被定为"右派"、2人被开除党籍，第二次党员大会改选后去掉了11名；原机关一支部和机械系总支部被看成是"反党的急先锋""反党的桥头堡"而被彻底改组，划成右派的、受各种党内处分的党员达数十名；各总支部中被认为是汪的"亲信"者，一概被撤换，四去其三。在当时的历史条件下，党委在党内斗争总结报告中，把这场斗争提到两条道路斗争高度，把汪海粟坚持集体领导和个人负责的领导原则、充分发挥行政作用，说成是"鼓励并欣赏个人崇拜"，"个人凌驾在党的组织之上"，进行"非组织活动，从而来分裂党"；把汪海粟正确贯彻执行知识分子政策，对政治运动中一些错误做法进行抵制，说成是"代表了资产阶级的利益"，"对资产阶级知识分子妥协和投降"；把汪海粟办学依靠教师和在干部中注意培养新生力量，说成是"资产阶级干部路线"，"党同伐异"，"排斥久经锻炼的老干部"，"以遂其个人野心"。如此这般，从"左"的方面来看问题，正确的就都成了"右"的了。正是这一场斗争，使南工从思想上到组织上"左"的路线一时居统治地位，原来欣欣向荣的局面遭到摧残，走上了曲折发展的道路。1957年11月，汪海粟不再担任党委书记；1958年6月，江苏省委对汪定性为"严重右倾机会主义性质的错误"，给予留党察看2年、撤销党内外一切职务的处分；直至1979年，汪海粟才得到彻底平反，任省委常委、副省长兼省计委主任和宣传部部长等职。数十载风云变幻，汪海粟未改初衷，对南工仍是一往情深，在回顾过去时，他不无感慨地说："当年，我很想在南工干一辈子，可惜许多想法未来得及实现，今后也无此机会了！"1988年，南工更名为东南大学时，他高兴地为之题词："台隍枕吴楚之交，师徒尽东南之美。"1993年5月16日，汪海粟逝世，享年81岁，当年师生，无不哀悼。现将学校这段历史作一概要记述，旨在以史为鉴，不蹈前失，存史资治，面向未来。

二、"大跃进"与"教育大革命"

通过几个月的鸣放和反右派斗争，中央认为这是一场在政治战线上和思想战线上的社会主义革命，已经取得了决定性的胜利。在反右派斗争告一段落的单位应该及时地转入整改和思想教育阶段。

1958年5月，中国共产党第八次全国代表大会第二次会议通过了根据毛泽东倡议而提出的"鼓足干劲，力争上游，多快好省地建设社会主义"总路线，并随后发动了"大跃进"和人民公社化运动，提出我国工业在15年时间内，赶上和超过英国。同年8月，又宣布1958年要生产1070万吨钢，比上年钢产量翻一番。总路线、"大跃进"和人民公社以后即被称为"三面红旗"。

在文教战线，1957年毛泽东提出"我们的教育方针，应该使受教育者在德育、智育、体育几方都得到发展，成为有社会主义觉悟的有文化的劳动者"。1958年9月，中共中央、国务院发出的《关于教育工作的指示》提出："党的教育工作方针是教育为无产阶级政治服务，教育与生产劳动相结合。"

在此背景下，南工的工作，就是在总路线的指引和全国工农业生产"大跃进"的推动下，一方面作为整风运动的整改与思想教育，先后开展了紧缩机构、下放干部"双反""交心"、红专辩论等运动，另一方面则是围绕贯彻教育方针，以勤工俭学开始，紧接着开展了大办工厂，大炼钢铁，大搞科学研究，全面跃进，进行"教育大革命"。至1959年8月，中共八届八中全会后，则又开展了反右倾的斗争；1960年持续"跃进"，开展技术革新、技术革命的"双革"运动。前后3年间，各项运动此伏彼起，连绵不断。

1. 整改与"双反""向党交心"运动

南工的整改，先从紧缩机构和整编人员开始。1957年11月，学校公布精简行政机构和人员的整编草案，将原4部1馆22科室（不包括党群组织机构）整编为二级制，撤销部处一级，减少科室13个；原教职工1923人，减少452人，其中除教师52名外，余皆为行政和教辅人员，职工人数计共减少37%。

在具体实施时，先是在1958年4月，院行政机构调整为一室、七科、一厂，即院长办公室、教务科、业余教育科、生产科、人事科、学生科、总务科、财务科和机械工厂。12月再次进行"全面改革"，形成二室、二处、二科、一厂的体制，将院长办公室改名为院委办公室；教务科、业余教育科合并成立教学办公室；学生科并入人事科；总务科、财务科合并成供给处，另外成立了军事体育处和保卫科。此类改革多在运动中仓促作出，很难说有何实效。

在整编人员方面，与下放干部结合进行。根据中央关于干部要参加体力劳动的指示，国务院提出所有分配在高等学校的应届大学毕业生都要在参加工作前先参加一定时期体力劳动的要求，南工在动员报名的基础上，批准104名青年教师于1957年11月11、12日分赴农村参加劳动，和工农结合，锻炼思想感情和政治立场，这是劳动锻炼性质，以后仍然回校。接着，又为实现全国农业发展需要，响应向农业进军号召，动员组织220名教职工到农村去长期落户，参加农业劳动，支援农业发展。其中189人分布在江苏36个县市，25人分别回到安徽、浙江、山东、河北、湖南、四川等省家乡参加农业生产，另外6人退职回家。于11月25日至28日分批出发。随后又继续下放了一些人员。截至年底，总计下放334人，计教师16人、科长3人、教辅人员107人、职工208人。

1958年3月，学校根据中共中央指示，开展了"反浪费、反保守"的"双反"运动和"向党交心"运动。

"双反"运动是在办学问题上"是实行多快好省的方法，还是实行少慢差费的方法"两种方法的斗争中展开的。通过"双反"揭露浪费现象、保守思想，猛轰"三风"（官僚主义、宗派主义、主观主义）、"五气"（官气、阔气、暮气、娇气、骄气），纵深发展触及资产阶级个人主义思想本质。"向党交心"则作为资产阶级知识分子端正政治立场，脱胎换骨，自觉的自我改造运动，要求把自己真实的思想向党、向人民摊开，想什么就说什么，说出来得到帮助，有了改进，就与党和人民更靠拢了。在学生中，针对普遍存在的"粉红色道路"、重专轻戏、先专后红等问题，展开了"红专大辩论"，要求"兴无灭资、红透专深"。"双反""向党交心"运动本身即整风、反右派运动政治上、思想上大革命的继续，同样采取了大鸣、大放、大字报、大辩论的"四大"形式，还举办了一系列展览会、论坛、"求医会诊"汇报大会等，其指导思想和做法皆为"左"的路线的继续。后期进行个人小结，制订红专规划，至1958年6月下旬，运动转向破除迷信、解放思想、贯彻总路线，全面开展"大跃进"运动。

2. 倡勤工俭学与"大跃进"

1958年1月，共青年团中央根据毛泽东所提的教育方针，作出了《关于在学生中提倡勤工俭学的决定》。2月，周恩来召开教育座谈会，会上提出高等学校要实行勤俭办学、勤俭生产、勤工俭学。刘少奇多次提出两种劳动制度、两种教育制度的意见。9月，中央《关于教育工作的指示》在充分肯定教育工作成绩的同时，认为"教育工作在一定时期内曾犯过脱离生产劳动，脱离实际，并且在一定程度上忽视政治、忽视党的领导的错误"。于是，勤工俭学既作为整改的措施，又作为贯彻教育方针、进行教育革命的内容，在学校内蓬蓬勃勃地开展了起来。

勤工俭学的目的是加强劳动锻炼，认真改造思想，培养工农劳动人民的思想感情。勤工俭学的方式则是多种多样的，计有以下一些形式：

（1）把学校的实习工厂和实验室组建为生产工厂，接受生产任务，组织师生参加生产劳动。1958年4月，院决定将原实习工厂、修造工厂和切削实验室合并成立机械工厂，生产立钻、台钻及协作加工件，接受学生1075人，分3大组，轮流进行生产。无线电系将几个实验室联合组成无线电工厂，下辖生产收扩两用机、脉冲示波器等19个分厂。其他各系也发挥现有设备潜力研制、生产新产品。

（2）利用学校的人力和设备，对企业单位进行技术支援和各种服务工作，如接受设计任务、产品试制、装配、修理、代做试验、分析和技术鉴定以及测绘与描图测量与土样钻探等。

（3）举办各种讲座、培训班。

（4）参加公益性劳动，如支援工农业生产劳动、在校内整理图书、参加炊事工作等，其中仅支援修建黄马水库一项就达20余万工时。

至1958年8月，半年多来学校共建立工厂、设计院、检验所等60个，制成新产品、开发新技术120多项，为校外工农业生产单位完成设计任务321项，担任化验、鉴定、修理等工作2074项，以及绘图、测量、代加工等其他大量工作，支援了工农业生产，为国家创造财富约350万元。以上数字，虽在当时的背景下难免夸大和有水分，但通过勤工俭学、师生参加了生产劳动、科学研究，密切了与社会的联系，思想感情起了一定变化，也做出了一定成果。各系研制开发的新产品与新技术，如无线电系的热敏电阻、行波管、微波功率计，化学工程系研制的半导体材料Mn304，食品工业系用苞米芯、稻草等水解液制造丙酮、丁醇，精炼米糠油，动力工程系制成的模拟式电子计算机，机械一系的高速切削瓷刀、冲天炉前炉炼钢等，均有一定水平与创新。另外，值得一提的是该届毕业设计有80%是密切结合生产实际问题进行的，许多设计是走出校门在企业或设计院中完成的。如土木工程系道路专业四年级54名学生，将毕业实习和毕业设计与生产相结合，到业务单位去进行。4个月的工作，完成了24条共长54公里的公路和城市道路设计，以及22座桥梁、71座涵洞、8个广场和交叉口的设计。工程总投资554万元，全部图纸403张，使南京城市建设局的设计任务提前完成了。学校不仅得到勤工俭学报酬4800元，还节约了按原方式进行所需实习费5000元。动力工程系热能动力装置专业四年级24名学生在教师指导下承担了苏州电厂部分机组拆迁至泰州的设计，工程总投资165万元，全部图纸700张，设计说明书10册。工程完工后，将使泰州市电力增加8倍。该项目收入勤工俭学设计费1000元。师生总结：毕业设计结合生产实际，根据真实条件解决实际问题，加强了责任感，理论联系了实际，培养了独立工作能力和集体协作观念。

1958年6月下旬，学校召开了"跃进"汇报大会，提出破除迷信、解放思想、敢想敢做，开展比先进、比多快好省的"双比"运动。党委《关于当前学生工作的指示》中，则号召学生

"拔白旗，插红旗，政治挂帅，以学习为中心，体育锻炼、爱国卫生、文化活动、安全保卫各项工作同时并举，掀起'五高涨'全面跃进的热潮"。当年暑假，即以到工厂、农村支援工农业生产，帮助搞技术革命为主要活动内容。在校内，则是人人动手，大办工厂、大炼钢铁和大搞科研。

（1）大办工厂。原先，学生勤工俭学或是分期分批进厂劳动，或间周半工半读，此时，则组织师生员工整日在工厂或实验室参加生产劳动、研制产品和参与工厂管理。普遍实行晨6时进厂、晚6时下班的"六进、六出"制度；突击任务时，则更是废寝忘食，日夜苦战。原先，各系自发兴办了许多"工厂"，后经整理合并，结合专业并初具规模的有8个，此外，还有设计院等组织。规模最大的院机械工厂在此期间生产了多种机床、轴承、电动机、鼓风机等，还试制了汽轮机叶片和隔板。电子管厂则研制生产了多种国防急需的电子管，并列入国家计划。

（2）大炼钢铁。先是领导发动各单位群起兴建土高炉。而后，在院机械工厂内成立炼铁分厂与炼钢分厂。炼铁分厂陆续兴建了0.25立方米小高炉4个、0.5立方米小高炉1个、1.5立方米小高炉2个；炼钢分厂先后兴建了0.1吨小转炉6个、0.2吨小转炉4个和0.5吨小转炉1个；学校还投资18万元，兴建了一座"南工式"烧煤双向换热式5吨平炉，在校园内炉火通红地炼起了钢铁。据年底资料统计，炼钢85吨、炼铁29吨，不但有虚报现象，且钢铁质量鲜有合格者，甚至将学校大门、全院铁床、安全楼梯栏杆等，也切割后充当"炼钢"原料，造成大量浪费。根据当时大炼钢铁的需求，南工决定筹办冶金系，在暑假后入学专业学生中抽调了91名转读冶金专修科，后来还接受南京钢铁厂代培一个班，首次为江苏省培养了冶金专业人才。冶金专修科原定2年毕业，后推迟半年，现在，这批毕业生大都成为江苏冶金系统的骨干力量。

（3）大搞科研。此项则是在向"七一""八一"及国庆献礼的号召下，以群众运动的方式进行的，有3000多名师生参加。各系、各单位纷纷提指标、开礼单、搞挑战、办展览。虽说某些做法不一定科学，但与校内外生产实践结合，搞了不少应用开发课题，也做出了不少成果。据当时宣称，1958年全年完成科研选题150项，试制新产品260种。在这里，一是所谓的成果，当时没有严格的界定，二是有虚报的成分。按较为实际的统计，1957年度完成科研项目37项，发表学术论文23篇；1958年度完成科研项目（含革新项目）135项，发表学术论文54篇。

在此期间，还穿插进行了大搞理论学习、体育"大跃进"、"除四害"爱国卫生运动、大办民兵师、安全保密运动等一连串群众运动，动辄停课搞突击，教学处于无序状态，师生员工疲惫不堪。

3."教育大革命"

1958年9月，中共中央、国务院《关于教育工作的指示》下达，时值一个新学年的开始，学校教育究竟怎么搞？通过一个暑假的"大跃进"，教师、学生中均有困惑。为统一认识，继续鼓干劲、争上游，1958年11月学校又掀起了一场学习党的教育方针的运动。杨德和作动员报告，指出，"今天贯彻党的教育方针，就是使教育和生产相结合，为生产服务，在教育事业上，工厂办学校，学校办工厂，工厂、学校合二为一，亦工亦学、亦农亦学，并将逐渐做到消灭脑力劳动与体力劳动的差别，这就是共产主义的萌芽"。还要求解放思想，敢说敢想，用大鸣、大放、大字报的方法在校园内展开一场大论战。论战主要集中在党的教育方针问题上，大学生应该不应该培养成为普通劳动者；教学、生产、科研三者应如何结合，并以何者为主；过去一年学校是否已经贯彻了党的教育方针，应该如何估价学校的工作等三个方面。不少教师和学生对劳动过多、挤掉教学和无休止地搞突击运动造成的紧张忙乱提出了意见，认为教学、生产、科研分离导致教学质量下降，得不偿失，学校应该以教学为主，学生应该以学习为主，劳动应该结合专业，妥善安排。但这些实事求是的意见却遭到劈头盖脸的批判，被斥成是资产阶级教育思想，是"观潮派""反对派""算账派"，否定党的教育方针，否定教育革命成绩。与此同时，也有一些专业和学科开始讨论专业和课程的教学改革，但在当时"左"倾思想占主导的情况下难以得出正确结论。如一些教改方案提出全年假期、劳动与教学按1、3、8个月或1、4、7个月安排；教学计划以产品或工艺流程为红线，带动三结合；强调基础课为专业课服务；讨论物理课是"分"还是"合"。对教学过程的组织则提出要符合"实践—认识—实践"公式；强调边干边学，结合劳动进行现场教学，"干什么，学什么，缺什么，补什么"；以及在操作上达到3级、4级技工的要求……至12月13日，学校举行勤工俭学丰收大会，表扬先进，号召进一步贯彻教育方针，为把南工建设成为共产主义大学而奋斗。1959年新年前后，学校举办了"教育与生产劳动结合展览会"，以检阅成果，鼓舞斗志。

其时，"教育大革命"中出现的问题已逐渐突出，开始引起中央注意。1959年1月，中央召开教育工作会议，提出，1959年的教育工作方针主要是巩固、调整和提高，并在这个基础上有重点地发展。全日制学校应该贯彻教学为主的原则；正确处理学校教育中理性知识和感性知识的关系；在党的领导和教学相长的原则下，发挥教师在教学工作中的主导作用，建立正常的师生关系；正确地贯彻执行党的团结、教育、改造知识分子的政策，纠正学校中党员领导干部和部分师生中存在的宁"左"勿右的思想倾向等。在此背景下，3月28日至4月11日，南工召开第三次党员大会，肯定了成绩，也检查了"大搞政治运动及生产劳动的同时，对理论教学的改进抓得不够；在教学、生产、科研的要求上存在着不够协调的现象"；明确了"三结合的中心是教学"，对1959年的工作，要求进一步贯彻教育方针，继续进行"教育大革命"，以教学为中心，使教学、生产、科研密切结合起来，全面安排，加强领导。在教学方面要修订教学计划，改进教学内容与方法，提高教学质量；在生产方面要整顿现有工厂，筹建充分结合专业的基地，选定产品种类，并力求纳入国家计划，改进生产管理，贯彻勤俭办厂；在科研方面要抓住当前、照顾长远、全面发展、重点安排，尖端与一般、理论与应用、研究与推广相结合以及"土""洋"并举，确定项目，全面规划，安排任务，分工负责，力求科研工作的正常进行。另外，对政治思想工作、发展和巩固新的师生关系、加强党的领导、改进领导方法和工作作风等，也提出了一些调整性的意见。根据中央关于"在一切高等学校中应当实行学校党委领导下的校务委员会负责制"的规定，重新组建了45人组成的校务委员会，召开了工代会和学代会，贯彻第三次党员大会决议。对各系、各教研组亦要求订出工作计划，全面安排，抓住中心，确保重点，及时调整关系。

此后，学校围绕把党的教育方针贯彻到业务领域中去开展了一系列工作。在教学方面，首先是修订教学计划，适当调整劳动时间，增加学习时间，劳动一般不插在学期中间；要拟订大纲，根据不同专业提出教学要求；减少基础课和技术基础课的类型，不压缩基础课学时；在此基础上，再作专业课的安排。各系、组则纷纷修订教学大纲，或增习题课，或增实验课，或增现场教学课，注意结合专业、联系实际。许多课程建立了"三结合"小组，加强备课，相互观摩，研究问题，交流经验。在教学中努力调整师生关系，发挥教师的主导作用，管教管学，从实际出发，提高教学质量。有些实践性环节，如课程设计、毕业设计，则强调结合生产科研实践。总的说来，1959年上半年的工作基调体现着调整的精神。

4."反右倾"，持续"跃进"

然而，1959年7月，中共中央政治局庐山会议后期对彭德怀进行了错误的批判。8月的八届八中全会作出了《为保卫党的总路线、反对右倾机会主义而斗争》等决议，并发表了公报。会后，在党内开展了反右倾的学习与斗争，在全国又出现了反右倾、鼓干劲、持续"跃进"的局面。

南京工学院的反右倾学习与斗争，自1959年8月27日，由党、政、工、团、民主党派和学生会联合召开7000余师生员工参加的拥护八届八中全会决议的大会开始，连续几个月。在政治思想上要求坚持党的社会主义总路线，坚持党的教育方针，坚持政治挂帅，即坚持党的领导和贯彻执行群众路线。就对待"三面红旗"、"一个方针"（教育方针）问题上，是坚持、保卫，还是怀疑、反对，展开学习、讨论与批判，并在实际工作中以此为纲，实现教学、生产劳动、科学研究的继续"跃进"，要求学先进、赶先进、超先进，把学校工作提高到全国的先进水平。院内又掀起了"跃进"热潮，各系、组纷纷开"跃进"大会，订"跃进"规划。由于年初中央教育工作会议以来，学校明确了以教学为中心，贯彻教学、生产劳动、科学研究三结合的原则，全面安排建立新的教学秩序，继续"跃进"则是在此基础上贯彻执行新的教学计划，坚持生产劳动，大搞科学研究和技术革新，所以比1958年较为有序，也取得了一定成绩。

但在党内则是进行了反对右倾机会主义的斗争，波及328名党员，对被认为有"严重右倾思想"和"严重个人主义"者展开了不恰当的批判与组织处分，其中多数在1962年作了甄别。

1959 年底，全国开展了以机械化、半机械化、自动化、半自动化为中心的技术革新和技术革命运动。南京工学院则在"向全国、全省、全院群英会献礼"和"二三年内把我院建设成为全国最先进的高等学校之一"的口号下开展了比干劲、争先进的竞赛。1960 年 4 月 26 日至 30 日，南京工学院社会主义建设先进工作者代表大会（即群英会）表扬了 82 个先进单位和 405 个先进工作者。5 月 13 日至 27 日省文教群英会召开，当时院领导在汇报中声称 3、4 月以来，在教学方面编写教材和教学文件 174 种、2631 万字；毕业设计、课程设计与工厂协作完成技术革新 350 余项；科研项目完成 1998 项；生产方面，试制新产品 255 种，完成技术革新 299 项。按较为实际的统计则是，1959 年度，完成科研项目（含革新项目）共 194 项，发表学术论文 70 多篇。在省群英会上，南工共有阴极线真空管、大功率真空管、无汽鼓自然循环锅炉、陶粒混凝土、北京火车站和长江大桥桥头堡设计方案、高效喷雾机钢丝网水泥制品及机器人等 110 个项目参加了礼品展览；陈昌贤、陆钟祚等 10 人被评为江苏省教育和文化、卫生、体育、新闻方面社会主义建设先进工作者，其中陈昌贤、陆钟祚还被评为全国教育和文化、卫生、体育、新闻方面社会主义建设先进工作者，与特邀代表杨廷宝、林圣华（学生）一起参加了全国文教群英会。

三、"教育大革命"说评

此次"教育大革命"，历时约三载，对我国教育事业的发展有较大影响，其是非得失，长期以来有不同评价。兹从南京工学院的实际出发，作一具体分析。

首先，此次"教育大革命"是在我国社会主义改造基本完成，开始进入社会主义建设时期的形势下，根据总路线的精神，期望探索我国发展高等教育的道路而展开的，应该说是有意义的。然其时正值全国整风运动、反右派斗争之后，阶级斗争的弦绷得很紧，"大跃进"又什么都搞群众运动，"左"的思想与做法就不可避免地成为"教育大革命"的主旋律，且名曰探索，实际上是必须不折不扣地贯彻执行。

其次，学校开展的"教育大革命"是围绕贯彻党的教育方针进行的，方针本身的正确性与全面性，以及对方针的理解与贯彻得是否正确与全面，均不能不对"教育大革命"起直接的影响。

从南工进行的"教育大革命"看来，有以下几点值得引以为戒。

1. 关于教育方针

1957 年和 1958 年毛泽东和中共中央、国务院先后对教育方针提出了精神一致、内容互相补充的两种表述。一是毛泽东所提"劳动者"的培养目标，应是包括体力劳动者与脑力劳动者的总称，而不是专指体力劳动者；是总的教育工作的培养目标，而不是专指某一层次或某一类型教育的培养目标。但在"教育大革命"中，把"劳动者"冠以"普通"二字，强调体力劳动，与高等教育培养高级专门人才对立起来，是认识上的片面。由于不恰当地突出了体力劳动，致使劳动过多，挤掉教学，影响教学质量。当时甚至把这样的做法看作是消灭脑力劳动和体力劳动差别、培养共产主义新人的举措。把人类发展的长远理想作为短期内要达到的现实目标，则更是不切实际的。二是"教育为无产阶级政治服务"的提法，本身没错，但不全面。一定社会的教育是受一定社会的经济与政治制约，并为之服务的，根据中共八大对主要矛盾的分析，应主要为发展社会生产力服务。方针只提为政治服务，不提及其他，存在片面性，也就不可避免导致贯彻执行中的片面性。即使就"为无产阶级政治服务"而言，主要应体现为培养具有社会主义觉悟，亦即有正确政治方向的人才，不是什么政治运动高校均要卷入。"教育大革命"中片面强调政治、阶级斗争，政治运动不断，斗争批判不断，冲击了正常教育秩序，不符合经济发展规律的所谓"大跃进"，造成了人力物力的严重浪费与损失。有些人还振振有词说道"算政治账，不算经济账"。这种"唯政治论"正是"左"的错误的一种表现。三是"教育与生产劳动相结合"应该包括多层次的内涵，其中实现马克思关于人的全面发展的目标，是最高层次，是人类的未来，而在现实的教育工作中，应是贯穿在教育过程中教育、生产、科研的三结合，理论教育与生产实际的结合和教育者、受教育者参加必要的生产劳动等几个层面，这要求做到有机结合，妥善安排。"教育大革命"中认识上存在的片面性导致了实践中的盲目性，形成了生产劳动喧宾夺主的势态。通过"教育大革命"，教育方针是众所周知了，但不一定均有正确的理解。"教育大革命"对克服脱离生产劳动、脱离实际、忽视政治的倾向确实起了一定的积极作用，但在同时却发展成突出劳动、突出政治、运动就是一切的局面，造成不良后果。

2. 关于理论与实际

在教育工作中，我们一贯坚持理论结合实际，针对脱离实际的倾向，一定时期内强调结合实际、参与实践是无可厚非的。"教育大革命"中师生参加生产劳动后，在思想上有所收获，对教育改革也作了某些探索，科学研究亦作出一定成果。但确也存在以下一些问题：一是把理论与实践对立起来，否定理论，强调实践。将在课堂中传授系统理论知识斥为资产阶级教育思想，主张到实践中去"干什么，学什么，边干边学，干就是学"。教学计划、教学秩序一概打乱，任意停课，哪里需要到哪里去。这致使当时不少高年级学生"想到毕业就心焦"，工农学生认为"不如回厂去劳动"。二是机械地把人类认识的普遍规律"实践—认识—实践"套用来否定学校教育过程大部分是从间接经验开始的特殊性。在讨论教改方案、教学大纲时，往往提出以产品或工艺流程为红线，按"实践—理论—实践"为准则来安排教学，要求学生在低年级即参加设计工艺实践，缺什么知识就讲什么，而后再填平补齐理论上的知识。这就削弱了基础理论，使学生所学知识支离破碎，虽在实践中有教师指导，也能做一些生产工作，但功底毕竟不厚，影响培养质量。有的教师风趣地揶揄这样的做法，说："按此公式，学历史的岂非要回到上古时代去实践了吗？"

3. 关于知识分子和"双百"方针

1957年，毛泽东通过对知识分子情况的估计，认为"绝大多数人都是爱国的"，但"世界观基本上是资产阶级的"，并据此认定"他们还是属于资产阶级的知识分子"。整风、反右运动以来，知识分子中"右派"固属"资产阶级反动派"，多数"中间派"则作为资产阶级知识分子，也自是改造对象。"双反""向党交心""红专辩论""大跃进""拔白旗，插红旗""教育大革命"学术批判、反右倾等一系列运动中，均贯彻着"兴无灭资"思想战线的激烈交锋，对一些不合当时潮流的思想观点均大加讨伐。过火的批判，严重伤害了知识分子的感情，挫伤了他们的积极性。另外，在学术问题上没有很好贯彻执行"百花齐放、百家争鸣"的方针，动辄扣以"资产阶级教育思想""贩卖英美通才教育"等帽子，并提高到两条道路斗争的高度予以批判。如建筑工程系的建筑设计教学，积多年经验，形成了有自己特色的做法，在低年级放开学生思路，在高年级再增加技术与实际条件的限制，这被称作"喇叭口"的教学思想，随即遭批判；又如机械工程系霍少成教授倡议办的"机械设计"专业，主张以掌握机械性能设计和结构设计理论为主，即可适应各类机械设计的工作，在钱钟韩副院长支持下于1957年创办，但在运动中即遭否定，并立即被撤销。这样粗暴地将学术问题与思想政治问题混淆的做法造成了恶劣的影响。

4. 关于党的领导和群众路线

教育工作必须由党来领导，高等学校要贯彻党委领导下的群众路线。这是对的，但关键在于党如何领导。按理说，学校党委的领导，主要应是政治领导，保证党的路线、方针、政策的贯彻执行和对学校重大问题提出意见并参与决策，而绝非党政不分、以党代政。贯彻群众路线，则是在相信群众、依靠群众的基础上，调动一切积极因素，为实现学校的各项任务而奋斗，绝非搞群众运动即群众路线，运动群众则更与群众路线背道而驰。南工通过整风、反右运动，学校党的领导看似加强了，但所谓"一元化"的领导，即一切均要书记挂帅、什么事均由书记说了算，不仅不利于党的领导，也不利于整风要求的克服官僚主义、宗派主义和主观主义。甚至出现过有位总支书记把教研组主任抽调走了，教研组都不知道，引出了副主任写大字报"招魂"找主任的怪现象。至于群众路线，则表现为各项活动均以大鸣、大放、大字报、大辩论的群众运动方式来进行，完全打乱了学校正常教学秩序，真是运动不止，校无宁日。且这种所谓"大民主"的做法，以声势压人本身即不民主，现已为中央领导所摒弃。

如上所述，持续约三载的"教育大革命"虽然教育方针基本上是正确的，但也有不完善之处。在当时的社会历史条件下，政治上错误地估计阶级斗争形势，错误地看待知识分子，经济上搞"大跃进"，一大二公，刮"共产风"，在这样的背景下搞"教育大革命"，其指导思想必然是"左"的，对方针的理解与贯彻也就必然带有片面性，并导致失误。在做法上，违背学校教育规律，什么都搞群众运动，实践中带来不可估量的损失。如果说通过"教育大革命"，人们思想上对党的领导、社会主义方向、教育与生产劳动结合以及理论联系实际等观念有所增强，但理解则并不全面和正确;如果说千军万马对教育改革作了某些探索,参加劳动有所锻炼,大搞科研做出某些成果,但在同时也造成了人力、物力、财力惊人的浪费。如能在正确路线指引下,更加科学地组织进行,应当能更为健康地发展,更见成效。因此,对"教育大革命"总体上具体问题具体分析,旨在分清是非、总结经验教训。加以扬弃,以免重蹈历史覆辙,从而更好迈步前进。

第二节 贯彻"八字方针"和"高教六十条"

主要由于"大跃进""人民公社"和"反右倾"的错误，加上当时的自然灾害和苏联政府撕毁经济建设合同的影响，我国国民经济从 1959 年起，即发生严重困难，前后持续 3 年。1961 年 1 月，中共中央八届九中全会通过了对国民经济实行"调整、巩固、充实、提高"的方针。为了总结我国社会主义改造和建设的经验教训，明确今后工作方向，中共中央主持制定了各行业一系列具体工作条例，在高教方面，即《教育部直属高等学校暂行工作条例（草案）》（简称"高教六十条"），于 9 月发布试行，作为指导高等教育工作的根本法规。"八字方针"和"高教六十条"提出后学校工作明显出现了转机。

1957 年 11 月起汪海粟不再担任南工党委书记。1958 年 9 月院长亦去职后，杨德和任党委书记、代院长。1959 年 12 月，中央决定刘雪初任南工党委书记兼院长，杨德和改任南工党委第二书记兼副院长。

刘雪初（1914—1992），湖南宁乡人，毕业于湖南省立第一师范。1937 年赴延安，曾在陕北公学、延安马列学院学习，历任中国人民解放军第十三兵团政治部秘书长、第四野战军政治部秘书长、组织部副部长、国防工业部坦克局局长、北京工学院党委书记，具有较高的马列主义理论水平和领导工作水平。刘雪初从 1960 年 3 月上任的第一天起，就以其全部精力投入学校工作。先是抓了结合生产、科研，真刀真枪做毕业设计、搞"双革"，向"群英会"献礼，抓了新专业建设和教材编写。1961 年后，他和党委一起，以贯彻"八字方针"和"高教六十条"为契机，团结和带领全院教职员工克服困难，把南工各方面的工作逐步纳入正常轨道。尤其是在制定了《1962 年到 1967 年工作纲要（草案）》之后，思想统一、目标明确、措施得力，学校工作欣欣向荣，全院师生群情振奋，直至因"文化大革命"而中断。这一时期成为南工历史上又一个卓有成效的发展阶段。

一、整顿教学秩序，进行教材建设

以教学为主，积极提高教学质量，是学校一切工作的中心。这个不言而喻的道理在"大跃进"和"教育大革命"中反而给搞糊涂了，争论不休。1959 年第三次党员大会决议虽然明确了教学为主，教学、生产劳动、科研三结合，但在包括领导在内的一部分人中间，只是抽象地承认，具体工作中仍然是突击运动不断，劳动、科研过多，什么均可以挤掉教学，领导精力没有集中到教学上来；教学计划、教学大纲的修订、教材的编写由于缺乏明确的指导思想遵循，不易稳定下来；部分有经验的教师未放在课堂教学第一线，不少青年教师对教学各环节又尚未过关，教研组的教学法研究也未很好开展；实验室设备损坏严重，且生产、科研占用较多，也挤掉了一些应开的实验……显然，这种状况不改变，贯彻以教学为主的精神、提高教学质量，就缺乏前提。刘雪初和院党政领导根据"八字方针"和"高教六十条"的精神，采取了一系列措施，扭转这种局面。一方面坚决把要求过多、过急增设新专业的计划压缩下来，控制学校规模，另一方面狠抓整顿教学秩序，认真进行"三材"建设。

在整顿教学秩序方面按照教学计划稳定、上课稳定和时间稳定的要求，首先，缩短科研战线和劳动战线，使曾经受到削弱的基础课和其他课程的理论教学得以加强，真正体现"一主、二从、三结合"的精神，把教学、科研、生产三者有机结合起来，作出科学安排，修改教学计划，修订教学大纲，在一段时间内，使工作相对稳定下来。据此制订教学进程表公之于众，共同遵守。其次，按规定开出课程，安排教师上课，把有经验的教师放到教学第一线。各课教师根据教学计划和教学大纲制订教学日历，按计划上课，一经确定，不得随意更动。在此基础上，各系办公室与有关任课教师协商按班级作出"自学平衡计划"，合理安排测验、实验和自学时间，防止学生学习负担畸轻、畸重和各课互争时间，保证劳逸结合，扭转无序状态以确保教学得以正常进行。与此同时，学校建立、健全了一系列规章制度，使各项工作有章可循。教学、行政、后勤、思想政治等诸方面都逐步建立起各自的正常工作制度，力求减少或避免采用运动突击的方式进行工作。经过艰苦的努力，较快地稳定了教学秩序。

在进行"三材"建设方面，稳定教学秩序，为提高教学质量创造外部环境条件。而要使教学质量真能有所提高，则必须搞好一些"基本建设"。刘雪初把师资队伍建设、教材建设和实验室建设称为"三材"建设——人材、教材与器材建设——而予以高度重视，当务之急则是迫切需要把教材和教学文件建设先抓起来。学习苏联时的教材已不适于新修订的教学计划和教学大纲，而"大跃进"以来，尽管编写了不少教材，但大都十分粗糙，编写的指导思想亦有问题，不能满足教学要求。学校明确指出：教材和教学文件包括教学计划、教学大纲、教科书或讲义、习题集、实验指导书、实习大纲和指导书、专业劳动大纲、课程设计指导书和资料、毕业设计指导书和资料等，均是组织教学过程和进行教学的主要依据，与保证和提高教学质量关系极大。要求各系、组把教材编写工作当作科研任务之一，把教材建设当作一项经常性的重要工作，有组织、有计划地进行编写和加工修订，力争高质量地按时完成。经过努力，至1962年，学校所开300多门课程中65%采用通用教材，15%采用外校讲义，20%采用自编讲义，教材的有无问题乃告解决，随后主要是逐步提高质量。至1965年，各专业所有课程均有了基本上符合需要的教材和一整套教学文件，质量较高。学校承担了较重的全国通用教材的编审工作，编写出版了40余种教材，如吴大榕著的《电机学》，3年内印刷6次，发行量达6万余册；陈来九的《热力设备自动调节》、钱凤章等的《无线电发送设备》、管致中的《无线电技术基础》、李嗣范的《微波元件与测量》、陆钟祚的《行波管》、金宝桢的《结构力学》、梁治明的《材料力学》、黄锡恺的《机械原理》等，被全国高校广泛采用，有的多次再版，或出增订版，沿用至今。这反映了南工教材建设有较强的实力和较好的基础。

关于师资队伍建设和实验室建设于后面再作专述。

二、致力教学改革，提高教学质量

1962年5月间，在杨秀峰部长和蒋南翔副部长主持下，教育部召开了高等工业学校教学工作会议，针对当时普遍存在的学生学习负担过重而学习效果不佳的状况，分析原因，认为主要是教学工作中的过高要求和学生的实际接受能力不相适应，要求在教学工作中从实际出发，认真贯彻"少而精"的原则，适当地精选内容，以使学生在规定的时间内把最必需的知识和技能真正学到手，扎扎实实地打好基础。在这次会议上，教育部主持修订了4个有代表性的专业的教育计划。作为示范还成立了工科各类技术基础课程的教材编审委员会。院党委对此次会议的决定极为重视，院长刘雪初和副院长金宝桢、吴大榕狠抓中央教学工作会议精神的贯彻，党委常委皆深入基层狠抓落实。经过2年多的改革、实践，刘雪初总结了一套具有自身特色的被称为"三抓""三步""五带动"的做法，取得了明显的成效，提高了教学质量。

所谓"三抓"，即抓内容精选、抓环节配合、抓调查研究。党委首先在教师中作深入的思想动员，明确搞"少而精"的目的是减轻学生学习负担，提高教学质量；学生学习内容太多，反而使得对主要课程和主要内容没学好学透学活，负担过重，教学质量难以提高。而搞"少而精"，加强"三基"，即基础理论、基本知识和基本技能的学习和训练，即可改变学而不透、不活、不巩固的状况，真正学到手。所谓"少则得、多则惑"，是一个辩证的关系。明乎此理，而后即可化为教师的自觉行动去贯彻落实。具体怎么办？内容精选是关键，同时还要抓教学过程中各个环节的配合，并对学生的学习情况进行经常的调查研究，以便边讲授、边改进，不断提高教学质量。

鉴于过去教改一动手就又砍又并的教训，此次贯彻"少而精"，要求从整个专业着眼，从各门课程着手，课程内容的改革分"三步"走：第一步认真研究教学大纲，分清内容主次，适当强干削枝，研究教学方法，要求各门课程，特别是新专业、新教师、教新课，必须认真走好这一步；第二步是精炼教学内容，讲清规律，适当减少课堂教学时数，增加学生自学和实践时间，容许对教学大纲作必要的修改，各系选定少数课程先行实践；第三步是在各门课程少而精的基础上，按照专业培养目标的要求进行整个专业的"三基"串联配套和进一步搞"少而精"，个别专业先作试点。这样分步骤进行比较稳妥、扎实，各系、教研组、教学小组均积极响应，认真地对各门课程如何贯彻"少而精"作了细致的研讨，组织实施。有的专业提出了制图、设计、实验、操作技能的串联方案，前后贯穿，互相配合。

教学工作要依靠教师去做，贯彻"少而精"就必须充分调动教师的积极性，学校把这项工作与师资培养结合起来，以贯彻"少而精"为中心，带动教师五个方面的提高，即所谓的"五带动"。"五带动"是对在教学线、实验线和科研线的所有教师的要求，其中对于教学线的教师，为了要驾驭教学内容做到少而精，必须有渊博的知识，这就要求教师钻研、熟悉本学科基础理论，带动学科理论水平的提高，此其一；不仅要学习中文资料，还要熟悉外文资料，带动专业外文过关，此其二；要动手综合分析资料，就带动综合阅读文献能力的提高，此其三；动脑筋考虑方案或教案，带动教学文件建设，此其四；改革必须通过教学实践，就带动了教学过关，此其五。这样把各项工作按照它的客观规律和要求串联起来，使教师深感贯彻"少而精"与自身的进修提高是一致的，搞教学不是一种单纯的"支出"，安排得当，也可大有收获，从而能做到更自觉的投入。

三、重视实践环节，加强工程训练

工程教育要求学生在校期间能接受从事工程师工作的基本技能训练。除切实加强基础理论和基础知识学习外，还必须通过生产劳动以及实验、实习设计等实践性教学环节，使学生获得实际知识和基本技能训练。以往教育中，有不同程度的脱离生产劳动和脱离实际的缺陷，1958年"大跃进"和"教育大革命"又过多地搞了政治运动和生产劳动，不仅削弱了系统的理论学习，也冲击了严格的工程训练。如实验教学这一环节，由于大炼钢铁、大办工厂造成管理混乱、实验室仪器设备损坏，便受到严重影响。至1962年下半年，全院的1000项实验中，还有1/3未能开出；已开出的实验中，也有近40%不能完全满足教学要求。再如毕业设计这一环节，在"教育大革命"中，确是冲破了假题假做的框框，提出了结合生产、科研任务真刀真枪做毕业设计的要求，也做出了不少成果，但在一定程度上存在以干代学，仅仅满足于完成生产或科研任务而忽视教学要求的偏向。而且完成任务通常采用"大兵团作战"的方式，每人往往只参加或完成项目中的很狭窄的一部分工作，难以满足毕业设计这一教学环节对学生进行综合训练的全面要求。

为贯彻"高教六十条"、实现培养目标，学校在加强理论教学的同时，对实践教学环节亦予以充分重视，注意加强学生的工程训练。

首先，把实验室建设作为学校重要的基本建设来抓。其工作内容包括按专业培养目标和"少而精"原则，以及按教学计划和教学大纲，确定整个专业和有关课程的实验项目，及其在培养学生实验技能方面分工配合的要求，筹开新实验，改进原有实验；自行研制、维修或购置实验器材；制定一套实验环节的教学文件；加强实验室、实验器材的管理并通过实验室建设带动教师的进修。要求老专业到1963年末、新专业到1964年开出应开的实验，同时努力提高实验质量。1961年初即开始制订实验室建设规划。当时，既有专业开设课程的规划，又有实验室建设的规划，还有参加实验室工作教师的工作规划。据1963年初的资料统计，全院有380余名教师先后参加了新实验筹备和原有实验的改进工作，做到定人、定任务、定进度、定检查考核。他们带领实验员有计划地进行实验设计、设备研制、改装和调试工作，通过试做，写出实验指导书，正式开出实验。经过努力，全院实验室建设取得很大成绩，1963年一年中就开出114个新实验，改进122个原有实验，1965年就基本实现了五年工作纲要，绝大部分实验均能满足教学要求。各专业在高年级一般都设了一个或几个综合实验，让学生在教师指导下独立进行实验方案的论证、选择、设计、装配、调试测定数据、分析结果和写出报告，完成实验技能训练的全过程，促进了学生独立工作能力的提高。学校通过评选"样板实验室"的工作，把全院实验室的管理提高到一个新的水平。

其次，真刀真枪进行毕业设计。至60年代初，经过了连续几届的探索，学校认真总结了这种做法的经验教训，制定了毕业设计大纲、指导书等一系列文件，进一步明确其性质与任务。培养学生综合运用所学理论知识与技能解决工程中实际问题的能力是一个重要教学环节，必须根据以教学为中心，教学、生产劳动、科学研究三结合的原则，处理好其间的关系，作出全面安排，有组织、有计划地进行。这样，便使毕业设计工作开始步入正常轨道，提高了毕业设计的质量，使它真正发挥对学生进行在校期间最后一次综合工程训练的作用。

最后，安排好专业劳动和公益劳动。新订的教学计划5年内安排约20周时间，其中10周为专业劳动，按劳动大纲进行，另外10周为公益劳动。为了把生产劳动组织得更好，加强对生产劳动的领导，由教务处和总务处共同安排计划，解决生活等有关问题，检查生产劳动的情况；专业生产劳动在劳动结束时，由系会同接受劳动的单位进行考核。这使生产劳动这一实践环节既帮助学生确立劳动观点、群众观点、阶级观点，受到思想教育，又提高学生的实际操作技能、增进专业生产知识，达到了预定的目的。

四、积极开展科研，形成学科特色

综观五六十年代南工的历史，与教学工作相比而言科学研究工作显得薄弱一些。1955年曾提出向科学进军的口号，1956年召开了第一次科学报告会，科研热潮方兴未艾，但很快就受到一场无情的政治运动的冲击。"大跃进"时期，科学研究工作表面上轰轰烈烈，但真正开花结果的为数不多。刘雪初十分重视科学研究工作和学科建设，他认为，高等学校拥有高水平的科技队伍，它作为科学研究的一个方面军，完全有义务也有可能为科学技术进步作出贡献，这不仅是国家建设的需要，同时也是自身建设、提高教学质量的需要。他提出：一所大学声望的大小，在很大程度上取决于它是否拥有一批公认的第一流学科和能不能提供出色的、高水平的、有重大影响的科学研究成果。他到任后把很大一部分精力放在改变科研落后面貌方面。他多次向干部、教师阐明科学研究的重要性，在1960年5月所作的《高等工科学校要成为技术革命的学校》报告中，即指出：高等学校应该成为技术革命的基地，大力开展科学研究工作，为国家科学技术的现代化，为整个国民经济转到新的技术基础上、转到现代化大生产的技术基础上，积极地作出贡献。又如1963年，他在教研组主任工作会议上所作的《把教研组工作提高到新的水平上》报告中,强调开展科学研究,责无旁贷,"不搞好学校的教学工作,就很难开展科学研究工作;不进行适当的科研工作,也很难不断提高教学质量"。为了有计划地开展科学研究和学科建设,除在《1962 年到 1967 年工作纲要(草案)》中提出要求外,学校又在 1963 年 4 月制定了《1963—1972 年科学研究事业发展规划(草案)》。这个时期的科学研究和学科建设工作着重抓了以下几方面:

1. 队伍和机构建设

各系都明确一部分教师在一段时期内(例如 3 年、5 年),稳定在科研这条线上工作。至 1963 年底,形成了 54 名专职研究人员的队伍,另外还有 25 名主要从事科研;1964 年 9 月,又陆续抽调 51 名教师安排到科研项目中去;至"文革"前夕,南工科研队伍中专职教师已达到 100 多人。专业学科基础较好、方向明确的,则以老教师为核心,把有关人员组织起来,逐步形成一支有实力的队伍,在此基础上,建立专门的研究机构。至 1963 年,实际上已分别建起了以著名专家杨廷宝、钱钟韩、陆钟祚等人为学术带头人的建筑学、热工自动化、电真空器件等几个研究室,这些研究机构在"文革"后均发展成在国内有影响的研究所。

2. 抓重点专业、学科和重点科研课题

由于原有基础的差别及人力、物力的限制,在专业、学科建设和科学研究方面不可能要求同时全面开花,必须抓住重点、重点与一般相结合。当时学校确定办好建筑学、电厂热能装置、无线电技术、电真空器件、水声设备等 5 个专业、学科。各系也确定了各自的重点学科。对各重点学科都要求明确方向,选定科研题目,制订五年研究计划,扎实工作,做出成果;在人力、物力、财力上则优先保证。由于目标明确、措施有力,这些学科得到较快的成长,在科学研究方面也做出了很好的成绩。据统计,1961—1965 年全院获得较重大成果的项目有 91 项,包括行波管、电厂运行自动化、无汽鼓锅炉、热风冲天炉、磨削表面质量、机器人等一批科研课题。另外,微波调频雷达、水声综合测量仪、钢筋混凝土结构等课题也取得了可喜的进展。1963—1966 年登记在国家《科学技术研究成果汇报》上的项目则为 39 项,其中陆钟祚教授领导的电真空器件研究室研制的我国第一个行波管,解决了国内微波技术方面的一个关键性问题,打破了外国对我国的封锁禁运,受到有关方面的高度重视,拨专款建设研究实验楼,为进一步研究创造了条件。可以说今天东南大学几个国家级重点学科和其他一些国内有影响的学科、博士点以及若干重点实验室中,有不少就是当年这段时期打下的基础。

3. 筹办新专业,形成学科体系特色

一所著名的大学,首先是以其有著名的学科、形成自己的特色而著名。南京工学院在机、电、土建、化工四大工科基础学科方面除化工学科因化工系分出而受到削弱外,其余 3 个学科均有较好基础,尤以无线电工程学科因在 1952 年院系调整中并入了浙江大学、厦门大学和山东工学院的无线电系而几乎集中了当时华东地区无线电主力师资和主要设备,虽然 1956 年曾分出部分力量建设成都电讯工程学院,但经过后来的补充,实力仍甚雄厚。60 年代初,一度规划 3

年内拟增设以无线电电子学和原子能技术为中心的新专业54个，要求当年建立15个，随后发现专业分得过细，有的与他校重复设置，进行了调整。贯彻"八字方针"以来，根据学校的具体情况和科技的发展趋势，审时度势，决定以无线电电子学为基础，以自动化技术及其应用为方向，有计划地筹建若干新专业，形成一个学科体系特色。在此指导思想下，着力筹办了一些新专业，如水声工程、半导体材料与器件自动控制、陀螺仪及导航仪器、计算机技术及装置等专业；机电结合的电真空机械设备和无线电设备结构与工艺这两个专业，则在全国最早设置，备受有关方面重视。

4. 抓科研工作的方向和方法

科研工作的方向与方法是否正确，关系到能否取得有价值的成果，刘雪初对此特别重视。他强调，在方向和方法问题上有着两种不同的看法和做法，也有两样不同的结果。一种是把学校的科学研究在适当考虑专业需要的条件下，密切结合社会生产实际来进行，即在总的方向上面向生产实际、面向教学，在具体工作中进行，首先对生产实际进行广泛的调查和重点深入的了解，综合资料，分析问题，然后有目的地参考文献，钻研理论，再着手解决问题；在方法上是从实际出发、从调查研究入手，结合实际进行理论探讨，求得既有理论又有实际的成果。凡是按照这种方向、方法去做的，由于要做大量的、艰巨的工作，开始时似乎慢一些、成果小一些，但由于情况明、路子对，到后来必然会走得快、成果大。另一种与此相反，在方向上局限在从书本文献中找问题，脱离生产实际，脱离学校教学；在方法上是从书本中来到书本中去，关起门来搞科研。凡是按照这种方向、方法去做的，由于只要翻阅书本查找参考资料、做某些实验，也可以比较容易地写出一些论文，开始时似乎是快一些、成果多一些，但由于缺乏实际，路子很难得到肯定，到后来就必然会走得慢、成果小，甚至要回过头来另找出路。为了具体解决这个问题，学校规定在科学研究工作中要抓好6个方面的工作，即抓生产的对象、第一手资料、理论研究、实验工作、成果鉴定、科研队伍，使科学研究的根子扎得深、扎得稳、扎得正，做到既有理论，又有实际，避免了学院式的研究方法，也不像"大跃进"年代那样搞突击、搞运动、华而不实的做法，使学校的科研工作按照其本身的规律正常地运行起来。

5. 普遍开展学术活动，活跃学术氛围

由于提高教学质量有大量的基础工作要做以及当时客观条件的制约，一时间专门从事科研的人毕竟是少数。为了活跃学校学术、提高教师学术水平，学校倡导普遍开展学术活动，要求在教学线和实验线上的教师也能结合工作进行研究，写出学术报告，进行学术交流。这对提高教学质量能起一定作用，也为进一步参加专题研究准备了条件。为此，学校决定教研组建立学术活动日制度，按学期订出学术活动计划，每2周进行一次学术活动，每年校庆以学术活动为主要内容，举办科学报告会。学术活动普遍的开展，不仅活跃了学术氛围，也取得了显著的成果。1963年、1964年第四、五届校庆科学报告会分别提出论文报告245篇和209篇。1963年3月恢复了1958年停办的《南京工学院学报》，成立了以钱钟韩、胡乾善教授为正、副主编的编辑委员会。学报的复刊，提供了学术论文发表的园地。

在 60 年代初的历史条件下，虽然取得的令人瞩目的科研成果还不太多，但学校的科研工作则大大前进了一步，为日后的发展打下了较好的基础。

五、倡导又红又专，建设师资队伍

办好学校，归根到底要依靠教职工队伍，特别是教师队伍。刘雪初认为影响教学质量的因素很多，但最关键的问题还是人，是教师的水平问题。而当时教师队伍的情况是：讲师以上的教师只占 30% 左右，其余约 70% 为助教，老专家人数本来就不多，经过反右和"拔白旗"等运动，实际能起学科带头人作用的人就更少了。广大青年教师虽然工作热情高，但知识与经验均感不足，一时难以适应教学科研、学科建设与发展的需要。因此迅速培养和提高青年教师的任务便十分迫切。学校狠抓了师资队伍建设，并形成了自己的特色。

首先，院党委明确培养教师必须坚持又红又专的方向，既要提高学术水平和业务能力，又要提高思想觉悟和政治理论水平。学校组织教师进行系统的马列主义理论学习和经常的时事政策学习，并要求教师担负起对学生进行思想政治工作的责任，要教书育人。刘雪初自己就常给教师作国内外形势报告。

其次，在培养方式上则坚持把进修提高与工作结合起来。除少数教师因特殊需要脱产进修外，绝大部分教师均在职进修，全院约 1000 名教师分别被安排在教学、实验和科研三条线上结合工作进修提高。一定时期内相对稳定，适当时间后可以更换。在教学线上，教师通过贯彻"少而精"实现"五带动"，提高业务工作能力（如前所述）；在实验线上，教师带着教研组分配的筹开新实验或改进原有实验的任务参与实验及实验室建设工作，而完成实验技能训练全过程，也要"五带动"，即带动基础理论学习、专业外语过关、实验设备建设、实验教学文件建设和基本技能过关；在科研线上，教师同样通过以科研工作为中心带动基础理论提高、外文过关、实际知识的增长、实验技术的掌握和教学水平的提高。这种做法被称作"在战斗中成长"，既使工作落到实处，又使教师得到进修提高。

由于学校对师资培养工作深怀紧迫感，因此抓得很紧，要求也十分严格。校领导从 1962 年起就抓师资培养规划，以后又作修改补充。从院、系、教研组到教师个人均要订出规划，校、系作总体规划。教研组则根据工作任务，按教学、科研、实验室三条线对教师定线、定岗、定任务，提出进修提高的要求，其中包括重点培养对象的安排和为老教师配备助手的安排；而后教师根据情况订出五年业务工作和进修提高的规划，并努力实施。对青年教师业务工作方面的要求，学校明确提出要"过五关"，要走扎扎实实的"科班训练"的道路。这五关是外语、基础理论、基本技能、教学能力和科学研究能力，一关一关均须严格考核。其中外语考核分基础与专业两个阶段进行，基础外语由院统一开班授课、统一组织考试，专业外语则由各系分别组织考核，考核合格发给合格证。其他方面的考核，主要是考核实绩和实物，如读书报告、论文、教材和教学文件、实验装置、工作报告等，由教研组考核。同时建立教师业务档案，把教师在教学、科研、实验室建设方面作出的成果记录归档，作为今后提职晋级的重要依据。为使教师增强进修提高的紧迫感，刘雪初提出了"南工不是铁饭碗"的警告、教师都要"五年见高低"这样严格的要求。虽然当时有些教师感到有压力，产生一些顾虑，但事实证明，它激励了教师奋发向上的精神，促使大批年轻教师迅速成长起来。至今不少教师回忆当年这段经历，仍深感受益匪浅。

六、做好思想工作，落实党的政策

经历了整风运动、反右倾斗争、"大跃进"，国家又处于经济困难时期，学校认为为了真正形成又有集中又有民主，又有纪律又有自由，又有统一意志，又有个人心情舒畅、生动活泼的政治局面，为了克服由于自然灾害和工作中的缺点错误所造成的暂时的困难，为了使教师和学生认真提高教学质量和学习质量，使广大职工能积极地为教学服务，使培养出来的人才有较高的社会主义觉悟，必须认真做好思想政治工作。除了系统地进行马列主义理论教育外，还加强了社会主义教育，开展了学雷锋、学解放军、学大庆、学焦裕禄等活动，以正面教育为主，收到了较好效果。并在对学生和教师进行经常性的思想政治工作中摸索出了一些经验，形成自己的一些做法。

在学生中的思想政治工作，是围绕实现高等学校学生的培养目标进行的。"高教六十条"在学生德育方面提出的要求是："具有爱国主义和国际主义精神，具有共产主义道德品质，拥护共产党的领导，拥护社会主义，愿为社会主义事业服务、为人民服务"，"通过马克思列宁主义、毛泽东著作的学习和一定的生产劳动、实际工作的锻炼，逐步树立无产阶级的阶级观点、劳动观点、群众观点、辩证唯物主义观点"。南工将此要求按学生在各个年级的学习和思想活动的规律有计划地安排每一年级思想政治工作的内容与重点，初步形成一个德育体系。如：

一年级着重进行红与专的关系和专业思想教育，集体主义、群众观点的教育，树立关心政治、刻苦读书、尊师敬业、热爱集体、遵守纪律、遵守公共秩序、维护公共卫生、爱护公物的良好风气，结合"中共党史"课的学习，加强革命传统的教育。

二年级结合教学实习和公益劳动，着重进行劳动教育，树立热爱劳动、珍惜劳动成果、艰苦朴素的思想和作风，结合"政治经济学"的学习，加强阶级观点和对国民经济总方针的认识。

三年级着重进行立大志、攀登科学高峰和正确处理生活问题的教育，进一步树立顽强学习的意志和共产主义的道德品质，结合"哲学"课的学习，加强辩证唯物主义的观点。

四年级综合运用以往学习的政治理论加强政策观点和爱国主义、国际主义的教育，树立一定的政策观点和明确的组织观念，结合生产实习和专业劳动，进一步组织学习工人阶级的优秀品质。

五年级着重进行服从祖国需要的教育，学会正确处理个人与集体之间的关系，适当进行从学校进入社会的转变的教育，为适应新的环境和新的工作作好思想准备。

除经常性教育工作外，有时还根据实际情况进行一些专门教育，如1964年曾在全院进行了一次"三公共"教育，即爱护公共财物、遵守公共秩序、维护公共卫生。在此基础上评选"文明寝室"。同时严格校规校纪，对违纪学生进行严肃处理。这种教育方式既使德育目标能落到实处，也较符合学校教育的实际，几年下来，南工逐渐形成了良好的校风，受到社会称道。

为了有效地进行思想政治工作，各系还按年级设立了专职政治辅导员，负责一个年级的思想政治工作，政治理论课教师也兼任辅导员。各专业则按年级成立"年级工作组"，由班主任和任课教师组成，对学生全面负责；研究班上学习、生活、思想情况和带倾向性的问题，利用教学过程和学生自然地联系，帮助解决具体问题和进行一定的思想政治工作，收效较好。这样就形成了一支专兼职结合的学生工作队伍。党委除在人员数量上配备齐整外，还注意抓好这支队伍的培训，如为他们开办政治理论学习班组织专题讨论、每年一次召开政工会议、总结交流经验等。一些做法至今仍有可资借鉴之处。

在教师中的思想政治工作，则是围绕正确执行知识分子政策进行的。1958年至1960年的3年内，在以"左"倾错误为主导的"教育大革命"和反右倾斗争中，全院有400余教师、干部和学生受过批判或处分，其中教师、干部有240人，占大多数。这些批判与处分很大部分是不恰当的，甚至是错误的。它涉及面宽，政策界限不清，方式方法不当，严重地伤害了他们的感情和积极性。根据中共中央的通知，学校从1961年11月至1963年初，花了1年多时间，根据当时党的政策逐一作了甄别，实事求是地作出结论意见，并将结论取得被甄别人的同意，还采用适当的方式，在相应范围内公开纠正，并进一步根据各人实际情况调整了他们的工作。尽管在当时环境下，这项工作只限于对特定范围内的问题甄别，有一定局限性，但还是使许多人放下了包袱、消除了隔阂、改善了关系、增强了团结，在一定程度上调动了他们的积极性。这期间还给一部分"右派分子"摘了帽子。

1962年3月，周恩来在全国科学技术工作会议上作了《论知识分子问题》的报告，提出了我国知识分子绝大多数已经是劳动人民的知识分子的观点。陈毅在会上讲话并指出，我国知识分子"是为无产阶级服务的脑力劳动者"，"应该取消资产阶级知识分子的帽子"，即所谓的"脱帽加冕"。学校及时传达了会议精神，广大教师受到了极大鼓舞，精神振奋，反响强烈。

在此期间下列人士或继续当选或新被推荐当选为全国和江苏省人民代表大会代表及政协委员：

全国人民代表大会代表：杨廷宝、刘树勋、刘敦桢。

江苏省人民代表大会代表：刘树勋、陈章、徐镳、刘敦桢、姚琏、杨德和、刘雪初、童寯、陆钟祚。

江苏省政协委员：钱钟韩、朱宝镛、童寯、钱凤章、杨廷宝、杨德和、石志清、陈昌贤、金宝桢、刘树勋、李汝骅、舒光冀。杨廷宝被选为省政协二、三届副主席。

在这段时期内，学校还强调思想政治工作要结合业务工作进行，即"政治挂帅要落实在业务上"，讲求实效，反对形式主义。如贯彻"少而精"则先作正面教育、思想发动，实施半年后，让教师各自摆出搞"少而精"的情况，对比是否以像对待自己子女的学习、身体、思想那样关怀备至的态度来对待学生，对比是否按高校教师应尽的责任那样做好了自己所做的工作，进行自我教育，从而加强教书育人责任感，推动工作发展。至1963年10月，通过举行贯彻"少而精"的展览会与报告会以交流经验，表扬先进。又如学习"大庆"、学习解放军则强调学习的目的是以他们做镜子，照一照我们自己，清楚地认识我们的工作思想作风有哪些是好的、有哪些是不好的，以便有的放矢，对症下药，发扬成绩，改正缺点，搞好学校"三出一高"的工作，即高质量地出人才、出成果和出产品。学得好不好只有这一个标准，反对只讲形式、不看效果。由于思想工作与业务工作结合既提高了工作的思想性，又对工作起了推动作用，发挥了思想政治工作的导向和保证作用，较为实在，广大教师易于接受。但在当时，总的政治形势仍是阶级斗争为纲、政治挂帅，遇事常常提高到两条道路斗争的高度来认识。在这期间，学校思想政治工作也出现过某些失误，如1964年搞了一次"过家庭关"，对个别人的批判与处理存在过火现象。

七、调整领导体制，发挥行政作用

在高等学校的领导体制上，整风运动、反右倾斗争以来，事实上在学校是党委领导一切，在系里是党总支领导，在教研组则是党支部领导。虽然1959年建立了院务委员会、系务委员会，但运转也不正常。"高教六十条"明确，在高等学校中，必须加强党的领导，高等学校的领导体制是党委领导下以校长为首的校务委员会负责制。系党总支的作用是监督、保证，党支部的作用是保证。对此规定，党委是认真贯彻执行的，做了大量工作，虽然开始时部分干部的认识颇有分歧，而后却渐趋一致。院党委强调要发挥两个积极性，既加强党的政治领导又发挥行政系统的作用，同时要搞好基层党支部和教研组的建设，保证各项工作的完成。

南工党委首先改变包揽行政事务的状况，实行该管的管、该放的放。对于党的方针政策和学校工作中重大原则问题，党委必先研究透彻，指明工作方向。而具体实施方案则由院务委员会讨论安排，由负责业务工作的副院长、系主任和行政职能部门分头贯彻，使各级行政干部有职有权、放手去工作。在贯彻过程中，党委侧重解决思想认识问题，注意帮助总结经验，党政领导间经常通气，相互尊重、相互支持，这样，党委真正抓了大事，行政则又充分发挥了作用。当时吴大榕副院长负责师资培养工作和基础课教学工作，金桢副院长负责其他教学工作和科学研究工作，他们均感到自己受到尊重，从而真正负起了行政领导的责任，全身心投入工作。这样，也使党委从行政事务中摆脱出来，把工作重点放到党内思想教育和加强支部建设方面，如恢复了党课制度，自1961年起先后进行了以"怎样做一个好党员"和"民主集中制"为中心的教育，进行了以《论共产党员的修养》为教材的党课教育；又如健全了党的民主生活，开展正确的批评与自我批评，使支部工作重心转移到以思想建设为重点、发挥支部战斗堡垒作用和党员先锋模范作用的轨道上来。对党员则要求加强业务学习、密切联系群众，围绕教学做思想政治工作，保证教研组各项工作的完成。这样做的结果改善和加强了党的领导与党群关系。

在发挥行政作用方面，根据"高教六十条"改组了院务委员会和系务委员会。院务委员会由正副院长、系主任和部门负责人等主要干部参加，负责行政和教学工作，有职有权。一方面研讨论学校重大问题，收集思广益之效，另一方面形成决定后，即可以系主任和部门负责人身份，分头组织和贯彻执行。系务委员会亦按此办理，由正副系主任和教研组主任参加。对于少数学术地位较高又不担任行政职务的委员，则以他们为骨干，组成院、系的教学法委员会和学术委员会，担任一定实际工作，各尽所能，发挥作用。

对于作为教学和科研基层组织的教研组，学校领导高度重视其建设工作，花大力气来抓。1963年曾专门召开"教研组工作会议"，会上刘雪初作了《把教研组工作提高到新的水平上》的总结，对教研组的任务、教研组建设的道路、如何组织教研组工作、如何形成战斗集体、教研组主任如何成为一个"好班长"等问题，均作了详细阐述，与会者普遍感到通过学习、交流，收获颇丰，心中更有底了，从而充满信心地投入工作。校党政领导还分头到教研组蹲点，帮助开展工作。刘雪初便亲自带领教务处长、科研处长、党办秘书等，长期在电厂热能动力装置专业教研组蹲点，参加教研组和党支部的工作研究，拟订计划，了解他们的工作思想情况，发现问题，总结经验，用以指导面上工作，起了示范作用。如在贯彻"少而精"工作中，该教研组以1960年入学的班级（3360级）为试点，从修订教学计划入手，进行步子较大的改革，成为学校教改的先行；在科学研究上，经过认真的调研分析，确定了"电厂大型火力发电机组运行特性和自动控制"的研究方向，成立了以钱钟韩教授为学术领导人的热工自动化研究室，卓有成效地开展了科学研究（后来发展为自动化研究所）。在总结了该教研组从1958—1966年长期系统研究"无汽鼓锅炉"投运成功的经验，以及1961年上半年几个月内通力合作完成电厂热能动力装置专业4门主要专业课通用教材200多万字的编写任务的经验后，发现其之所以能屡打硬仗、出色完成任务，是因为教师水平较高，尤其是一批中年以上的骨干教师长期在教学、科研、实验室工作中得到锤炼，他们外文水平高、基础扎实、专业知识面广、动手能力强、实践经验丰富，而且团结协作精神好。在解剖这一"麻雀"的基础上，校领导形成了师资培养方面要"过五关""走科班训练的道路""在战斗中成长"等一系列指导思想和原则。这种深入基层，从群众中来再到群众中去的工作方法，有力地推动了学校工作的开展。对此当年教师均留有深刻的印象。

"八字方针"和"高教六十条"的贯彻执行稳定了学校教学秩序，学生的培养工作逐步规范化、制度化，教育质量不断提高，科研、生产正常开展，各项工作逐步推进，取得显著成绩。南工的经验多次在高教部召开的会议上得到介绍，获得了肯定。

第三节　社会主义教育运动与教育改革

尽管在这一时期，国内在经济工作和政治关系上作了一定调整，但指导思想上的"左"倾错误并未得到彻底纠正。1962年9月，在中共中央八届十中全会上，毛泽东发展了他在1957年反右派斗争以后提出的无产阶级同资产阶级的矛盾仍然是我国社会的主要矛盾的观点，提出了"千万不要忘记阶级斗争"。从1963年至1965年间，在部分农村和少数城市基层开展了社会主义教育运动，简称"四清运动"，以"打击和粉碎资本主义势力的猖狂进攻"。随着中苏两党的公开论争，"反修、防修"被提上日程。在意识形态领域对一些文艺作品、学术观点和文艺界、学术界的一些代表人物开展了错误的、过火的政治批判。对待教育问题时亦出现了愈来愈严重的"左"的偏向。

1964年2月，毛泽东在春节座谈会上说，"教育的方针路线是正确的，但是办法不对"，"学制可以缩短"，"课程多、压得太重是很摧残人的。学制、课程、教学方法、考试都要改"，"现在的考试办法是用对付敌人的办法，实行突然袭击……这种做法是摧残人才，摧残青年"。其对教育改革的一些意见，基本精神是好的，而将一些弊端提高到"摧残青年"的高度，则不完全符合实际，但总的还是认为方针对、方法不对。1964年7月，毛泽东同其侄子毛远新谈话，提到教育问题时说："阶级斗争是你们的一门主课，你们学院应该去农村搞'四清'，去工厂搞'五反'。"而至1965年12月，毛泽东在杭州的谈话中则认为，"现在这种教育制度，我很怀疑"，即说要从根本上改造了。在此期间，刘少奇在视察各地时，则多次宣传实行半工半读制度，认为推行两种劳动制度、两种教育制度是逐步消灭三大差别、防止资本主义复辟的大事。

在上述政治形势和中央领导的指示推动下，南工自1963年下半年开始，在贯彻"八字方针"和"高教六十条"的同时，也开展了一系列"以阶级斗争为纲"的社会主义教育运动。教育改革又有了新的内容和形式，但由于有前一阶段整风运动、反右倾斗争、"大跃进"、"教育大革命"的经验教训，根据高教部关于贯彻执行毛泽东的指示，必须保持"思想积极，步骤稳妥""未立不破"的精神，在具体行动时，较为有序，未在学校引起太大的波动，这种局面一直延续至"文化大革命"。

一、社会主义教育

1963年3月，中共中央发出了《关于厉行增产节约和反对贪污盗窃、反对投机倒把、反对铺张浪费、反对分散主义、反对官僚主义运动的指示》（简称"新'五反'"）。4月，省委教育卫生部对高校开展新"五反"作了部署，南工作为试点单位于4月份即开始进行。

具体做法是学习文件，端正态度，领导干部自我检查，发动群众揭发问题；大张旗鼓开展反贪污盗窃、反投机倒把等方面的斗争；全面整顿制度，切实进行整改。在教师中则主要采取"自觉革命"的方式，对工作中的浪费算算经济账，想想对思想政治上的影响，对比对公与私的态度，对比"一厘钱"精神，从而树立爱护公物、勤俭办学的思想，进一步和实验人员一起对实验设备、器材进行一次"五定"（定任务、定人员、定设备、定器材、定制度）。运动至7月结束。

1963年12月至1964年1月底，南工在教师和干部中开展了一次社会主义教育，学习有关文件，做好政治思想鉴定，在此基础上，制订教师五年培养规划。参加这次鉴定的教师、干部有1637人，占总数的99.5%。

1964年1月，在学生中开展社会主义教育，中心内容为"三公共"，即维护公共卫生、遵守公共秩序、爱护公共财物。

新"五反"及在师生中进行的社会主义教育，在做法上均未搞群众运动、打乱教学秩序，且均落实到增产节约、完善制度、制订培养规划、整顿校容校纪等方面，尤其有实效。

1964年初，毛泽东发出"工业学大庆、农业学大寨、全国学解放军"的号召。3月，南工开展学大庆活动，通过在师生中进行"三摆"，即摆成绩、摆进步、摆经验，进行正面教育，推动学先进。为学习解放军政治工作经验和活学活用毛主席著作经验，先后组织两批部、处、科级干部和总支副书记去南京炮兵学院学习，并于5月20日邀请部队官兵来院表演郭兴福式教学法，在教学工作中宣传、推广。

1964年10月，全院学习《关于赫鲁晓夫的假共产主义及其在世界历史上的教训》[①]，联系学校"阶级斗争"实际，推出了几个典型供群众分析、批判，而后各人作思想检查，"过家庭关"。这次学习，人人过关，上纲上线，带来一定的消极影响。

根据中央开展社会主义教育运动的要求，北京大学先行试点。1964年11月，南工党委第二书记杨德和去北大参加工作组工作，担任副组长，为时1年。1965年1月，中共中央发表《农村社会主义教育运动中目前提出的一些问题》（简称"二十三条"），提出这次运动的重点"是整党内那些走资本主义道路的当权派"。2月，发出组织高等学校理工科学校学生参加社会主义教育运动的通知。南工先后几批师生分赴农村参加"四清"运动。1月，四年级学生1019人和教师19人先在南京市郊区和无锡、宜兴、淮阴、滨海、启东、泰兴等地参加"四清"运动，4月中旬返校。8月，学生2009人、教师383人分别在徐州专区新沂县（今新沂市）和镇江专区江宁县（今南京市江宁区）的14个公社参加"四清"运动，刘雪初亲自带队，并任（江宁）工作团副团长。10月，组织杨廷宝、钱钟韩、吴大榕等13名正副教授去江宁县农村"观阵"，

---

① 该篇为中苏论战中以《人民日报》《红旗》杂志编辑部名义发表的文章，九评苏共中央的公开信，简称《九评》。

年底返校。这次大批师生参加农村的社会主义教育运动和劳动，接触了贫下中农，经受了艰苦生活的磨炼，增进了工农感情，受到一定的教育。但运动本身就混淆了两种不同性质的矛盾，原来"四清"为清账、清库、清工、清财，"二十三条"则规定为清政治、清经济、清组织、清思想，强调运动性质是社会主义和资本主义的矛盾、是阶级斗争或阶级斗争在党内的反映，使许多基层干部受到了过火的斗争。社会主义教育运动期间，学校被动接受上级指示，政治任务压倒一切，凡属政治运动需要，动辄中止教学活动，抽调师生投入阶级斗争。这种做法重复了过去的老毛病，有违学校的基本任务和教育规律。

二、教育改革

毛泽东在1964年春节谈话和同毛远新谈话中，对教育改革提出了他的看法和主张。长期以来，我国习惯于将领袖的讲话看成是对工作的指示，对于两次谈话，教育部门自当贯彻。但如何贯彻？高等教育部从实际出发，提出了"思想积极，步骤稳妥"的意见，拟在已有基础上逐步改革。南京工学院的做法是学习讨论，调查研究，总结经验，在此基础上各课、各专业提出改进教学工作的具体措施，确定：面上教改继续贯彻"少而精"，在学习年限、专业划分和教学计划各环节的教学中，进一步精选教学内容，改进教学方法和考试方法，并对少数课程的学时进行调整，是为"小改"；机械工程系、动力工程系、无线电系、土木工程系，各以一个专业，即机械制造工艺及设备专业，发电厂、电力网及电力系统专业，无线电技术专业，工业与民用建筑专业进行局部改革，是为"中改"；以电厂热能装置专业作全面改革试点，是为"大改"。教育事业是长效应的，其后果要滞后一段时间才能反映出来，一着不慎，则影响深远。南工这种"一切通过试验"的做法得到高教部认可，但在"文化大革命"中则被批判为以改良主义抵制贯彻毛泽东春节谈话精神。

1964年10月，高等教育部在直属高等学校理工科会议上提出：把阶级斗争锻炼作为一门主课；将参加社会主义教育运动和军事训练正式列入教学计划；在五年中，学生应有一二次比较集中的时间（共20周左右）参加工农业生产劳动；举办半工半读试点班；大力贯彻少而精原则，积极进行教学改革；组织教师下厂、下乡劳动，进行调查研究；等等。在当时的形势下，南京工学院的教学改革分别按5种方式同时进行，作了被称为"五路出兵"的较为稳妥的安排：

第一路是半工半读。机制、工民建两个专业于1965年春、秋先后上马，要求看准方向，探索前进，稳扎稳打，步步为营，经过几年努力，破苏联框框，走自己的路，为其他专业作借鉴。

第二路是面上教改。要求组织起来，大搞教学改革，进一步贯彻少而精。

第三路是毕业设计。要求全部真刀真枪，从实战出发，解决实际问题。

第四路是小型试改。部分专业确定少量学生，必要时可以抽一个班，进行专业体系或课程的较大改革。

第五路是劳动教改。组织部分教师下厂、下工地参加生产斗争,一边劳动,进行调查研究,一边考虑教学改革,设想改革方案。

对这"五路出兵"的部署,学校认为第一、五路是长远希望所在,第二、三路作为当前主攻力量,而第四路则对当前和长远起穿针引线的作用。可以看出,学校对教改采取的是通过实践探索前进的做法,在没把握的情况下,先作试点,而绝不轻举妄动。

如第一路半工半读,先从机械制造工艺及设备专业三年级中抽一个班作试点,其之所以这么做,是因为三年级学生已经学过了外文和基础课以及大部分技术基础课,在主要学习专业课期间到工厂半工半读较有把握,不会有大的损失,可见用心良苦。在做法上,则先从该专业所开各课教研组中,每门课抽出1名教师(个别课程2名),组成半工半读工作组,于1964年11月去南京汽车制造厂定点参加生产劳动1个月,然后与厂方共同制订半工半读教学及劳动的计划,商定生活安排、劳保福利等事宜。而后于1965年春,试点班(三年级下学期)学生始正式进厂实行半工半读。具体安排是一周定点跟班劳动、一周在校内上课,全班学生分两大组,间周轮换。这样,教师虽然要两次重复上课,但工厂车间劳动力可保持均衡,做到教学、生产劳动两不误,学生劳动均有固定师傅指导,劳动中有教学要求,教学则密切联系实际,总的安排较为妥帖,直至"文化大革命"中止。一年半的实践中,师生参加了工业生产实际锻炼,思想上有收获,教学上作了较大改革,课程教活了,也压缩了学时,还开展了现场教学、自选实验、真刀真枪课程设计等环节的革新。应该说,有组织、有计划的产学结合可以说是教学改革的一条路子,但半工半读,一则投入力量太大,二则学习基础课阶段是否可行,未经实践。今天看来半工半读可以是一种与全日制学校平行的学制,但不宜作为整个高校改革方向而取代全日制学校。当年采取个别专业、班级试点探索的稳妥做法是正确的。

第四路小型试改、第五路劳动教改也属探索性的安排,涉及面不大。如无线电技术专业在调查研究的基础上,形成了教改的思路,也订出了教学计划,但未及实行,"文革"即开始,教改方案被作为改良主义而受到批判。各系组织到工厂去参加劳动教改的教师,在本专业一些技术先进的企业生产氛围中参加劳动、调研,对教改也有颇多考虑,提出了一些建议,也因"文革"而未果。

学校的大部分力量则是稳定在面上教改与毕业设计的二、三两路,在经常的教学工作中,作持之以恒的改革。

当时已处"文革"前夕,农村中社会主义教育运动如火如荼,城市中亦已试点,文教战线是"山雨欲来风满楼"。在这样的形势面前,南工在党委和刘雪初、吴大榕、金宝桢等校领导的把握下,在新的一场教学改革中仍能稳妥行事,遵循教育规律,作一些新的探索,未伤学校元气,实属不易。然而曾几何时,"文化大革命"一开始,学校便在劫难逃,陷入动乱,刘雪初被"打倒",后虽被"解放",但未能再留在南工;金宝桢受迫害,于1968年逝世;吴大榕身心遭严重摧残,得了脑血栓病,形成偏瘫,半身不遂,于1979年逝世。

在1957—1966年这10年中,南工虽经曲折,但仍有发展,主要是在贯彻中央"八字方针"和"高教六十条"以后取得了较大成绩。这一方面和全校师生员工的努力分不开,另一方面也应肯定作为当时党政领导第一把手的刘雪初在其中发挥了很大的作用,每项工作均凝聚着他的心血和智慧。

刘雪初领导工作的特点是他善于将中央的方针政策、上级的指示与学校的具体实际情况相结合,从实际出发,组织贯彻;部署工作,不仅提出目标和指导思想,而且同时提出详细的实现目标的步骤和方法。他重视思想工作,常亲自给师生员工作形势报告,但他主张思想政治工作要落实到业务上,务求对推动业务工作起作用;他尊重知识分子,尊重行政领导,注意调动他们的积极性,发挥他们的作用,按学校教育规律办事;他深入实际,深入群众,常常沉到基层指导工作,总结经验;他平易近人,爱到下面"转悠",与群众谈心、研究工作,因此对学校各方面的情况和教师的思想动态了如指掌,他能叫得出大部分教师的姓名,熟悉许多人的工作状况,他的优良作风和卓有成效的工作,赢得了人们普遍的尊敬。他于1973年恢复工作,先后担任南京化学工业公司党的核心组组长兼革委会主任、教育部副部长、化工部副部长等职。刘雪初于1992年10月20日在南京逝世,享年78岁。他在南工期间的业绩,他的治校、治教的精神和经验,至今犹为人们所称道。

第四节　学校基本情况及事业的发展

在这10年中，我国高等教育事业随着政治、经济形势的变化，也经历了从大发展到调整、巩固、稳步前进的变化。自1958年至1960年，在"大跃进"的形势下，且由于教育事业管理权力的下放，各地竞相增设高校，发展学科，扩大招生，学校数量、专业门类、在校学生迅猛增加。1961年至1965年，先是根据"八字方针"作了调整，而后在调整的基础上稳步前进。南京工学院则因有食品工业系、化学工程系和农业机械系的分出独立建院，随后又增设若干新专业，故学科结构有较大变化，学生人数也有明显起落。但从1961年始，则相对稳定，虽然其间也受一些运动影响，但总的说来，至"文革"前，学校事业稳步发展，未有太大波动。

一、学校领导体制及组织机构

在1957年以前，学校的领导体制为上属中央高等教育部和原华东军政委员会教育部双重领导与管理。1958年8月，中共中央、国务院发布《关于教育事业管理权力下放问题的规定》，决定：实行中央集权和地方分权的原则，改变条条为主的管理体制，加强地方对教育事业的管理，原有普通高等学校227所，由教育部及中央业务部门直接管理的有100所，权力下放后仅剩37所。1959年3月，中央决定设置全国重点高等学校，保证一部分学校能够培养较高质量的科学技术干部和理论工作干部，提高我国高等学校的教育质量和科学水平。1960年10月，中共中央发布《关于增加全国重点高校的决定》，重点高校由原来的20所增至64所，其中工科院校32所。南京工学院为32所重点工科院校之一，学校的领导和管理由教育部与地方分工负责，实行双重领导，日常工作由地方负责较多。

在学校内部，1957年以前为院长负责制，设院务委员会，党政分开，但由院长兼书记，以沟通情况、协调工作。

1958年，根据中共中央、国务院《关于教育工作的指示》，南京工学院实行党委领导下的校务委员会负责制。

1961年，按"高教六十条"，学校实行党委领导下的以校长为首的校务委员会负责制。

1958年至1966年间，学校党政领导副职的变化如下：

党委副书记鲍有荪任职至1958年10月；1958年11月增补宫明光为副书记，至1962年4月调离；1959年4月任命林浩然为副书记，至1963年9月调离。

副院长则不断有所增设，1959年1月，江苏省委宣传部通知林浩然任副院长；1959年7月，江苏省人民委员会任命杨廷宝为副院长；1964年7月，江苏省委宣传部通知唐君照任副院长，同期并调王诚来院任副院长职。至此，南京工学院副院长共有8人之多。另外，自1961年10月起，王克刚被任命为总务长，属副院级，直到"文革"开始。

党委系统工作机构，先是一室、二部，即党委办公室、组织部、宣传部。1959年第三次党员大会后增设监察委员会，1960年3月增设统战部，1962年7月增设人民武装部，至"文革"前保持一委、一室、四部的组织机构。

行政系统的工作机构，如前述经1958年12月调整后为二室、二处、二科、一厂，1960年3月，经中共江苏省委教卫部批复，南工行政设置为一室、六处、二科（直属）、一馆的建制，即院委办公室、人事处、教务处、生产处、科学研究处、总务处、保卫处、财务科、民兵科、图书馆，另有附属工农高中和院机械工厂。其后于1961年生产处更名为生产设备处；1962年党委成立人民武装部后，撤去民兵科，附属工农高中交归省工农高中，由省教育厅直接领导。至"文革"前，保持一室、六处、一科、一馆的组织机构。

院务委员会则自1958年至1960年，每年均有调整，1961年经院党政研究报教育部同意，新调整的院务委员会由33人组成，刘雪初任主任委员，杨德和、林浩然、金宝桢、吴大榕、刘树勋、杨廷宝、钱钟韩任副主任委员。

另外，1961年12月重建院学术委员会，钱钟韩为主任委员，燕壮烈为副主任委员；新建教学委员会，吴大榕为主任委员，胡乾善为副主任委员。

二、支援新建院校

1958年教育事业管理权力下放，在"大跃进"的形势下，由于缺乏对高等教育事业发展的统筹规划，各省、市、自治区又力求尽快建立自己的高等教育体系，一时竞相增设高校。当时，江苏省打算一年内要办起百所大学，将老校某个系科分出，成立独立的专门学院，便是一种简便做法。据此，1958年南京工学院食品工业系和化学工程系便相继被分出，分别建立了无锡轻工业学院和南京化工学院。另外，1960年由农业机械工业部提出，经中央批准，南工农业机械系被分出，建立镇江农业机械学院。三校筹建过程如下：

无锡轻工业学院的筹建：早在1956年夏，江苏省人民委员会即开始酝酿筹建食品工业学院。先在南京工学院食品工业系成立建院小组，收集资料，拟订建院规划草案。嗣后，中共江苏省委决定，并报中央批准，于1958年6月7日成立南京粮食食品学院筹备委员会（后改称江苏省食品工学院），院址未定，筹委会主任委员为鲍有荪，副主任委员为金宝桢、聂建文、朱宝镛。8月18日，根据江苏省人民委员会指示，南京工学院食品工业系东迁至无锡市，在社桥原华东艺专旧址扩建成院，归属江苏省人民委员会领导，命名为无锡食品工业学院，后改称无锡轻工业学院，设食品工程、粮食工程和机械工程3个系，有发酵剂制造工学、食品工学、油脂工学、食品机械、粮食加工与贮藏等5个专业和造纸专修1个科。经一暑的奋战，迁建工作顺利完成，11月17日正式上课。1959年2月17日，江苏省人民委员会任命杨增为院长、朱宝镛为副院长，共有教职员工174人，其中专任教师83人。南工调往的教授有朱宝镛、沈学源、黄本立、向瑞春，副教授有汤逢、刘复光、王鸿祺等。当年，在校学生1028人，校舍占地150亩，建筑面积19 473平方米。南京工学院实现了第一个"原子分裂"。1995年，无锡轻工业学院更名为无锡轻工业大学；2001年，与江南学院、无锡教育学院合并组建江南大学。

南京化工学院的筹建：继食工系分出后，1958年7月25日，中共江苏省委又在关于教育厅党组1958年新建高校问题报告中批示，以南京工学院化工系为基础，分出独立建院。8月中旬，成立南京化工学院筹备委员会，主任委员为鲍有荪，副主任委员为吴大榕、苏凝、王国宾。8月18日，江苏省人民委员会正式发文，批准新建南京化工学院，归江苏省工业厅主管。关于院址问题，省教育厅明确为南京丁家桥南京农学院旧址。南京化工学院设3个系、8个专业，即无机化学工程系，下设硅酸盐工学专业、无机物工学专业、电化学工学专业；化工机械系，下设化工机械专业；有机化学系，下设石油工业专业、基本有机合成专业、高分子化合物工程专业和燃料化学工程专业。1958年12月，江苏省委调李克和到校主持工作，任命其为党委副书记兼副院长，任命王国宾为副院长，任命省委工业部副部长柳林兼任院长。经积极筹建，南京化工学院于1959年2月全部迁至新址，计有教职工244人，其中教师103人。南工调往的教授有时钧、汪仲钧、王国宾、张瑞钰、丘侃，副教授有张有衡、杨景才等。当年在校学生957人，校舍占地93 344平方米，与南京铁道医学院、南京艺术学院合用操场，占地13 200平方米。1995年，南京化工学院更名为南京化工大学。

镇江农业机械学院的筹建：1958年，党中央提出了以农业为基础、以工业为主导的发展方针。毛泽东指出："农业的根本出路在于机械化。"1959年农业机械工业部成立后，即提出以南京工学院农业机械、汽车拖拉机两专业为基础，筹建农业机械学院。1960年1月，具文报请国务院、中共中央文教小组审批，1月20日成立南京农业机械学院筹备处，在南京工学院内开始办公。4月，调刘程九来院主持筹备处党政工作；5月，调陆植三来院主持筹备处行政工作；8月，刘程九调离，由李钧接替其工作。9月3日，农机部批复正式成立"南京农业机械学院"。关于院址问题，自筹备处成立后，即着手选择，先后提出几个方案，至11月初，由江苏省委决定在镇江市官后庄建院。院址确定后，陆植三、李钧离校，江苏省水利厅原副厅长胡杨到院主持工作，12月30日，省委批准胡杨任副书记兼副院长。镇江新址无现成校舍，需要平地起高楼。为早出人才，1960年9月，即以"南京农业机械学院"名义招收农业机械设计制造、汽车与拖拉机、机械设计与制造3个专业新生278名，加上南京工学院农机、汽拖两专业2~5年级学生556名，在校生计共834名。其教学及生活安排，仍在南工院内进行。1961年3月，院部迁镇江新址办公，教务处留南京，3个专业组建为农机系，由南工统一领导其日常教学工作。1961年6月21日，农业机械部决定改院名为"镇江农机学院"。9月，在镇江新址招收新生252名，南京部分在校生696名仍在南工进行教学，在校生计共948名。此后，每年按规定正常招生，在镇江入学。在南工的学生逐年毕业，至1964年在南京的最后一届学生及全体教师、干部迁去镇江，建院任务圆满完成。镇江农机学院首任院长为陈云阁，1962年3月到任。1960年建院之初，教职工有187人，其中专任教师103人。南京工学院调往的教授有高良润，副教授有钱定华、林世裕等。如前述，当年在校学生为834名。至1965年底，完成基建近期规模，占地500亩，建筑面积47 000平方米。镇江农业机械学院于1982年8月25日经国家机械工业部批准，改名为江苏工学院；于1994年经国家教委批准，更名为江苏理工大学；2001年与镇江医学院、镇江师范专科学院合并组建江苏大学。

另外，根据江苏省在各专区配套新办工、农、医、师大专学校的要求，省委指示南京工学院调回下放劳动锻炼的助教49人，分配到各专区，支援办学。除分配给无锡轻工业学院的6人外，其余为淮阴专区7人、盐城专区9人、徐州专区11人、苏州专区6人、南通专区3人、镇江专区3人、扬州专区1人、南京市2人，另支援江西工学院1人。1962年，经调整，无锡、常州、苏州、南通、盐城、淮阴、连云港工专停办，部分教师充实扬州工专。扬州工专后更名为扬州工学院，今已并入扬州大学。

食工、化工、农机学科的分出、单独建院，使这几个学科有了更大的发展条件，且能得到中央业务部门[①]的支持，这对其发展和直接为相应的工业部门服务，无疑创造了有利的条件。但作为单科性工学院，其发展又相应地受到某些局限。而对南京工学院来说，为教育事业的发展、支援新建院校，作出了自己的贡献。但由于分出了这几个学科，其综合优势则受到一定影响，尤其是作为工科四大基础学科之一的化工学科的分出，对作为多科性工学院的南工，则不能不说是个缺憾，虽经多年努力重建，迄今仍难达到其他老学科的水平，这使得学科的综合发展受到很大限制。试设想当年如果不是采取"连锅端"的方式，而是像无线电系那样，采取"母鸡下蛋"的方式，既保持了母体的元气，又衍生了新的学校，就全局而言，似将更为有利。

三、专业、学科的发展

南京工学院自1956年起停办专科，当年系科设置情况计有7个系、20个本科专业。经历年调整，至1965年，系科设置情况为8个系、22个本科专业：

建筑学系：建筑学专业；

机械工程系：机械制造工艺及设备专业、铸造专业、电真空机械设备专业、无线电设备结构与工艺专业；

动力工程系：发电厂电力网及电力系统专业、工业企业电气化及自动化专业、电厂热能动力装置专业、工业热工专业；

无线电工程系：无线电技术专业、水声工程专业、雷达专业；

---

① 无锡轻工业学院于1962年划归轻工业部直接管理；南京化工学院于1963年划归化学工业部直接管理。

土木工程系：工业与民用建筑专业、公路与城市道路专业、混凝土及建筑制品专业；

电子器件系：电真空器件专业、真空技术设备专业、半导体材料与器件专业；

基础课系：应用力学专业；

自动控制系：自动控制专业、计算技术及装置专业、陀螺仪及导航仪器专业。

与1956年相较，不计1958年后分出独立建院的化工、食工、农机3个系及其所属专业，当年机电土建是5个系、12个专业。以此为基础，发展至8个系、22个专业，实际增加了3个系、10个专业，它们是：① 由无线电工程系于1961年分出电子器件系，2个系共增设4个专业；② 由动力工程系于1962年分出自动控制系，增设3个专业；③ 数、理、化等教研组组建基础科学系，增设了应用力学专业；④ 机械系增设2个电子机械学科的专业。除应用力学专业属应用理科外，其余所增9个专业均是在"以无线电电子学为基础，以自动化技术及其应用为方向"的指导思想下发展起来的，反映了60年代科技发展趋向，起步较早，加上原有的这类专业，超过了学校全部专业数量的一半，形成了南京工学院的专业和学科特色。

另外，在土木、建筑和热能动力学科方面，亦具有较为雄厚的实力，在国内享有较高的声誉。

10年中，系、科方面还曾有某些短暂的变动：

1959年机械工程一系与二系重又合并为机械工程系；

1959年2月成立冶金系，辖冶金专修科，一学期后撤销，专业并入机械系；

1959年设工程物理系，筹办原子核反应堆专业、核电子技术专业，1962年调整撤销；

1960年建筑系与土木系合并为土木建筑系，1963年重又分开；

1960年设工程理学系，筹办计算数学专业、声学物理专业、高分子物理专业、工程力学专业，1961年10月系改称基础课部，1962年除保留工程力学专业外，其余各专业调整撤销。

10年中，先后担任各系系主任职务的有：

建筑学系：杨廷宝、刘敦桢；

机械工程系：舒光冀；

动力工程系：范从振、吴大榕、陈景尧；

无线电工程系：陈　章；

土木工程系：徐百川；

基础课系：马遵廷；

自动控制系：王能斌（第一副主任）、徐南荣（第一副主任、主任）。

1960年在持续"大跃进"的形势下，学校规划3年内在校生发展至10 000~15 000人，专业发展至67个，当年即要求新建15个尖端专业。实际由1959年的18个专业发展至总数32个专业，达到高峰。1962年贯彻"八字方针"，调整至22个。直至1966年稳定在21个至22个之间。在此期间，1958年还办了3个专修科，即城乡规划专科、钢铁冶金专科和农业机械专科。除冶金专科办至1961年学生毕业外，其他两个专科未几即停办。

四、师生基本情况

1956 年至 1965 年，南京工学院教职工和学生人数，见表 3-1。

表 3-1 1956—1965 年南京工学院教职工和学生人数表[①]

年份	教职工人数		本科生数			研究生数		
	总数	专任教师数	招生数	在校生数	毕业生数	招生数	在校生数	毕业生数
1956	1414	571	2212	4882	955（含专科生）	8	16	12
1957	1749	842	1686	6003	471	6	15	9
1958	1430	687	2083	6601	667	—	—	8
1959	1359	649	1497	6879	57	—	2	—
1960	1767	779	1386	6096	914	—	2	—
1961	2212	981	1009	6177	1268	29	30	1
1962	2133	1021	999	5967	1245	9	38	—
1963	2066	1035	1135	5808	1139	6	41	—
1964	2113	1012	1206	5695	1299	11	32	20
1965	2187	1006	1236	5581	1292	18	35	10

对表 3-1 所列数字作几点说明：

（1）教职工总数和教师数：由于 1958 年下放一批干部，以及 1958 年、1959 年无锡轻工业学院和南京化工学院的分出，1958、1959 年人数递减。1960 年虽有镇江农机学院的分出，但进了大批教辅人员，且 1960 年、1961 年有较多毕业生留校任教，故逐年增加。自 1961 年至 1965 年，专任教师稳定在 1000 人左右。以 1965 年与 1956 年相比较，援建 3 所新校后，教职工总数增加了 773 人，教职工总数稳定在 2200 人上下，增多 54.67%；专任教师总数增加了 435 人，增多 76.18%。

（2）本科生：从招生情况看，1958 年"大跃进"，招生 2083 人，随后两年其势稍减，自 1961 年至 1965 年，年招生在 1000 至 1200 人左右，在校生在 6000 人左右，年招生人数与当年本科毕业生数大体相当，1957 届、1958 届为四年制毕业生，两届共毕业 1138 人。因 1955 年改五年制，1959 年无毕业生，57 人延期毕业。1960 届至 1965 届为五年制毕业生，6 届共毕业 7157 人。1961 年至 1965 年共招生 5585 人，应分别于 1966 年至 1970 年毕业，然适逢"文化大革命"，自 1966 年 6 月即"停课闹革命"，直至 1968 年和 1970 年始先后分两批毕业，毕业生分别为 3143 人和 2438 人。这样从 1960 年首届五年制毕业生算起，至 1970 届止，总计 11 届五年制本科生共毕业 12738 人。

（3）研究生：南京工学院自 1954 年始招研究生，至 1957 年，共招收 34 名，于 1956 至

[①] 本表统计数字按当年 10 月基层统计报表。

1961年毕业30名。1958年至1960年停招。1961年至1965年又共招收研究生73名，1964年至1968年毕业65名。"文革"期间再度停招。总计"文革"前入学的研究生共毕业96名，虽然数量不多，但使相当一些学科有了研究生教育的实践，也初步有了一支研究生导师的队伍，积累了一定的经验，为"文革"后发展研究生教育打下了基础。

（4）另外，在表中未列出南京工学院自1956年开始所举办的夜大、乐授等成人教育的数字。至1964年成人教育共招生1690人。至1966年"文革"前共毕业1030人，除一部分中途辍学外，还有一部分因"文革"而中断学业。"文革"后，对凡愿继续攻读以取得毕业资格的，学校予以办班补课，对读完教学计划规定的课程，成绩及格，并完成毕业设计者，发给毕业证书，这已经是80年代的后话了。当学员们拿到毕业证书时，均激动万分，想不到时隔近20年，学校还为他们办了这等好事，遂了夙愿。

以上为教职工和学生人数数量上的发展情况。10年中教师队伍的职称晋升，则因受运动的冲击，已经不如50年代前期那样正常办理了。1957年至1959年，因整风、反右、"大跃进"等运动，无暇及此。1960年3月至1963年10月，经正式批准提升教师职务者共计140名，其中提升教授1名、副教授3名、讲师124名、确定讲师职务的12名。当时提升教师职务的批准权是：教授由教育部批准，副教授由江苏省教育厅批准，讲师则由院务委员会讨论审批。1964年、1965年搞社会主义教育运动，教师职称工作再度搁浅，直至"文革"前，按1965年度统计，我校共有教师1006人，其中教授43名、副教授12名，仅占教师人数的5.46%，比例甚低，与学校地位极不相称。当年的教授、副教授为：

建筑学系：教授有杨廷宝、刘敦桢、童寯、李汝骅、张镛森、刘光华、成竟志、张烈。

机械工程系：教授有舒光冀、潘新陆、霍少成；副教授有黄锡恺、方友鹤、查礼冠。

动力工程系：教授有钱钟韩、吴大榕、范从振、王守泰、夏彦懦、闵华、曹守恭、孙仁洽。

无线电工程系：教授有陈章、钱凤章、金宝光；副教授有吴伯修、李嗣范。

土木工程系：教授有刘树勋、金宝桢、徐百川、方福森、方左英、戴居正、孙云雁、陈昌贤、余立基、吴肇之；副教授有李荫余、陆陶。

电子器件系：教授有陆钟祚、闵詠川；副教授有魏先任。

基础课系：

数学教研组：教授有倪可权、马遵庭；副教授有张图谟、徐培林。

物理教研组：教授有倪尚达。

力学教研组：教授有梁治明、胡乾善、郭会邦；副教授有鲍恩湛。

外文教研组：教授有祝修爵。

自动控制系：教授有杨简初、严一士；副教授有李士雄。

1957年至1970年的历届毕业生，虽然在校期间受特定历史时期的影响，所受教育不同，但均在高等学府的熏陶下，得到了成长，并通过各自的努力，分别在不同的岗位上作出自己的贡献，成为"文革"后、特别是十一届三中全会后新的历史时期建设有中国特色的社会主义事业各条战线的骨干力量，许多人业绩卓著，成为著名学者、各级领导、劳动模范或企事业家，如韦钰、倪光南、高宗英、朱菊儿、王美岳、游景玉等。仅本校博士生导师中，便有鲍家声、柳孝图、杜顺宝、吕志涛、邓学钧、程文瀼、许尚贤、孙国雄、施明恒、周强泰、唐国庆、宋文忠、章文勋、程时昕、陆佶人、王蕴仪、孙忠良、毕光国、韦钰、杨祥林、顾冠群等多名这一时期的毕业生。

五、改善办学设施及条件

在 1957 年至 1966 年的 10 年中，南京工学院办学设施及条件也有较大改善。其 10 年的基建情况，见表 3-2。

表 3-2　1957—1966 年南京工学院完成基建项目情况表

年份	完成基建项目名称	面积/平方米	全年基建面积/平方米
1957	兰园教工宿舍第 1~3 幢	4035	8370
	兰家庄 4 号教工宿舍	308	
	第 9 学生宿舍	2951	
	扩建文昌桥学生食堂	1076	
1958	动力楼	9627	28 756
	扩建中大院	1768	
	校西农机实验室（3 幢）	3306	
	兰园教工宿舍第 4~7 幢	5164	
	第 10 学生宿舍（沙塘园一舍）	4833	
	兰园 11 号职工宿舍	1469	
	沙塘园食堂	2589	
1959	第 11 学生宿舍（沙塘园二舍）	4330	5784
	兰园教工宿舍第 8 幢	1454	
1960	扩建金陵院	826	7889
	沙塘园学生浴室	250	
	第 12 学生宿舍（文昌桥十舍）	5656	
	兰园食堂	1157	
1961	成园病员食堂	4035	10 525
	文昌桥第三学生食堂	1300	
	太平路职工宿舍	5190	
1962	文昌桥浴室	425	425
1963	翻建南高院	4578	4820
	危险品库房	242	
1964	电子研究科研楼	1801	2003
	居安里职工宿舍（中平房）	202	

（续表）

年份	完成基建项目名称	面积/平方米	全年基建面积/平方米
1965	扩建大礼堂两翼	2544	5536
	结构实验室	1280	
	水声实验楼	1032	5536
	新华园南、北楼宿舍	680	
1966	新华园中楼宿舍	292	2281
	校西01、02库房	1989	

10年中，共计基建76 389平方米，年均7000余平方米，尤其是前5年，盖了大批教职工宿舍、学生宿舍和其他生活设施，以应学校发展之需。自1962年起，因学校规模相对稳定，开始注意实验室、科研楼的建设，终因"文革"而未形成规模。

关于实验室的发展，1956年为56个，至1965年为54个，总的数量上未有增加。但因有食工、化工、农机系的分出，其他各系实际上仍有增加。虽经"大跃进"中大办工厂、大搞科研，遭受一定损失，但经"八字方针"和"高教六十条"的贯彻，新开了实验，添置了一些仪器设备，加强了管理，至"文革"前，全院约有1600万元的实验设备，并形成了一支有180多人且各有专长的实验技术队伍，能够适应当时实验、科研的需求。

关于图书馆的发展，至1966年前年均经费约为20万元，累积图书、期刊总量为589 763册（期刊数量为装订成册数）。其中，中文图书450 363册、外文图书94 400册，合计54 4763册；中文期刊8000册、外文期刊37 000册，合计45 000册。

本章参考资料

[1] 东南大学档案，1958年2号。

[2] 东南大学档案，1959年15号。

[3] 刘一凡：《中国当代高等教育史略》，华中理工大学出版社，1991年。

[4] 史维祺：《严峻形势求发展　励精图治展新颜——刘雪初在南京工学院》，刊于《东南大学校史研究（第二辑）》，东南大学出版社，1992年。

[5] 东南大学档案馆郑姚铭：《我校教学、科研工作主要文件选编（1952—1966）》，1989年。

[6] 东南大学档案馆郑姚铭：《东南大学党政组织机构沿革（1952—1966）》，1992年。

[7] 东南大学档案馆郑姚铭：《南京工学院"文革"前发展概要（1952—1966）》，1991年。

[8] 《无锡轻工业学院院志（1958—1985）》，1988年。

[9] 《南京化工学院院史（1958—1988）》，1993年。

[10] 《江苏工学院简史（1960—1990）》，1990年。

[11] 校刊《人民南工》第143～301期。

第四章

"文革"中动乱的十年(1966—1976年)

"文化大革命"以前的 10 年，我国曾经历了"反右""大跃进""教育大革命""四清"等运动，党的工作在指导方针上有过严重失误，经历了曲折的发展过程。1960 年冬，党中央开始纠正"左"的错误，并实行"调整巩固、充实提高"的方针，自 1962 年到 1966 年，国民经济得到了比较顺利的恢复和发展。但是，"左"倾错误在经济工作的指导思想上并未得到彻底纠正，在政治和文化方面还有所发展。

1966 年春开始的"文化大革命"给党、国家带来严重灾难，也给南京工学院的发展带来严重破坏——是南京高校的重灾区之一。

第一节　十年浩劫满，满目疮痍

一、从全面动乱到全面内乱

1. 全面动乱，"横扫一切牛鬼蛇神"

1965 年 11 月 10 日，上海《文汇报》发表了姚文元的文章《评新编历史剧〈海瑞罢官〉》，1966 年初在全国范围内开展了对《海瑞罢官》的批判，"文革"的序幕揭开了。

1966 年 2 月，林彪唆使江青召开部队文艺工作座谈会，并写出了《部队文艺工作座谈会纪要》，其中诬蔑文艺界是"黑线专政"。这一文件在学校进行了传达和学习，人们对"黑线专政"的断语感到震惊，但谁也不敢妄加评论。1966 年 5 月 4 日至 26 日，中央政治局在北京召开扩大会议，并于 5 月 16 日通过《中国共产党中央委员会通知》（《五一六通知》），决定撤销原由彭真主持起草的《二月提纲》，改组原"文化革命五人小组"及其办事机构。这一通知的下达，点燃了"文化大革命"的烈火。

根据全国的形势及《五一六通知》的精神，江苏省委对高校运动作了部署。南京工学院党委于 5 月中下旬，先后召开了党委常委会、党委扩大会、党支部书记以上党员干部会以及中层干部、马列主义教师、政治辅导员、非党老教师等各阶层人员的一系列会议。由于党委对迅猛发展的运动思想准备不够，对"文革"要打击的对象也很不明确，只能按照上面的布置和对报纸上刊登的材料的理解在各种会议上作出表态：要带领全校师生员工以高度的革命责任感和革命热情投身运动；同时，发动和要求师生员工边学、边议、边写，口诛笔伐，"向黑线开火"。

5 月 21 日，学校党委召开全院声讨"三家村"大会，对运动又作了进一步动员，紧接着全院各系各种类型的座谈会、声讨会、控诉会纷纷召开，一批大字报也相继贴出。

这期间，学生反映参加运动和业务学习时间上有矛盾，党委为此决定：在教学计划不作大变动的前提下,对教学作适当调整让路,减少一些次要的习题、作业、实验等,并认为:"这样对贯彻教学上'少而精'也是一个促进。"此时,党委对运动的安排仍是坚持不停课,业余闹革命。

在揭批"三家村""黑帮""黑线"的过程中,人们已开始联系学校的实际,揭发学校中存在的问题。

当时,学校党委分析运动发动的状况是:学生比教师动得好,在学生和青年教师中又是党员骨干和贫下中农家庭出身的人动得更好,较多的老教师顾虑重重,还有各种"错误思想",不少人对运动有种种不理解。事实上,党委本身对这场运动也是"不理解""心中无数",以致举棋不定、惶惑不安、如履薄冰,走一步、看一步。为了紧跟形势,成立了宣传组,组织师生员工学习;成立了材料组,搜集及整理运动的动态资料,出简报上报和供校领导参阅。

5月31日晚,师生员工收听了《人民日报》的社论《横扫一切牛鬼蛇神》。6月2日,《欢呼北大的一张大字报》发表,从此,"怀疑一切,打倒一切"的极"左"思潮迅速泛滥。南京工学院党委仍然竭尽全力控制局势。6月2日,党委召开党员大会,强调"对整个运动要一个战役一个战役地搞,要有准备、有领导地搞……",并提出"要分清延安和西安"等,对学生们提出一些质问的大字报,党委通过各级组织做工作。形势虽已动荡,但学校仍坚持正常上课及工作。

6月上中旬,南京大学所谓"匡亚明反革命事件"被揭发;6月12日,江苏省委宣布了对匡亚明问题的处理,并指出:运动已进入一个新的阶段,领导干部要引火烧身,等等。南京工学院大鸣、大放、大字报、大辩论的浪潮汹涌澎湃,大字报铺天盖地贴满校园的各个角落,广播大喇叭的呼喊声、口号声、"催战"队伍的锣鼓声昼夜响彻校园,正常的教学秩序被打乱了,安静的读书环境被破坏了。

党委迅速作出决定:本学期学生不再考试,业务上再适当让路;但仍强调:不要让学生完全丢掉业务,而是要以革命精神学好业务。党委对待如何领导运动,仍然企图按照以往政治运动的做法,一步一步地"斗争阶级敌人,斗争反党反社会主义反毛泽东思想的资产阶级右派分子",并且整理了所谓"三反分子""反动学术权威"的材料,随时备用。

6月13日,党委强调:已鸣放多天,贴了不少大字报,可以"梳辫子"了,进行边鸣放、边辩论。6月19日,党委在骨干会议上布置了"三扫",即横扫钻进党内的资产阶级代表人物,横扫一切牛鬼蛇神,横扫一切腐朽的资产阶级意识形态和封建的意识形态;并提出:把学校里党内外的一切牛鬼蛇神,包括院领导中的牛鬼蛇神在内,统统都揪出来;同时,又强调了逐个打歼灭战、内外有别等原则;随后又提出:人人可贴人人的大字报。

此时,揭批校内大小"三家村"、大小"黑帮"、各种"反动学术权威""牛鬼蛇神""三反分子"的大字报比比皆是,不仅领导干部、过去运动中的"死老虎"、老教师被点名上了大字报,就连一般教职工,甚至学生也被点名上了大字报。一时间,大小批斗会遍及校园,戴高帽、挂牌示众等侮辱人格的行为随处可见。被批者即使不服一般也是敢怒不敢言，加上一片"打倒""勒令交待"的吼声，乱揭、乱揪、乱斗、乱批的大混战局面已经形成，校园里气氛十分紧张，人人自危。

2. 围绕党委的"革保之争"

随后在对待党委的态度上，出现了分歧局面，部分自称"造反派"的师生认为党委压制群众革命运动，将自身置于群众对立面，要求"踢开党委闹革命"；而另一部分师生为党委辩护，认为踢开党委就是不要党的领导，是又有人要向党进攻了，这样所谓"保皇派"（简称"老保"）出现了。于是，反驳、再反驳，辩论、再辩论，大字报、辩论会无休无止。

此时党委已无法工作，学校也被迫停课搞运动。1966年6月22日，江苏省委派工作队进驻南京工学院领导运动，工作队队长为胡翠华，副队长为戴夫。工作队到校后即组织了学习及专题批判等，但也无法扭转混乱局面。

1966年8月初，党中央召开了八届十一中全会，通过了《中共中央关于无产阶级文化大革命的决定》（简称"十六条"）。"文化大革命"的烈火越燃越旺。瞬间，红卫兵运动席卷全国。林彪、江青一再煽动红卫兵要"敢闯、敢干、敢革命、敢造反"，煽动"造反有理""打倒一切""怀疑一切"。由于刘少奇在八届十一中全会上检讨了派工作组的错误，各地派工作队的做法被认为是"犯了方向路线的错误"。由于工作队为稳定秩序所做的努力被认为是"消防队"，对革命起破坏作用，江苏省委乃于8月3日决定撤销工作队。工作队在校40余天，于8月下旬离校。

南工以学生为主体的"革命群众"仿照北京组织了"红卫兵"。他们于8月上旬至9月中下旬，以"破四旧"（旧思想、旧文化、旧风俗、旧习惯）的名义，大肆抄家，使不少私人财物和珍贵文物遭到查抄、毁坏甚至抢掠。据不完全统计，全院被查抄176户，查抄财物13 000余件。建筑系美术教研组的石膏模型陈列室一向是该系学生学习素描练基本功的课堂，此时也被认为是"封、资、修"的东西，部分模型遭受到打、砸的破坏。社会主义的法制受到了恣意践踏。

工作队撤离学校后，党委对如何领导运动仍然只能犹豫观望，捉摸不定，缺少办法，并不断向群众作检查：对运动不理解，领导不认真、不得力，软弱无能，怕字当头等。但这种检查满足不了已被煽起狂热的人们的要求，于是，冲击党委的浪潮一浪高过一浪。根据"十六条"的精神，8月底，党委又检查本身"犯了严重的阻碍和压制群众运动的错误"。8月27日，学校成立"文革"联络组，负责筹备成立"院文革筹委会"，联络和组织院内外重大活动。

9月5日，中共中央、国务院发出了《关于组织外地革命师生来北京参观文化大革命运动的通知》。于是，大批学生相继外出串联，从外地来南京工学院串联、煽风点火的学生也日益增加。串联活动延至1967年3月中央决定停止串联后才收场。

9月初，在原来分散的战斗队的基础上，分别按不同观点，联合成立了各种革命群众组织。9月8日，"红卫兵南京工学院纵队成立"；9月14日，"南京工学院工人赤卫队"成立；9月中旬，部分师生成立了"东方红战斗公社"及"井冈山战斗兵团"，以及"七一战斗兵团""红教联"等组织。10月中,"红卫兵南京工学院总部"成立。各群众组织都宣称自己是最"革命"的,唯我独"左",唯我独"革",又都互相攻击对方为"保皇派""老保"。从大字报和口头辩论到动手动脚,两军对垒,一片混乱。

10月中旬,江苏省"文革"小组传达中央指示"学校党委不领导运动",于是党委奉命中断了领导,院部机关被造反派查封。11月,学校掀起了批判院党委、工作组所推行的所谓"资产阶级反动路线"的活动,局势更形混乱。

由于中央支持"造反",至1967年1月,南工"老保"组织"工人赤卫队""七一战斗兵团"垮台,造成了造反派夺权和随后旷日持久的两大造反派间的斗争。

3. 造反派夺权——全面内乱

1967年初,"文化大革命"进入了夺权阶段。在所谓上海"一月风暴"的影响和裹挟下,造反派闻风而动,在南京炮制了"1·26夺权",先后夺了省市的党政大权。复由夺权而引起了造反派"一分为二",一派为夺权派,捷足先登,夺得了各级党政机构的公章,所得较多,高喊"1·26夺权好得很",是谓"好派";一派在夺权中未被联合进去,不承认夺权的合法性,斥之为"1·26夺权好个屁",是谓"屁派",雅称"P派"。

1月下旬,南工造反派联合夺了院系及各单位的权,同样也分裂为两大派系。一派为以"井冈山战斗兵团"为代表的"好派",一派为以"东方红战斗公社"为代表的"P派"。

从此,省市和学校的造反派之间就形成了全面内乱局面。在"有了政权就有了一切"口号的蛊惑下,两派组织为争夺领导权,各有所拥,各有所立,互相争夺群众、争夺干部。由于干部或你斗我保、你保我斗,或互相争斗,有的所谓"走资派"一时竟成了双方争夺劫持的对象。影响所及,小至科室、班级、家庭之间亦皆一分为二,唇枪笔战,剑拔弩张。两派间的摩擦不断扩大,派仗随之升级,武斗频频出现。进而彼此建立"据点",组建武装组织。有的甚至私设牢房、公堂,前后关押了近百名校内及省市干部行刑逼供,手段残忍,还自诩为"红色监狱"。1967年夏秋之交,两军对垒,形势更趋险恶,"好派"在南京市内占有优势,"P派"主力乃撤至下关江边,准备迎接恶战。

后由于中央派人来宁做了工作,"P派"才又回到城内。这以后,两派虽形式上参加了"大联委",但实际上仍是貌合神离,各拉各的队伍、各打各的算盘,台上言和、台下踢脚,从未有真正的联合。造反派及派争、派斗这一"文革"的产物、"文革的怪胎",在一个相当长的时间内,对学校的工作和建设,对干部与群众的团结,都起了严重的破坏作用。

二、成立革委会,"文革"延续对学校造成严重破坏

1. 成立革委会

为控制局势、促进联合,1967年秋,江苏省军管会根据中央指示,先后派出6483部队和

南京军区 27 军独立二师部分官兵进驻学校，执行"三支两军"（即支"左"、支工、支农和军管、军训）任务。随后，组成了由各派头头及群众代表参加的"院大联委"，实行了形式上的大联合。各系也先后建立了"革命大联合委员会"（或称"联合临时领导小组""大联合筹备组"等）。

1968 年 3 月 14 日，江苏省军事管制委员会以革办（68）军管办（20）号文批复同意成立南京工学院革命委员会，主任为骆骥，由 43 名委员组成（当时只有委员 29 人，缺额 14 人）。1968 年 4 月至 9 月，各系相继成立革命委员会。院革委会下设办事组、政工组、教育革命组、后勤组，各组的负责人均由军宣队成员担任。

1968 年 8 月 25 日，中共中央、国务院、中央军委、中央文革发出《关于派工人宣传队进驻学校的通知》。8 月 26 日，《人民日报》和《红旗》杂志第二期分别刊登姚文元的文章《工人阶级必须领导一切》。9 月 18 日，江苏省军管会和江苏省革委会向南京工学院派出了工军宣队共 305 人，组成了临时领导小组。嗣后，驻院工军宣队和院革委会成为平行的院领导机构，在党的核心小组建立前，学校作出的重要决定、任免、报告及通知等，均由革委会和工军宣队联合发文。

1971 年 12 月，中共江苏省委决定组成中共南京工学院革委会核心小组，这是自 1966 年 10 月原院党委中断领导以后，建立的首届党组织，核心小组组长均由革委会主任兼任。

"文革"期间及其后两年，南京工学院革委会主任及成员像走马灯似的频繁变动。历届革委会主任及党的核心小组组长任期如下：

骆　骥	革委会主任	1968 年 3 月—1971 年 12 月
张云茂	革委会主任兼党的核心小组组长	1971 年 12 月—1973 年 1 月
何冰皓	同　上	1973 年 2 月—1974 年 10 月
林　克	同　上	1974 年 11 月—1977 年 5 月
陈　光	同　上	1977 年 5 月—1978 年 3 月
盛　华	同　上	1978 年 5 月到任，6 月革委会被取消，盛华任院长兼党委书记，1979 年 8 月离任。

革委会是"文革"中极"左"路线的产物，它实行党政合一的体制，集党委、政府、机关的职权于一身；它的产生程序、组织形式和组织原则，均和党章、宪法及民主集中制的原则相违背。在错误路线指导下，在支"左"部队领导下，由学校各派组织通过协商、平衡、谈判和讨价还价组成的南京工学院革委会，只能以"继续革命"的错误理论和"文革"的错误方针来领导学校的运动和工作，因此也就不可避免地仍然执行"左"的路线，也不可能真正代表广大师生员工的利益。"文革"结束后的两任领导，又因任期太短，忙于清查与恢复工作，也不可能对办好学校有长远打算。

革委会自 1968 年建立后，持续存在 10 年，直至 1978 年 6 月，才宣告取消。

1969年,在落实"解放干部"的政策时,校内教职工一度要求"解放"刘雪初当第一把手,呼声甚高,刘雪初本人也愿意继续在南工工作,可是,未被置理。至1973年5月,刘雪初始由省委组织部调回省里另行分配工作。

2. "文革"延续,对学校正常秩序造成严重破坏

工军宣队进驻学校期间,其成员频繁更换,军宣队于1974年底全部回归部队,工宣队则至1977年3月才全部离校。这一期间,学校的"武斗"虽然得到制止,但正常的工作秩序、学习秩序完全遭到破坏,一场运动接着一场运动,混乱不已,内斗不止,广大干部和一大批知识分子受到错误批判和批斗,身心受到严重摧残。

全院在"文革"中遭到摧残迫害而致非正常死亡的共21人,其中教职员工20人、学生1人,另有家属5人。非正常死亡的最高峰时间是1968年至1969年(即"清队"期间),这两年被迫害致死的有13人。如副院长金宝桢教授本来就患有严重的心脏病,1968年11月,在逼供之时,突发心脏病未得到及时抢救而死亡。无线电系教授钱凤章、50年代院办主任秘书李时庸均在1968年因不堪凌辱,含冤以死相抗。

1969年3月开始,南工开展了"火线整党"及"解放干部"的运动。停止了近3年的党组织生活开始逐渐恢复,一些老干部逐渐"解放"恢复工作。尽管仍有许多不正常现象,但"文革"也已经很难再搞下去。到1969年底,近700名党员中,有90%的党员恢复了组织生活,接着全院建立了12个基层临时党支部,但组织生活仍极不正常。

在1969年4月中国共产党第九次全国代表大会召开前后,开展了"解放干部"的工作,方式是通过办各类人员(教授、讲师、干部等)的学习班,经过几次三番的学习、批判,最后执行"给出路"政策,陆续宣布"解放"他们。这一工作断断续续进行了几年,至1972年,革委会的工作总结提到"解放干部"工作时云:至今已解放、使用和安排了95%以上的干部,基本配齐了各教研组的领导班子。

根据毛泽东的"五七指示"(1966年5月7日),知识分子除须参加频繁的政治运动外,还要参加名目繁多的体力劳动,名曰"走五七道路"。

1969年3月上旬,驻院工军宣队组织师生员工共2600多人去湖山煤矿,参加挖煤、修路劳动,当年7月撤回学校。

1969年10月17日,林彪以"加强战备,防止敌人突然袭击"为名,擅自下达"紧急指示"。根据江苏省革委会的指示,南工全校绝大部分师生员工集体"拉练",步行几十里路,到六合农村的"战备疏散点"去参加劳动。一些老弱病号及有婴幼儿的女同志也一律必须参加,1970年春节前后才陆续返校。

接着在1970年初,学校为"走五七道路"作长期打算,创办自己的基地,在江苏省金湖县先后征用土地1454亩,创办了南工"五七农场"。8年中,组织教职工7000余人次,分批下放到"五七农场"劳动锻炼。师生员工在荒芜的九里滩白手起家开荒、种地、修路、盖房、

战严寒、斗酷暑，与洪水搏斗，夺粮食丰收。春播秋收农忙季节时，披星戴月，一天劳动十几小时，每晚还要不间断地"天天读"和"大批判"，无休止地参加运动，对一件小事也要上纲上线到"两条道路、路线斗争"的高度来搞"一事一议"。评论批判活动连续不断地进行，阶级斗争的弦和重体力劳动压得人们喘不过气来。

农场创办8年，在广大师生员工辛勤劳动耕耘下，共收获了200多万斤农副产品。直至1978年4月农场停办，土地、房屋移交给江苏省石油勘探指挥部，学校人员全部撤回返校。

除轮流参加农场劳动外，师生员工还不断参加郊区的农业劳动、建筑长江大桥、修筑水利工程、挖防空洞、建设煤气工程、工厂劳动等各种体力劳动。

1966年5月至1976年10月的10年，是中华人民共和国历史上的一个特殊时期，也是南京工学院历史上的一个特殊时期。"文化大革命"在政治、经济、文化思想和社会生活各方面都给国家和人民造成严重的损失和不幸。南京工学院正常的教学和工作秩序遭到严重破坏，学校发展遭到阻断，许多师生受到迫害和摧残。历史表明，"文化大革命"不是也不可能是任何意义上的革命或进步。如同邓小平后来所说："这个灾难的教训太深刻了。""没有'文化大革命'的教训，就不可能制定十一届三中全会以来的思想、政治、组织路线和一系列政策。"[①]

---

① 《邓小平文选》第3卷，人民出版社1993年版，第265、272页。

第二节 "教育革命"的风风雨雨

一、恢复招生与培养工农兵学员

1971年6月19日,国务院发出了《关于大专院校放暑假和招生工作的通知》,通知提出:各高校的招生问题,由各省、市、自治区按照本地区和院、校的实际情况,根据需要和可能酌情处理。招生的具体办法按照中央批转的北大、清华大学的招生意见进行,即:

① 培养目标:培养高举毛泽东思想伟大红旗,无限忠于毛主席、无限忠于毛泽东思想、无限忠于毛主席革命路线的全心全意为社会主义革命和社会主义建设服务的有文化科学理论又有实践经验的劳动者。

② 学制:根据各专业具体要求,分别为2~3年。

③ 学习内容:设置以毛主席著作为基本教材的政治课;实行教学、科研、生产三结合的业务课;以备战为内容的军事体育课。各科学生都要参加生产劳动。

④ 学生条件:政治思想好、身体健康,具有3年以上实践经验,年龄在20岁左右,有相当于初中以上文化程度的工人、贫下中农、解放军战士和青年干部。有丰富实践经验的工人、贫下中农,不受年龄和文化程度的限制。还要注意上山下乡和回乡知识青年。

⑤ 招生办法:实行群众推荐、领导批准和学校复审相结合的办法。

⑥ 学生待遇:有10年以上工龄的老工人由原单位照发工资(扣除学校每月发的19.50元),其他来自工厂、农村的学生每月发给伙食费和津贴费19.50元。解放军学生由部队负责供给。

⑦ 分配原则:学习期满后,原则上回原单位、原地区工作;也要有一部分根据国家需要统一分配。

根据上述指示,南京工学院自1966年停止招生6年以后,于1972年春季恢复招生,学制3年。

第一批共招收工农兵学员698人,分布在7个系、16个专业中:

建筑系:建筑学及规划专业;

机械工程系:机械制造专业、铸造专业、无线电专用机械设备专业、陀螺仪及精密机械专业;

动力工程系:电力系统自动化专业、电厂热能能力装置专业;

无线电工程系:无线电技术专业、无线电测量仪器仪表专业、电子侦察与干扰专业;

土木工程系:房屋建筑专业、公路工程专业;

电子工程系:电真空器件专业、电子显示器件专业、微电子学专业;

自动控制系:电子计算机专业。

首届工农兵学员于 1972 年 4 月 28 日入学。

入学后，普遍存在的问题是学员文化基础较差，且水平参差不齐。个别的连什么是分子分母都不懂。据调查统计，学员中具有高中一年级以上文化水平的占 27%，初一以上文化水平的占 58%，小学文化水平的占 15%。党员占学员总数的 38%，解放军学员占总数的 21%。经过半个月新生入学教育后，从 5 月 10 日至 8 月底进行了 3 个多月的文化补课，除强调大批判外，共安排 575 学时的课程，其中政治课 90 学时、体育和文体 90 学时，其他为文化课，以补数学为重点，同时兼补物理、化学、外语等基本知识。

《全国教育工作会议纪要》中明确规定："要充分发挥工农兵学员上大学、管大学、用毛泽东思想改造大学的作用。"（简称"上、管、改"）这就否定了教师在教学中发挥的主导作用，也给正常的教学管理带来了困难。可是，广大知识分子受党多年教育，具有强烈的爱国心及工作责任心，总想多为国家培养人才，尽管自己精神上正遭受重大压抑、摧残，教学管理的环境及条件又都很差，可是，他们仍忍辱负重、任劳任怨地努力做好招生工作及教学工作。

大部分工农兵学员珍惜这来之不易的读书机会，努力学习，尊重老师，遵纪守法。但由于受极"左"思潮的影响，少数工农兵学员抱有"读书无用论"，组织纪律涣散，有的赶不上学业进度，产生畏难情绪。广大干部及教师逐步大胆地对学生进行思想品德教育和行政管理。不少教师与学员交朋友，从生活上关心他们，从教学上辅导他们，受到学员们的尊重及欢迎，这对于密切师生关系、提高教学质量以及端正校风校纪都起到了良好的促进作用。

有些教师除讲授文化课外，还给学员传授正确的学习方法，使学员搞清楚预习、听课、复习和习题之间的关系，并着重培养学生的自学能力。学校又想了些办法，力争解决文化程度参差不齐的问题，如安排数学老师将各专业学数学有困难的学员集中起来，单独开设数学课；对学习特别困难的学员免修一年外语，以期一年后业务学习能赶上一般水平；有的系还指定教师单独为个别学员辅导，"包教包学"。

一些教师根据工农兵学员的特点进行教学。如数学老师在无线电系、电子工程系的某些班级进行以自学为主的试验，在自学基础上组织课堂讨论，解决疑难问题，加深对基本概念和基本理论的理解与运用，然后再布置深入与提高的问题，试验效果较好。有位物理老师抓住教学中三个环节：①加强调研，课前了解学员有什么疑问，讲课时心中有数；②对重点、难点问题进行生动的、启发式的讲解；③讲课时总结归纳，做到概念明确、条理清楚、重点突出。这种教学方法调动了学员学习的积极性，使课堂教学变成师生共同活动的过程，收效较好。

当时，还提出一些口号，如"不让一个阶级弟兄掉队""一人跟不上，大家都来帮"，于是，在班级中开展互帮互学活动。基础好的学生要批判"知识私有""智育第一""个人奋斗"，与基础差的学员成立帮学对子，帮助他们赶进度。这样在一定程度上造成教学上就低不就高的平均主义，影响了整体的教学质量。

1973年，"四人帮"又在教育战线上掀起了一股"反击修正主义回潮""批复辟风"的逆流，还将交白卷的张铁生树立为"反潮流的英雄"。随后，"四人帮"还推出了朝阳农学院的所谓"朝农经验"，提出"大学就是大家都来学"。于是给工农兵补习文化课的正确措施，也被指责为"修正主义教育路线的复辟"，1975年入学的工农兵学员便不再进行文化补课。

自1972年至1976年，南京工学院连续招收5届工农兵学员，1972年招698人，1973年招837人，1974年招913人，1975年招685人，1976年招765人，5年共招收3898人。

经过3年的学习与实践锻炼，在广大教师辛勤培养下，半数以上勤奋学习的学员能达到教学计划的要求，其质量当然不能与"文革"前本科生比拟，但绝大部分毕业生走上工作岗位后，经过"再学习"及实际锻炼，均能承担相应的工作。其中有些佼佼者，以后又努力攻读，获得了硕士、博士学位，有的还升职为副教授、教授或高工。

由于停止招生6年，这5届工农兵学员又达不到本科生水平，使得这一阶段学校少为国家培养上万名合格毕业生。从全国范围看，造成长达10年间隔的人才断层现象，其损失难以弥补。

二、"开门办学"及"教育革命"

毛泽东在"文革"前后，对"教育革命"有一系列指示，集中表达在中共八届十一中全会于1966年8月8日通过的《中国共产党中央委员会关于无产阶级文化大革命的决定》的第十条"教学改革"中，其内容为："改革旧的教育制度，改革旧的教学方针和方法，是这场无产阶级文化大革命的一个极其重要的任务。在这场文化大革命中，必须彻底改变资产阶级知识分子统治我们学校的现象。在各类学校中，必须贯彻执行毛泽东同志提出的教育为无产阶级政治服务、教育与生产劳动相结合的方针，使受教育者在德育、智育、体育几方面都得到发展，成为有社会主义觉悟的有文化的劳动者。学制要缩短。课程设置要精简。教材要彻底改革，有的首先删繁就简。学生以学为主，兼学别样。也就是不但要学文，也要学工、学农、学军，也要随时参加批判资产阶级的文化革命的斗争。""四人帮"以此为依据，要求高校理工科也"以阶级斗争为主课"，实行"开门办学，厂校挂钩，校办工厂，厂带专业，建立教学、科研、生产三结合的新体制"，"实行新的教学方法，结合生产、科研任务中的典型工程、典型产品、典型工艺、技术革命等进行教学"，改变"以课本为中心、教师为中心的方法"，等等。

根据毛泽东提出的"走上海机床厂从工人中培养技术人员的道路"的指示，南京工学院1969年8月"开门办学"，先后办了4个"教育革命"试点班，即：①土、建试点班（建筑、土木系合办）；②南京电子管厂试点班（电子工程系办）；③南京机床厂试点班（机械工程系办）；④计算机试点班（自动控制系办）。这些试点班均办在工矿企业，教师们不辞辛劳，一边参加劳动和调查研究，一边为工人学员上课。

在"文革"中，学校的教学机构体制也几经变化，反复折腾。1971年9月底，撤销沿用多年的原有教研组建制，成立了22个专业连队，将基础课和马列主义课程的教师分别下放到各专业连队。各专业连队成立临时领导小组和"教育革命"小分队，其任务是：深入三大"革命"第一线，接受工农兵再教育，进行调查研究，在批判原有教学计划和大纲的基础上，编写新的教学计划、新的教学大纲和新的教材，落实厂校挂钩，从政治、组织、业务上做好迎接工农兵新学员的各项准备工作。

1971年10月下旬，全院已有15个小分队150余名教师分赴工厂、工地去开门办学。其中有一些老教授，如杨廷宝等也参加了"教改小分队"。至年底，15个小分队分别制订了新的教学计划和大纲，为此，学校还召开了小分队工作会议，进行经验交流。

1972年10月，专业连队成立一年时，又恢复建立了教研组建制，下放的基础课教师重又归属基础课系，但仍派驻各专业连队参与教学活动。全院8个系共建立了38个教研组。与此同时，正式恢复了热工自动化研究室、建筑设计院，并任命了干部。

为了执行上级指示，1973年，院革委会党的核心小组确定全院"教育革命"的主攻方向为："坚持厂校挂钩，建立三结合的新体制。把校办工厂、科研工作和实验室建设纳入三结合的新体制，进行调整、充实和提高。"并确定："学校的各项改革和建设都要围绕这个方向，进行教育革命的各项工作要服从这个方向。"

至于"教育革命"的具体措施，当时安排有下列几项：

（1）部分专业结合典型工程、典型构件进行教学。以生产、科研任务为主要内容，解剖麻雀，在完成任务的前提下，让学生学习专业知识。当时已把这一环安排在教学计划中。

（2）突出重点，砍掉一些课程，全校许多专业几乎砍掉50%左右的课程。

（3）组成新的课程体系。如房屋建筑专业把理论力学、材料力学和结构力学3门课合并组成建筑力学课；机制专业把9门课程中有关齿轮的内容合并成为2门新的课程——"齿轮设计"和"齿轮加工"。

（4）精简、删并课程内容。如工民建专业原来设置课程22门，经过合并，重新组成6门课：①建筑基本知识；②建筑力学；③建筑设计；④建筑结构；⑤建筑施工；⑥建筑工程实用物理。电子计算机专业课程设置最多时有28门课，最少时也有19门课，后删并成11门课。工民建专业数学课中的微积分部分，只使学员掌握最常用、最重要的十几个公式，其他内容都被删减了，当时还美其名曰既保证了重点，又节约了大量学时。

1974年9月，院成立了"半工半读试点筹备小组"。

1975年9月，院又一次改革教学组织体制，建立了专业领导小组或专业委员会，并选择了机械系、土木系、电子工程系、自动控制系有关专业进行体制改革的试点工作。如机械系与机械工厂合并，于1976年5月成立了"机械制造系（厂）"，实行半工半读、勤工俭学的试点，该系、厂于1977年11月分开设置。电子工程系的电真空器件专业与电子管厂合并，于1976年建立专业委员会，还拟试办两年制的半工半读试点班，但此举受到教师们的抵制，最后只好草草收兵，不了了之。

在"教育革命"的风风雨雨中，尽管总的路线方针是错的，但南京工学院有大量熟悉教育规律、熟悉学校工作的教师和干部，在奉命执行某些重大教改措施方面，往往不是紧跟，而是阳奉阴违，尽量维持现状，不作根本性的变动。如上级通知学习上海"五七公社"及辽宁省"朝阳农学院"的办学经验，只作了一般号召，事实上采取抵制及拖延的态度，没有什么实际行动。如土木系在受委托制订全国公路专业教学计划时，即与"五七公社"作了针锋相对的论争，得到了与会学校代表的支持。学校虽曾拆散过基础课教研组，但从未像有些学校那样取消基础课，基础课及技术基础课的内容虽然被压缩删减，但仍保持一定体系。实行半工半读，也只是先行试点，未全面推广。同时，学校一般专业也未以典型产品为中心安排教学体系，而只是在专业课教学时，以典型产品来联系实际。编写新教材的工作于1972年就开始进行，所编教材主要为了适应工农兵学员的文化科学水平，大部分删繁就简，且多是仓促编成，质量和水平自然有所下降，以后也都被淘汰。"文革"后期，学校较早注意研究西方国家的教材及科研情况，加上过去编写教材的优势，因而编写质量逐年提高，以至延续到"文革"后，全国统编教材的主编中，南工教师一直名列前茅。

由上可见，学校领导（主要是"文革"后期林克主校期间）和各系干部当时确实费了心力，率领全校教师尽量按教学规律办事，迂回曲折地作了一些有益的工作，从而避免学校在教学体制、教学秩序及教学质量等方面遭受更大的冲击和破坏，使学校于拨乱反正后，很快就恢复了正常的教学工作。

三、在逆境中坚持教学、科研、生产

在"文革"这一特殊年代，南京工学院广大教职工顶着种种迫害及压力，仍然克服各种困难，在教学科研生产方面，作出了自己的努力。

"文革"初期，学校处于基本瘫痪状态。可是，1972年开始招生及恢复教学、科研工作后，教师们即抓紧有利时机，努力提高荒废了的业务水平，编写教材、讲义，尽力提高教学质量，接受并从事科研、生产任务。到"文革"后期，还设法编写、出版科研著作。这些工作都为以后发展做好了业务上的准备，以至于"文革"一结束，学校一些实力雄厚的专业便能很快复苏，并在新的起点上发展。

如建筑系在1972年恢复招生后，抓紧安排教学、科研及生产任务。为了提高教学质量，教师们编写了20余本讲义。同时，派出一些教师去设计单位合作承担了一些重大的工程设计项目，如北京航空港、南京长江大桥桥头堡等获得各方好评，土木、建筑两系参加设计的五台山体育馆荣获全国优秀设计银质奖。此外，对几个早有科研成果的老专家，也积极组织力量整理出版他们的科研著作。如刘敦桢教授50年代的科研精品《苏州古典园林》，所论虽仅是苏州诸园，但实质上是中国历代造园史之总结。刘教授在"文革"中遭受迫害后病逝，"文革"后期，他的学生潘谷西、郭湖生、刘叙杰等即着手整理老师多年心血研究的结晶。重新修改整理后的巨著《苏州古典园林》内容丰富、图文并茂，由刘教授的挚友杨廷宝、童寯为之作序，于1978年由建工出版社出版，蜚声中外，供不应求，1978年荣获全国科学大会奖，1982年又获全国优秀科技图书奖，后被译成英、日文出版，畅销海内外，为学校赢得了盛誉。同时，杨廷宝教授亦主编出版了专著《综合医院建筑设计》。

又如无线电系在1972年恢复招生时，为了适应国家仪器制造工业复苏后的需要，开设了电子仪器及测量技术专业。该专业以能设计制造带微电脑的自动仪器和自动测试系统（即智能化）的人才为培养目标，历年的毕业生很受用人单位的欢迎。同时，该系又把雷达专业拓宽口径，在国内首先创办了微波技术专业。

在"文革"期间，无线电系教师在频繁的政治运动中，还陆续搞了一些科研项目，如地面活动目标侦察雷达、步话机及定向接收机、彩色电视攻关、10米卫星通信地面站、模拟声源等。1972年后，又承担了水声综合测量仪、北京地铁自动化行车控制二期工程中的双工无线电台及电子计算机对火电厂机组进行监控的汉字、字符及曲线显示设备、频率合成器等任务。一部分教师又去工厂和研究所，参加了E3251—E3255自动微波频率置换装置、毫米波体效应振荡器、晶体管收音机等研究及制造工作。在这期间，微波与天线实验室创建了微波集成工艺线，为微波、毫米波方面的研究工作建立了工艺基础。正由于这些教师在"文革"期间付出了加倍艰辛的劳动，学校在1978年全国科学大会上展示出了丰硕的果实。

为了提高教学质量，无线电系在恢复招生后，即设法安排教师的业务进修，组织部分教师学习电子学及无线电技术的新知识，更新教师的知识结构，并组织教师编写以晶体管为主的技术基础课程的教材。

这些卓有成效的工作及成果，都为"文革"后批准建立的国家重点学科及国家重点实验室——"毫米波""移动与多点无线电通信网技术"实验室，打下了良好的基础。

广大教师在逆境中，还利用厂校挂钩开门办学，不仅做了许多培养人才的实事，同时也运用自己的专长，使一些科研项目得到了开发、利用和发展，因而也陆续出了一些成果，见表4-1、4-2、4-3。

表4-1　1970—1976年南京工学院办学种类及参加人数

年份	短训班	培训人数	支援办夜大工大	培训人数	技术讲座	参加人数
1970	2	50				
1971	2	130	1	20		
1972	1	75				
1973	1	30	5	230	2	210
1974	1	80	3	120	2	120
1975	7	330	6	200	2	100
1976	11	350	4	100	7	370
合计	25	1045	19	670	13	800

注：地点以南京为主，其次为沪宁线上各城市

表4-2　1974—1976年南京工学院厂校挂钩开门办学情况统计

年份	办学次数	参加专业数	挂钩单位数	参加教工人数	参加学生人数
1974	35	10	26	195	1307
1975	36	10	34	109	1066
1976	51	11	46	62	1096
合计	122	31	106	366	3469

注：①地点在江苏省内外均有。
　　②历年"参加专业数"和"挂钩单位数"两项可能有重复。

表4-3　1974—1976年南京工学院开门办学完成项目统计数

年份	项目数	参加专业数	挂钩单位数	参加教工人数	参加学生人数
1974	3	3	3	20	207
1975	5	2	5	13	60
1976	54	9	39	95	484
合计	62	14	47	128	751

注：参加项目的类别有①设计、试制设备，②新产品试制，③革新设备，④技术革新，⑤科研。

此外，在毕业实践中，师生走出校门，下厂、下工地，协助完成了不少项目。如1975年的毕业设计，师生出动417人次，到50余个工厂、工地，完成了科研、新产品研制、技术革

新等项目 127 项。

一些已有长期固定协作工厂关系的专业，订出了年度协作计划，扩大协作内容。不少专业还与协作工厂签订了教学、科研、生产长期合作的全面协议。有学工任务的专业，派教师下厂边参加劳动，边进行调研工作，并选择典型产品、典型工程组织教学。有的专业围绕典型产品选择科研和技术改革项目，组织学员参加研究工作，并结合教学要求举办若干专题讲座，对学员进行科学研究工作的训练，同时培养学员分析问题和解决问题的能力。教师们也注意运用科研的成果，不断充实教学内容，提高教学质量。许多教师甚至整年离开家门，风餐露宿，蹲在工地、工厂，为教学、科研工作辛劳奔波，付出很多心血，其中不乏做出良好成绩的群体。如土木系工民建专业共有 62 名教师，绝大部分教师在浩劫中受到冲击，不少人被无辜打成"五·一六"反革命分子，其中有 5 人被隔离审查达 2 年以上，还有 1 人被迫害致死。就是这样一个遭受重创的专业，教师们仍然齐心合力，不仅培养了几届数百名学员，而且还组织 1972 级及 1973 级学员参加完成了约 70 000 平方米、31 个工程项目的设计工作，同时还完成了一些较重大的研究、试验及工程项目。1974 年，全年试验的结构构件样品达 100 根以上。1975 年，与煤炭部合作研究唐山开滦煤矿某煤仓的受力性能，设计出的煤仓比波兰同类设计经济、轻巧，而且装煤容量大。此外，该专业教师对原钢筋混凝土结构设计规范中挠度和裂缝部分所套用苏联的计算公式，在取得大量试验数据的基础上，进行了修订，提出的新的计算方式已被列入我国新的规范，为编制国家及省的标准图提供了资料。

教师们还本着自力更生、艰苦奋斗和勤俭办学的精神，加强和改进了实验室的建设。各系因陋就简，修旧利废，陆续进行了教学实验，加强了实践性教学环节，培养学员的动手能力，对提高教学质量也起了促进作用。

1969 年，师生员工以校内部分实验室为基地，投入人力 310 人（其中教师 210 人、外单位协作人员 10 人），申报筹建 10 个工厂：① 机械系办：射流工厂；② 动力系办：可控硅工厂；③ 无线电系办：半导体收音机工厂；④ 无线电系办：雷达工厂；⑤ 电子工程系办：固体电路工厂；⑥ 电子工程系办：返波变频复合管工厂；⑦ 基础课系办：硅单晶工厂；⑧ 自动控制系办：电子计算机工厂；⑨ 自动控制系办：静子变频器工厂；⑩ 自动控制系办：陀螺马达工厂。1970 年 5 月，江苏省革委会文教局同意将固体电路、可控硅、射流等列入学校科研试产项目。当时，学校正式挂牌及生产的只有机械工厂、电机厂、电子管厂和印刷工厂。

事实上，南工的三管超外差半导体收音机工厂和电子计算机工厂一直办得较兴旺，延续至 1975 年时，分别改称为：无线电系无线电厂，以试制 C-401 型对讲机为主要任务；自动控制系电子仪器厂，产品以计算机、数控设备为主，并附带生产一些电子仪器。

1971 年，电子管厂超额完成国家规定的 250 只显像管的生产任务。

1972 年，院机械工厂、电子管厂、电机厂等校办工厂接受国家下达的科研、生产任务，分别生产机床 64 台、各种型号的电子管 65 000 余只、电机 580 台，总产值为 168 万元。

1972年，自动控制系计算机专业先后完成数控绘图切割机和电子航迹仪的研制工作，为造船工业和海军建设作出了贡献。

从1969年底开始，动力系承担了"磁流体发电"的研究任务。该项目开始由学校及下关电厂、南京汽轮电机厂、南京航空学院联合进行，组成了"磁流体发电工程现场领导小组"，1971年改称为"磁流体发电联合工作组"，同年11月，学校正式成立了"磁流体发电研究临时领导小组"。1972年，参加科研的人员自力更生、土法上马，曾试验过短时发电。1969—1973年，磁流体发电项目中已完成的工作有：初步建成了磁流体发电模拟试验机组；用富氧空气和1300摄氏度高温预热空气进行了数十次综合的发电性能试验；进行了燃烧技术、高温材料、高温测量、添加剂的注入与回收以及逆变换流装置等方面的研究。以后，该项目每年都有新的进展，取得出色成绩。在"文革"后，1983年成立了"热能工程研究所"，研究重点转向煤的燃烧，"八五"期间被列入国家科技攻关重大项目，在全国同行中有较高的学术地位。

70年代初，我国电子对抗事业的发展急需一种微波放大器——波长10厘米的储频行波管，这种军用器件属国外禁运物资。原四机部29所希望学校研制这种产品。电子工程系的教师们与电子管厂工人一道，在缺少技术资料及设备的情况下，日夜加班，攻克难题，花一年多时间就研制成功了。1974年，首批投产20只，以后几年产量逐年上升，至1980年共生产500多只，产值400多万元，创利200多万元。该产品的研制成功，打破了国外的禁运和封锁，填补了国内电子对抗专用器件的空白，为空军部队装备吊舱式干扰机提供了关键的心脏器件。该干扰机在对越自卫反击战中起了一定作用，也为加强国防力量作出了贡献。在试制过程中，还有20多名学生结合研制和生产进行了毕业设计，部分研究成果被编入《微波电子管》教材中，同时，还有6篇科研论文先后发表。此后，10厘米储频行波管荣获1978年全国科学大会奖，在科研、教学、生产几方面同获丰硕成果。

在形势略为稳定时，老教师也积极参加教学、科研工作。他们以极大的热情、严谨的治学态度，克服体弱多病等困难，努力完成工作任务。如吴大榕教授一直在教学、科研第一线辛勤耕耘，在"文革"前任副院长期间，协助院长在抓师资培养方面做了许多卓有成效的工作。在十年浩劫中，他被诬为"反动学术权威"，身心遭摧残，得了脑血栓病，还得不到应有的治疗，形成偏瘫。即使在这样精力不济和行动不便的情况下，他仍坚持基础理论的研究，并且风雨无阻地拄着拐杖，到课堂中听青年教师讲课，并热心辅导，审阅修改他们的讲稿，帮助他们提高。后来，又抱病亲自给学生讲课，还积极从事翻译工作，先后两次因病和劳累跌坏了腿。不幸的是，他在正急切盼望治疗病痛、做更多的工作时，于1979年再次突患脑溢血，永远离开了人世。再如钱钟韩教授，在"文革"中虽屡遭批斗，但仍主动协助测震仪的生产，为了改进生产技术，自己花钱买材料、原料，在家里搞研究，有了新想法和试验结果，就向生产单位提出建议，使产品质量不断提高。再如陈景尧教授，不管环境如何险恶，坚持多年搞科研，完成了论文《论气泡、液滴和固体圆球在粘性流体中的运动》，发表在《中国科学》杂志上，具有较高的学术水平，博得海内外科学家的好评。

由于师生员工的努力，在"文革"期间，全院共完成600余项科研任务，其中280多项是技术改造性质的，尤其是应用性质的课题；350多项为科研、试制、设计和技术革新项目。在所有项目中，有40多项达到国内先进水平，16项为国家填补了空白，如电航Ⅰ型罗径、钢筋混凝土受弯构件变形裂缝计算方法、地铁双工电台、数控切割机等。

正是因为有了这些热爱祖国、热爱教育和科研事业的教师在逆境中坚持开展科研工作所打下的基础，1978年，我院才能在全国科学大会上有29个项目荣获科技成果奖，另有20个项目获江苏省科学大会奖。

第三节　为埋葬"四人帮"而斗争

　　1975年初，第四届全国人民代表大会召开，周恩来总理向全国人民提出实现四个现代化的任务，邓小平主持中央日常工作，对全国各条战线进行整顿，使全国形势明显好转，使久处于压抑、愤懑状态的人们，对国家的前途看到了一点希望和曙光。

　　教育、科技战线是整顿的重点之一。南京工学院也积极贯彻整顿精神。1974年11月，林克到校任革委会主任兼党的核心小组组长后，即对整顿作了如下安排：

　　（1）强调以安定团结为主线，加强核心小组领导力量，解决领导班子的软、懒、散问题；

　　（2）调动群众积极性，排除干扰，落实政策；

　　（3）使用干部，充实机构，使各项工作逐步正常起来。

　　此外，还强调了抓教学工作的重要性，规定各系和专业教研组都要有一位主任专管教学工作，并强调教师不但要教好书，而且要育好人，师生之间要互相关心和帮助，这就密切了师生关系；同时，又积极组织开展科研、生产工作。整顿为学校带来了转机。可是，不久"四人帮"却把整顿工作诬蔑为"复辟"和"右倾翻案风"。1975年12月4日，《人民日报》刊登北京大学、清华大学大批判组的文章《教育革命的方向不容篡改》，文章引用毛泽东的"七·二一"指示，攻击教育部部长周荣鑫说："教育的怪论就是企图为修正主义路线翻案，进而否定'文化大革命'，改变毛主席的革命路线。"自此，在全国范围内掀起了"教育革命大辩论""反击右倾翻案风"以至"批邓"等一连串罪恶活动，矛头直指敬爱的周总理。1976年8月5日，院核心小组内部也有人反对前一阶段的整顿工作，有人认为："整顿领导班子软、懒、散的提法，本身就是否定'文化大革命'。"有人说："三整顿，不提路线，不讲政治，是右倾机会主义的表现。"

　　凡此种种违背民意的倒行逆施，进一步激起人们的义愤，人们通过大量事实，已经逐步觉悟，极"左"路线亦渐渐失去了群众基础，全院师生员工逐渐对"文化大革命"产生了怀疑、不满、抵触，以至出现了反抗情绪，大家再也无法忍受"四人帮"的胡作非为了！

　　1976年，是我国历史上发生巨变的一年。1月8日，敬爱的周恩来总理逝世，噩耗传来，全院师生员工无比悲痛。1月9日，全院同志自发地戴上黑纱白花，列队前往梅园新村中共代表团纪念馆沉痛吊唁周总理。1月13日，全院召开了悼念周总理的大会。人们在纪念人民的好总理的同时，更加痛恨"四人帮"。觉醒了的师生不顾其淫威，用各种形式表达了对周总理无限的敬仰、爱戴和缅怀之情，并以各种形式表达了对"四人帮"的愤恨之意。

　　1976年3月下旬，南京大学和南京工学院等兄弟院校师生，借清明节纪念周总理的名义，共同在南京地区点燃了反对"四人帮"的烈火。

　　各系、各单位师生在政治学习讨论会上，或在私下窃窃议论中，纷纷影射或公开指责"四人帮"所干的种种卑劣勾当。对当时层层布置的"追查政治谣言"等事，人们采取敷衍了事的态度，以应付过关。

建筑系 11731 班是当时校园里最活跃的一个小群体，他们以班级的名义，在校园里、大门口以及校园四周的墙上，刷了 20 多条矛头针对"四人帮"的标语，如"横扫一切害人虫""谁反对周总理就打倒谁""悼念周总理，怀念杨开慧""警惕个人野心家、阴谋家篡夺党和国家的最高领导权""用鲜血保卫红色江山"等。观看、抄录此类标语的人群特别踊跃。该班的吕小泉还写了诗词，并把标语刷到火车站和列车等公共场所。他们说出了人们的心里话，得到人们普遍的默许、认可或公开的赞赏。一时间，街道闹市区也相继出现了类似的标语。他们的行动得到广大南京市民的响应及支持。

其中，最为突出的是 11731 班王献祥（共产党员、班长）、吴伟平（团支部书记）、高祥生（团支部宣传委员）、杨维菊（团支部组织委员）、朱坚等人，他们把听到别人的议论及自己思考而困惑不解的疑问，经过你一言我一语的共同讨论，最后写成了《十个为什么》的大字报，矛头直指"四人帮"，贴在学校人群来往最多的东大门。

大字报署名"南京工学院建筑系工农兵学员"。这张大字报像一颗炸弹，在人们心中引起强烈的反响，人们争相阅读、传抄。他们这一勇敢的言行，说出了人们困惑已久、想说又不敢说的话。同一时间，南京大学及其他兄弟院校的师生也贴出许多相似内容的标语及大字报，在全国引起极大震动，史称"南京事件"。

1976 年 4 月 1 日，无线电系以学生会名义，在大礼堂举行了悼念周总理大会，其他系和单位的同志多自发地参加了大会，实际形成为全院的大会。会后，又组织了盛大游行，浩浩荡荡的游行队伍绕道至鼓楼、新街口等闹市区，然后去梅园新村中共代表团纪念馆，向周总理表示沉痛的悼念之意。游行时，有人带头高呼口号："谁反对周总理就打倒谁。"口号一语中的，既得到了沿途群众的热烈响应，也引起了"四人帮"的惊慌，对学校领导施加政治压力，责令要揪出"幕后策划者"。

当时，要求学校排查的重点事件除《十个为什么》大字报及上街游行外，尚有动力系 4 个班学员刷的标语，以及原已布置的"追查总理遗言""追查政治谣言"等，其中尤以《十个为什么》大字报为重中之重。

"四人帮"在北京一再发号施令要江苏追查"南京事件"，江苏省革委会自然要奉命行动。省革委会专门开会讨论南京高校所发生的所谓"反革命事件"，排查出参加"南京事件"的共有 600 余人，追查收缴了政治谣言 8400 余份。为分析《十个为什么》是什么性质的大字报，省革委会从下午直至晚间 11 时进行了专题议论。会上，意见有分歧，有人认为这张大字报没有什么问题；有人认为可定为反革命性质，是"南京事件"的组成部分；有人认为"这张大字报点出了要害"；有人要求南京工学院主要领导人林克表态，要先定其性质，至于大字报的作者是否是反革命，可再研究。林克当场表态：这张大字报有错误，但不是反革命性质的，作者没有反革命基础，几个年轻人都是团干部，动机不是反革命。会上气氛严肃，林克压力很大。

时任省委书记彭冲主持会议，开始未表态，总结时说"暂不定性，首先要调查清楚事实真相，调查清楚有无幕后策划者"，并要求南京工学院写个紧急调查报告送省委，再作研究。同时，同意了林克对此事的表态。

如何在黑云压顶、情况十分复杂的运动中，既要执行上面的指示，又要稳住"小环境"的局势，并保护师生不受伤害？时任南京工学院领导班子是面临巨大压力的。由于彭冲在省的专题讨论会上同意了林克对《十个为什么》大字报的表态，林克就顺应这一基本定调，并依靠坚持正义的干部和师生，应付来自上下左右的攻势及压力，表现出了很高的政治智慧和斗争艺术。

南京工学院在所谓"南京事件"中，没有任何人被捕、被拘留，也没有任何人受到任何处分。时至同年11月底，中央虽尚未为"天安门事件""南京事件"平反，但林克在核心小组会议上已明确表态："对本人可说清楚，不影响毕业分配、使用及入党、入团；但对'南京事件'的性质暂不能表态，要向省里请示。"因而，"南京事件"牵涉到的所有学员均照常读书，顺利毕业，分配到工作岗位上。目前，仍在建筑系任教的高祥生、杨维菊副教授，对当时领导采取保护他们的态度及措施，至今犹铭记在心。

"南京事件"是中国及南京人民埋葬"四人帮"的前奏曲，也是声势浩大的反对"四人帮"的北京"天安门事件"的先导，在南京、江苏省以至全国人民中，均产生了深远而广泛的影响。

全院师生员工在那段时间所表现出来的大无畏英雄气概及行动，和学校当时第一把手林克在"南京事件"中所表现出的稳住局势、沉着应付的态度及保护师生不受伤害的胆识及措施，都应在校史上留下光辉的一页。

1976年7月，朱德逝世；1976年9月9日，毛泽东逝世：全院均举行了悼念活动，表达了对革命领袖的沉痛哀悼之意。

1976年10月，长达10年之久的"文革"浩劫，终于以粉碎"四人帮"的壮举，画上了结束的句号。全院师生员工和全国人民一道，参加了连续多天庆祝胜利的狂欢活动。

本章参考资料

［1］《中国共产党中央委员会关于建国以来若干历史问题的决议》，人民出版社，1981年。
［2］东南大学档案馆，1984年249卷。
［3］《中华人民共和国教育大事记（1949—1982）》，教育科学出版社，1984年。
［4］南工"革委会"党的核心小组（1973）党核字第（187）号文。

第五章

改革开放中的振兴时期（1976—1988年）

1976年10月，"四人帮"反革命集团的覆没给"文化大革命"画上了句号。

1978年12月，中国共产党十一届三中全会召开，开始拨乱反正，全面纠正"文革"中及其以前的"左"倾错误；果断地停止了"以阶级斗争为纲"的口号；作出了把工作重点转移到社会主义现代化建设上来的战略决策，实现了建国以来具有深远意义的伟大转折。1982年，中共中央明确了建设有中国特色的社会主义的方向，并把教育和科学作为经济发展的战略重点之一。1985年5月，中共中央确立了"教育必须为社会主义建设服务，社会主义建设必须依靠教育"的指导思想。1987年10月党的第十三次代表大会，再次肯定经济发展要把科学技术和教育事业放在首要位置。在此期间，邓小平也多次就党的路线、改革开放、教育科学等问题发表了一系列重要讲话。这一切，标志着人民共和国已迈入了健康发展的新时期，也为学校的恢复和发展创造了良好的条件。

在这样的大背景下，南京工学院先通过揭批"四人帮"及其炮制的"两个估计"，分清思想、政治路线的是非，端正办学方向；认真平反冤假错案，全面落实政策；尊重知识，尊重人才，重新发挥教师的主导作用；整顿教学秩序，恢复教学的中心地位，各项工作全面恢复。进而调整充实领导班子，改革领导体制；深化教学改革，不断提高教学质量；改变办学结构，形成多层次多形式的办学新格局；加强科学研究，形成"两个中心"；加强理科，发展文科，增设管理学科，扩展高新技术学科，调整提高工科，谋建新型综合大学；扩大学校的社会功能，主动适应社会主义经济建设主战场的需要；面向世界，扩展国际交流与合作；制订、修订事业规划，以期在20世纪末把南京工学院办成"国内第一流，国际有影响"的高等学府。

与此同时，扩大招生，扩大学校规模；大力加强师资队伍、科研队伍的建设；大兴土木，新楼迭起。学校的各项事业取得了全面发展，并步上了以工为主、工理文管综合发展的道路。1988年5月，经国家教委批准，南京工学院重更名为东南大学。改革开放为学校注入了源源活力，使学校迈入了又一个鼎盛时期。

第一节　拨乱反正，正本清源

一、揭批"四人帮"，推翻"两个估计"

1976年10月，粉碎了"四人帮"的喜讯传来，全院师生员工欢声雷动，纷纷举行游行集会及各种形式的庆祝会、座谈会、声讨会，庆贺多灾多难的祖国重见光明，庆幸横遭浩劫的南京工学院有了转机和希望。

南京工学院揭批"四人帮"的斗争是逐步深入的，前后历时三年。开始是发动全院师生员工揭发"四人帮"篡党夺权的种种罪恶活动，揭露其反革命面目、实质及罪恶历史。人人口诛笔伐，初步将"四人帮"搞乱了的思想、篡改了的理论、颠倒了的是非、混淆了的界限，一一端正过来。1977年3月，在全院部署"学排批划立"的活动，即"学习马列著作，掌握好批判武器；排查'四人帮'的流毒、影响、危害；抓住'四人帮'篡党夺权的要害，一个个专题地深入揭批；在揭批'四人帮'的斗争中，划清路线是非界限；建立正确的思想路线，建立正常的制度，把揭批'四人帮'的斗争不断引向深入"。

1977年7月，揭批活动逐步发展成以"三大讲"（讲路线、讲党性、讲团结）和"路线对比"等为主要内容的群众自我教育运动。院、系领导带头讲，讲的内容逐步转向联系学校、本单位、本人的思想实际，并揭批学校中同"四人帮"篡党夺权阴谋活动有牵连的人和事，使运动逐步深入并进而解决思想、组织、作风不纯的问题，大家均受到了深刻的教育。

1977年9月，邓小平指出："'两个估计'是不符合实际的。""管教育的不为广大知识分子说话，还背着'两个估计'的包袱，将来是要摔筋斗的。"同年11月18日，《人民日报》发表了教育部大批判组的文章，《教育战线的一场大论战——批判"四人帮"炮制的"两个估计"》。于是，对"两个估计"的批判也在南京工学院开展起来了。自11月26日始，院、系及教研组纷纷召开了揭批"两个估计"的大小会议，广大教师及学生代表愤怒谴责这个长期套在广大教育工作者头上的精神枷锁和"紧箍咒"，认为它是"四人帮"在教育战线上阴谋搞反革命的政治纲领，迫害了大批革命干部和广大知识分子。大家又以大量铁的事实，如南京工学院在17年中为国家培养了17 600余名合格的毕业生，在教学、科研中结出了丰硕的成果，驳斥了"两个估计"的谬论。这一批判，深得人心，特别是广大教师，人人感到扬眉吐气、精神振奋，增进了从事社会主义教育的积极性。

二、平反冤假错案，全面落实政策

在揭批"四人帮"的同时，平反冤假错案的工作也全面开展起来。

1978年5月，院成立了落实政策的领导小组，下设复查、审干两组，后改为落实政策办公室。各系相应成立了落实政策小组。遵照中央"有错必纠"的方针，先清查、审理"文革"期间的各种冤案，后转为错划"右派"的复查改正工作和错定"右倾"的复查改正工作，并复查历史老案。经过深入细致的复查，分别落实了政策：为受害者推倒了各种诬蔑不实之词，重新作出符合实际的结论；对受株连的家属子女，都作了消除影响的工作；对"文革"中被查抄的财物，也陆续予以清退。

据统计，在"文革"中，全院立案审查的有789人（其中厅局地委级干部9人，处级干部70人，其他710人）。其中部分人的问题，虽在1975年为"五一六"平反时作过复查，但由于当时"左"的路线仍居统治地位，所作结论仍令当事人不满意。这次重新复查，彻底为456人平反、重作结论。其余 333 人，有部分纠错的，有不需重作结论的。全院召开过三次平反大会，各系各单位也召开了平反会，分别在不同范围宣布平反结论，恢复受害者名誉。全院在"文革"中被迫害致死的 21 人，经复查全属冤案。学校分别为他们举行悼念仪式，宣读平反结论，补发了抚恤金；对生活有困难的家属，按政策规定给予照顾；对受牵连的子女，也作了适当的善后工作。全院在"文革"中被抄家的有 176 户，查抄财物 13 676 件。学校组织人力进行追查，并几次在院内办理文物、字画、书籍等物的认领，退还原物及折价赔偿的计 13 600 余件，对确实查无下落者，给予适当经济补偿。

1978 年 11 月，江苏省委宣布，1976 年原称为反革命的"南京事件"为革命行动。当时南京工学院领导在处理学院师生与所谓"南京事件"有关联的问题上，沉着冷静，保护师生未受伤害，因而无需平反，但现予政治肯定，对当事人亦有莫大安慰。

根据中共中央 1978 年 55 号文件和 1979 年 49 号文件，南京工学院对 1957—1958 年间被错划为右派分子的等约 340 人作了复查，全属错案，全部予以改正；对 1959 年被定为有右倾错误的 45 人，也全部复查清楚予以改正，并作了消除影响、恢复名誉、相应安置等善后工作。后来，又复查了"文革"前 17 年中所处理的各种案件，对其中受到错误批判或处理的 367 件，逐一作了平反或改正。

与此同时，学校认真落实干部政策和知识分子政策，重点是落实知识分子政策。本着"政治上一视同仁，工作上放手使用，生活上关心照顾"的精神，作了如下安排。

迄 1982 年，经推荐，36 名教师分别当选和担任全国、省、市、区的人大代表或政协委员。提拔了 202 名教师担任各级领导职务，其中院级 5 人，处、系级 50 人，科、教研组 147 人。在教师中发展党员 37 名。对担任领导职务的党外人士，按规定向他们传达中央及省的文件。新晋升各类知识分子的职称，计教授 13 人，副教授 192 人，讲师、工程师、主治医师、会计师等中级职称 1098 人。为青年教师转正定级和党政干部定职称 163 人。

在工作上，为重点学科的学术领导人配备工作班子，建立学术梯队，为 82 名研究生导师建立了指导小组，共配备助手 325 人。恢复了教师出国进修和邀请外国专家来校讲学工作，以提高教师业务水平。此外，增加了科研经费，调整和充实了工厂及实验室的人员、设备，为教师创造和改善工作条件。

在生活方面，将已建的 782 套教工宿舍中的 500 余套分配给教师。老教授"文革"中被挤占的住房，均恢复原有面积；大部分副教授按住房标准，住进了新房或就地扩充旧房。解决了 152 对夫妇分居两地的工作调动问题，以及 36 名乏人照顾的老、中年教师下乡子女的回城问题。教工中的农村家属及待业子女 91 人暂安排在院劳动服务站工作。校医院还成立了高知特约门诊室。

南京工学院的民主党派在"文革"中亦遭冲击，大部分成员受过迫害。院党委于 1979 年即协助民盟、九三、农工、民建、民进等民主党派恢复在校的组织并开展活动。1982 年，院民主党派在原有 49 名成员的基础上，发展增加至 75 人。同时，恢复了党委统战部，建立了院、系统战工作队伍。加强了民主党派落实政策的工作，"文革"中民主党派成员被立案审查的有 37 人，经复查，重新作结论的 24 人，平反昭雪的 11 人，错定改正的 1 人，宣布销案的 1 人。另外，在反右派斗争中被错划的 6 人也全部得到改正。在落实政策中，对政治待遇、工作条件和生活等方面，也都进行了适当的安排、改进和照顾。为贯彻"长期共存，互相监督，肝胆相照，荣辱与共"的方针，院党委坚持民主协商制度，凡学校重大问题，与民主党派共同商讨；学校重大活动，邀民主党派负责人共同参加，还组织了民主党派为四化服务的经验交流会，推动民主党派的自身建设。经共同努力，民主党派成员思想活跃、心情舒畅，关心国事校事，积极献计献策，作出了可喜的成绩。

面广量大的平反冤假错案和落实政策的工作持续进行了五六年，至 1982 年基本结束。在此过程中，党委主要负责人全力以赴，亲自处理大案。党委书记兼院长吴觉上任未久就参加了受迫害致死的李时庸的悼念仪式，表达了院党委对全体受害者及其亲属的抚慰。党委又把落实政策工作和改进领导作风结合起来，边查边改边落实，收到了较快较好的效果，基本上达到了"事实清楚，证据确凿，定性准确，处理恰当，手续完备"，符合中央"关于坚决、彻底、干净、全部地把一切冤假错案处理好、解决好"的精神。

落实政策工作的顺利完成，极大地鼓舞了广大知识分子。有一位教师在落实政策后表示：现在不仅要好好干，而且应当拼命干了。后来，他果然在学科建设上作出了显著成绩，获"国家攀登计划"项目首席科学家的殊荣。

南京工学院落实政策的工作，省有关领导部门经检查验收后，表示满意，并作出如下评语："材料齐全，定性准确，处理恰当，南京工学院落实政策的工作面广量大，经过几年努力，在全省高校中走在前列"。

第二节　调整领导、机构，规划发展、改革

一、领导班子的调整与建设

这一时期之初，学校领导成员调动较为频繁。1979年后渐趋稳定，逐步年轻化、知识化，逐渐形成团结合作、交叉继承、熟悉校情、能胜任学校工作的领导集体。

1977年5月，中央调林克任清华大学党委书记。7月29日，中共江苏省委决定陈光任南京工学院党的核心小组组长兼院革委会主任，陆子敏为核心小组副组长。院革委会副主任有陆子敏、童乃康、王毅、王诚、朱克忠、张祥林、杨廷宝、刘树勋、齐康，院顾问为唐君照、吴大榕。

陈光（1914—1986），江西瑞金人。1926年参加革命，1931年加入中国共产党，历任科长、县委书记、团政委、苏北区党委委员，苏南区党委组织部长及副书记、江苏省委书记、常务书记等职。陈光主校期间，拨乱反正，努力整顿、恢复学校秩序，认真平反冤假错案和落实政策。为改善师生员工的工作、生活条件，他拄着拐棍（"文革"中受迫害致伤残）走遍了校园，办了许多实事，赢得了广大群众的尊敬和信任。

1978年3月，陈光调离南京工学院，任民政部常务副部长。5月，中共江苏省委决定让南京工学院建立"文革"以来的首届党委会，任命盛华为党委书记兼院长，钱静人、陆子敏、孙卜菁为党委副书记兼副院长，撤销革委会建制。

1979年5月，盛华调离南京工学院，党委工作暂由钱静人主持。9月21日，教育部党组通知，经党中央批准，吴觉任南京工学院党委书记兼院长，孙卜菁、杨俊任党委副书记兼副院长，杨廷宝、王诚、钱钟韩、刘树勋、齐康为副院长，陆子敏、钱静人、王毅先后调离南京工学院。

吴觉（1912—1984），江苏淮阴人。1928年参加革命，1932年加入中国共产党。历任八路军团长，县长，专员，苏北区党委委员，华东战区北线后勤司令部司令，两淮市委书记、市长，常州地委书记，苏南高等法院院长，政务院治淮委员会党委副书记、秘书长兼政治部主任，江苏省政协副主席等职。在半个多世纪的革命生涯中，他在开辟苏北抗日根据地、解放战争中功勋卓著，在新中国成立后的城市接管和治理工程中做出重要贡献，曾多次坐过敌人的牢房，也曾几度在革命队伍中蒙受不白之冤，十年浩劫中复遭迫害，直至十一届三中全会后才恢复了名誉，抱病受命来到了南京工学院。

吴觉到任之时已67岁，但他清醒地意识到，中央起用他这样的老同志，与其说希望他对南京工学院的事业起多大作用，不如说要求他把握办学方向，从思想上、政治上、组织上拨乱反正，巩固和发展安定团结的局面，加快学校工作重点的转移，为南京工学院的未来物色和组建好革命化、年轻化、知识化、专业化的领导班子。吴觉主校后，首先端正思想路线，组织干

部学习、领会"解放思想,实事求是,团结一致向前看"的方针。他较早地鲜明地提出彻底否定"文革"的主张,要求落实政策不留尾巴;他认为南京工学院历史悠久,基础不差,应发愤图强办得更好;他指导制订了学校1980—1985年的发展规划,强调办好学校必须改进党的领导,加强党的自身建设。经充分准备,于1980年5月召开了"文革"以来陷于中断的中共南京工学院第三次代表大会,选举产生了新的党委会。他强调党政分工,实行系主任负责制,充分发挥行政部门的作用,这是对南京工学院自"文革"以来长期党政不分状况的一个突破。尤其难能可贵的是,吴觉胸怀宽广,有步骤地主动让权交班,他首先主动辞去所兼院长职务,在民主推荐的基础上,组建院领导班子。1980年11月,经中央同意,钱钟韩任南京工学院院长,管致中、王荣年、史维祺任副院长。教育部党组决定,程云任总务长。至此,南京工学院设有正副院长10名。同时,吴觉和常委一起物色党委领导的接班人,共同调研、酝酿,几上几下,提出候选人名单,报上级审核,并通过一些过渡性措施,让新手多出面和主持实际工作。1982年2月,经中央同意,刘忠德、杨咏沂任党委副书记,黄海宽任顾问。党委正副书记增至5名。1983年4月,南京工学院党委决定:刘忠德任党委常务书记,主持党委工作。初步实现了党政班子的新老交替,学校开始进入稳定发展阶段。

钱钟韩(1911—2002),江苏无锡人。1933年毕业于交通大学,次年赴伦敦大学帝国理工学院深造,1937年回国后历任浙江大学、西南联大、中央大学教授兼工学院院长,南京大学教授兼工学院院长。院系调整后任南京工学院副院长,主管教学和科研至1957年;60年代恢复副院长职务至"文革";1979年,第三度出任副院长。1980年11月,就任南京工学院院长。钱钟韩献身教育半个多世纪,谙熟教育、科学规律和发展趋势。他学识渊博,思路开阔,思维敏捷,富有独到见解,对学校教育质量的提高、科学研究的开展、师资队伍的建设、专业学科的建设等方面贡献甚丰,成绩卓著。主校后,他十分注重研究生教育和学科建设,大力促进系、所间学科的合作,拓建新的学科领域;积极开展国际交流,与国外高校建立合作关系;选拔优秀中、青年教师出国深造,为学校发展准备后劲;积极改善办学条件,如向世界银行贷款等,用于建设计算机中心,充实实验室的高新技术装备。在人才培养上,强调全面发展,打好基础,因材施教,发挥所长,着眼未来,全面培养素质较好、富有开拓创新精神的新一代。

自1979—1983年,经院党政领导和全体教职工的努力,终使复苏的南京工学院迈出新的步子,为学校的进一步改革发展创造了条件。1983年12月21日,教育部党组下达通知,公布了经中央同意的南京工学院领导班子成员,党委书记:刘忠德;副书记:陈万年;院长:管致中;副院长:陈笃信、王荣年、史维祺、朱万福;名誉院长:钱钟韩。对新班子的建立,吴觉感到分外高兴。他在南京工学院关键时期起了关键作用,站好了最后一班岗。而此时他已病重住院,终于1984年4月30日不幸逝世。吴觉对党的事业忠心耿耿、鞠躬尽瘁的革命精神和高尚品质,给人们留下了深刻难忘的印象。

管致中(1921—2007),浙江富阳人。1944年毕业于中央大学,新中国成立初期即担任南京大学首届校务委员会常委。院系调整后，长期担任院系的教学领导管理工作，熟悉校情，对办学育人有丰富的经验和主见，对学校的建设做了许多卓有成效的工作。他认为20世纪50年代的院系调整与学习苏联遗留下的两个问题要妥加解决：一是院系调整拆散了多所著名综合大学，不利于现代化高等教育的建设与发展；南京工学院基础较好，应使其向综合大学模式发展。二是学习苏联，导致专业设置口径过细，不利于人才的培养，毕业后也难以适应、转换或开拓新领域的工作，应予拓宽。他一以贯之地积极推动这两方面的改革。主校后，他在主持制订、修订学校事业规划时，均主张逐步把南京工学院办成以工为主、理工文管相结合的综合大学，增设了一批文、理、管方面的学科、专业和系科。在拓宽专业方面，自1981年始，即对无线电技术专业率先进行教改试点，强调打好基础，加强能力培养，对旧的专业教育体系进行了全面改革，并逐步推及到面。1985年，学校改行学分制，突破了按统一专业教育计划育人的框子。根据社会对高层次人才及多层次人才的需要，积极发展研究生教育和成人高等教育，相应成立了研究生院和成人教育学院。学校事业取得了新的进展，形成了较为合理的学科结构和层次结构。

刘忠德（1933—2012），吉林省集安人。1959年毕业于哈尔滨工业大学，先后在哈工大、哈尔滨建筑工程学院、南京工学院任教，历任教研组主任，教务处副处长、处长等职。1982年任南京工学院党委副书记、常务书记，主持工作。1983年任党委书记，翌年被选为中共江苏省委委员。他在主要抓好学校党的建设和思想政治工作的同时，充分支持行政工作，使党政密切配合，共商学校建设、发展大计，推动学校全面改革，试行校长负责制，建立职工代表大会制，领导制订学校事业规划，倡导树立优良的校风学风。他深入群众，善于团结同志和协调各方面的关系，善于谈心、排忧解难和运用组织力量，增强了师生员工间的团结和学校的凝聚力。

1984年12月，增补柏国柱为党委副书记。1985年8月，刘忠德调任国家教委副主任，副书记陈万年主持党委工作，增补王世澄为副书记，增补韦钰、毛恒才为副院长。

1986年12月，国家教委党组下达任免通知，院党政领导班子调整如下。党委书记：陈万年；副书记：柏国柱、王世澄；院长：韦钰；副院长：陈笃信、史维祺、朱万福、毛恒才、顾冠群。1987年7月，王世澄调任江苏教育学院党委书记，增补钱一呈为副院长。

韦钰（1940— ），女，广西桂林人。1961年毕业于南京工学院，1981年获联邦德国亚琛工业大学博士学位，南京工学院生物医学工程系教授、博士生导师，被选为全国人大代表、中国妇联副主席。主校时，面临改革开放和国民经济迅速发展的新形势，她认为学校必须深化改革，作出新的业绩，方能在激烈的竞争中求得发展。她提出了走"以联合求发展"的道路，提倡"以科研为先导，以任务带学科"，在校内促进学科间的配合、合作，建立了一批跨系、跨学科的研究中心和实验室，推动了科研的发展；在校外发展了高校间及高校与企业间的合作关系，如与无锡华晶微电子科研—生产联合公司合作，建立了无锡分校；努力为地方经济建设服务，为学校改善办学条件；在南京江北的浦口建立"科学工业园"，划地筹建南京工学院新校区等。韦钰为学校的改革与发展开拓了新的局面。

"文革"结束后,南京工学院领导班子的调整与建设,经历了老同志复位主政,逐步实现新老交替,而渐臻于年轻化、知识化、专业化的过程,进一步促进了学校的改革和发展。

二、改革领导体制,调整组织机构

"文革"后,随着学校形势与任务的发展,领导体制与组织机构也不断有所改革和调整。

1977年9月,在陈光主持下,制订了《南京工学院组织体制》,全院设院、系、教研组三级,即分为院党委(当时称党的核心小组)、院革委会;系总支、系革委会;党支部、教研组。院党委、院革委下设一室、三部、七处、七个直属单位。

一室:院办公室(党政合一)。

三部:组织部、宣传部、人民武装部。

七处:人事处、保卫处、教务处、科研处、生产设备处、总务处、基建处。

七个直属单位:图书馆、建筑设计院、机械工厂、财务科、留学生办公室、马列主义教研组、五七农场。

1978年11月,院党委和办公室根据教育部颁布的《全国重点高等学校暂行工作条例》,决定学校党政组织机构为一室、四部、八处和五个直属单位。院办公室仍为党政合一;四部为在原三部外增设学生工作部,与团委合署办公;八处为在原七处外,将财务科改为处建制;五个直属单位为图书馆、建筑设计院、外事办公室、院工会、院团委。原机械工厂改属生产设备处,撤销五七农场,马列主义教研组列为教学科研组织。同年成立落实政策办公室,《南京工学院学报》复刊,并恢复了研究所、室建制。

1979年,党政机构分开。党委增设党委办公室、统战部,建立了纪律检查委员会。行政设二室(院办、外办)、八处(同前)及两个直属单位(图书馆、建筑设计研究院)。8月,教育部下文,全国先在南京工学院等5所高校设建筑设计研究院,它既是生产机构,又是科研机构,独立编制,由校(院)直接领导。

1980年,体育教研室与马列主义教研组变为同属院领导。系设立学生工作办公室。

1981年,成立院劳动服务站(后改公司),是为学校教学、科研、生产、生活服务的机构,独立核算,自负盈亏。

1982年,成立共产主义思想品德教研组,后改为思想政治教研室,与学生工作部合署办公。

1983年,将原教务处所属研究生科改为研究生处,成立科学技术服务部,建立调查研究员制,成立调查研究室。

随着学校功能不断扩大、任务日益繁重、改革逐步深化,要求学校领导体制有相应的改革。长期以来,由于党委处于全面领导的地位,必然要分散力量和时间去处理大量教学、科研、后勤等方面的行政工作，难于集中精力实施对思想政治工作的领导，加强党的自身建设。就行政指挥系统来看，职责不够明确，缺少个人负责制度，亦不利于主动、积极、有效地开展工作。党政间的科学分工和协调便成为需要很好解决的一个问题。

1984年秋，教育部和江苏省委、省政府批准南京工学院为院长负责制的试点单位。院党政领导为此作了一系列准备工作，如逐步扩大系、所自主权，完善系主任、所长负责制；改革人事制度，实行教师聘任制；建立教代会，发挥民主管理与监督作用；拟订《院长负责制试行办法》，明确党委、院长和教代会的职权和相互关系；设立党政联席会，加强个人负责制等。1985年10月，南京工学院正式试行院长负责制。

南京工学院《院长负责制试行办法》中明确规定，实行院长负责制必须遵循有利于贯彻执行党的路线、方针、政策；有利于进一步贯彻党政分开，改善和加强党的领导；有利于贯彻职、责、权统一，建立以院长为首的强有力的行政指挥系统；有利于充分发扬民主，调动党、政、工、团、学各方面的积极性等原则。《试行办法》规定院长是国家任命的学校行政的最高负责人，对外代表学校，对内领导教学、科研、后勤、保卫、外事、人事等行政工作，并对国家负责。副院长受院长委托，可代行院长的部分职权，并对院长负责。院党委是党在学校的基层组织，对行政工作发挥保证、监督作用，管方针、政策的贯彻执行，管办学和改革的指导思想，管党的思想建设和组织建设，对全院思想政治工作和党群工作实行统一领导。院长与党委要充分发挥双方的积极性，各尽其职，各司其事，互相尊重，互相支持，密切配合，团结奋进。在作出重要工作决策前，要在党政联席会上充分讨论，以统一认识，统一行动。在学生工作方面，建立由分管学生工作的党委副书记和分管教学的副院长共同领导的、由相关部处参加的学生工作领导小组，以统一研究、协调和开展学生工作。

由于思想统一，准备充分，党政协调，职责分明，工作效率明显提高，扯皮、推诿现象明显减少，学校的改革、发展步伐也明显加快。

1987年，南京工学院院务委员会成立，为学校的咨询、审议机构。加上几年来陆续建立的学术委员会、教学法委员会、学位评定委员会、职称评定委员会、经济管理委员会、基本建设规划委员会、保密委员会等，形成了从决策、执行到监督、审议、参谋、咨询诸环节较为配套的管理系统。

1984—1987年，学校组织机构亦有部分调整，增设了一些部、处和实体。

1984年，成立院招生办公室；改学报编辑室为编辑部；与下关发电厂合作，成立"东南动力开发公司"，为全民所有制企业。

1985年，经新闻出版总署批准，成立南京工学院出版社；成立审计处，对全院各单位财务收支行使审计监督；成立专利事务所，暂由科研处代管；成立军事教研室，与党委人武部合署办公。

1986年，经国家教委批准，原研究生处扩大成立研究生院，下设研究生培养处和研究生管理处；成立成人教育学院，原教务处所属业余教育、自学考试、干部专修科、继续教育等机构与工作，统归成人教育学院管事；成立学生处，原招生办及人事处所属学生科，均归属学生处；原教务处所属电教中心独立，成为南京工学院电教中心；成立档案馆，直属主管院长领导；根据省市公安部门对保卫体制改革的建议，党委设保卫部，与保卫处实行部处合一的领导体制；原组织部所属老干部科改为老干部处，受党委和行政的双重领导。

1987年，成立科技生产开发处和实验室与设备处，撤销原生产设备处和科技服务部；与南京医学院签订两校教学、科研合作协议，成立"合作委员会"，下设南京工学院、南京医学院合作中心；接受省教委委托，代管南京能源工程学院。

至此，南京工学院的组织机构设置如下：

党群系统为一委、一室、六部、一处，即纪律检查委员会、党委办公室、组织部、宣传部、统战部、保卫部、学生工作部、人武部、老干部处，以及院工会和院团委。

行政系统为二办、二院、十一个处和七个直属单位，即院长办公室、外事办公室、研究生院、成人教育学院、人事处、保卫处、教务处、学生处、科研处、总务处、财务处、审计处、实验室与设备处、科技生产开发处、基本建设处以及图书馆、档案馆、学报编辑部、出版社、劳动服务公司、东南动力开发公司和南工南医合作中心等直属单位。

教学、科研组织方面则有一个管理学院、十八个系、两个直属教研室、十个研究所、十个中心及一个建筑设计研究院，详见本章第三、第四节。

由上可见，此一时期，由于学校规模不断扩大及实行改革开放等原因，机构屡有变动，不断调整充实以适应需要。当然，对于如何做到精干、高效和科学管理，尚待总结经验，使之更为完善、优化。

三、制订事业规划，进行系列改革

20世纪50年代前期及60年代前期，南京工学院均曾制订过事业发展规划，因"反右""文革"而中辍。"文革"结束，百废待兴，院领导不失时机地组织力量制订事业发展规划，以明确目标，统一思想，团结全体师生员工，共同为重振南工而努力。

起初，也有人根据过去经验对规划存有疑虑，认为规划多是空话，何时兑现过。但院领导认为总的政治形势变了，随着党的思想路线的端正、工作重点的转移，相信经过精心设计，悉心组织实施，规划可以成为现实。而且随着形势的发展，规划可以不断修订、完善，这也是一种正常的工作方法。故自1978年始，南工多次制订、修订事业发展规划，锐意改革，推动了学校各项工作的进展。

1978年3月，学校根据我国社会主义建设新时期对教学、科学事业的迫切要求，按照邓小平指出的"重点大学既是办教学的中心，又是办科研的中心"，较早地制订了《南京工学院

1978—1985年发展纲要（草案）》，明确提出："三年奋战，打好基础，八年跃进，初具规模。高速度、高水平地把我院建设成为以工为主，理工结合，具有自己特点的多科性的社会主义工科大学。它既是教育中心，也要逐渐地成为科研中心，担负起为国家多出高质量的人才、多出先进的科技成果的双重任务。"这里值得注意的是，在南京工学院的历史上，首次出现了"理工结合"和"两个中心"的正式提法，它关系到学校的性质和发展方向。

《纲要》规定了学校的发展规模，本科生先稳定每年招收1200名，逐步增加研究生比重，到1985年使全院师生员工总数达万人。当时全院总人数为5175人，七年翻一番，是一个经过努力可以达到的较高速度。《纲要》对专业设置提出了较为明确的指导思想，即要"适应近代科学技术的迅速发展及我国实现四个现代化的要求；发挥多科性工业大学的特点，使专业配套；体现以工为主，理工结合"，并遵循"专业面宽，基础厚，适应性强"的原则，具体提出了近年内拟增设自动化、计算机、金属材料和应用理科等专业。

《纲要》把科研摆到了重要位置，提出了制订科研规划、建设科研队伍、建立研究机构的要求，明确了全院各学科的主攻方向和研究任务，有力地推动了南京工学院的科研工作。《纲要》还及时规划了计算中心和电教中心的创建，为实现教学、科研手段的现代化准备了条件。

党的十一届三中全会重申了以四个现代化为目标。实现"四化"，人才是根本，教育是基础，科技是关键。作为全国重点高校的南京工学院，感到了肩负的历史使命，1979年吴觉主校后，即根据三中全会精神，领导制订了南工《1980—1985年发展规划（试行草案）》，并于1980年5月经中共南京工学院第三次代表大会讨论通过。在制订《规划》过程中，吴觉多次发言，阐述他的思路，他说："《规划》应考虑'四化'建设的发展，考虑教育本身的改革，一是学生质量，一是科研成果，代表学校水准。办学要立足国内，但还要有世界眼光，看得远些，看发展趋势，瞄准最新科学成就，努力赶超""眼下，学校还应以教学为主，提高质量很重要，在保证质量的前提下，创造条件，按需要与可能，取得数量上的发展，扩大学校规模""推行学位制，是高等教育的一项重大改革""毫无疑问，应要求学生德、智、体全面发展""要加强基础理论教学，专业面宽些""要抓好两大梯队，重视重点学科建设和重点科研攻关""学校以工为主，进而理工结合以至文理工结合"。吴觉的上述办学思想，是对发展与改革、教学与科研、数量与质量、德育与智育、专业与基础等关系的辩证论述，其精神在《规划》中均得到了反映。为使学校向文理工结合方向发展，《规划》强调了在办好工科教育与研究的同时，加强自然科学和社会科学基础理论的教育与研究。为使学校办出水平、形成特色，《规划》提出在普遍提高的基础上，有重点地办好一批专业、学科，这些专业、学科要有高水平的学术领导人，具有先进的教学、科研水平，能够授予硕士、博士学位，1985年在校研究生要求达到800人以上；科学研究要兼顾基础科学、技术科学和应用科学，以技术科学为主；全面规划，突出重点，以对四化建设和学科发展影响较大的计算机、电子学、能源、材料及自动化等方面为主，分批集中人、财、物力，先走一步、做出成绩，带动相关学科。《规划》提出了恢复夜大、增办函授等多种形式的教育,以培养更多的人才。

《规划》实施了两年多,各项工作进展顺利,各项事业均打下一定基础。1982年,中共第十二次代表大会召开,明确了建设有中国特色的社会主义方向,提出了全面开创社会主义新局面。南京工学院为贯彻十二大精神,于1983年3月,提出了《关于"六五""七五"期间学校工作设想的补充意见》,放眼至1990年。《补充意见》明确要把南京工学院建设成以工为主、理工文结合的具有特色的全国重点大学,在未来八年内,为国家输送15 000名毕业生;至1990年在校本科生达6800人,研究生达1000人。《补充意见》将下列四项工作列为重点:加强社会主义精神文明建设,培养"四有"(有理想、有道德、有文化、有纪律)新人;开展教育研究,推进教学改革,提高本科教学质量;加强研究生培养工作;加强重点学科建设,积极开展科学研究。提出了如下相应要求和措施:树立"严谨、创新、团结、奋进"的校风(后"创新"两字改为"求实");建立一支专兼职结合的教育研究队伍,成立高等工程教育研究室;按教育部制订的专业目录,1985年完成专业调整;要求试点教改的专业在实践中取得系统经验,面上的专业加快改革步伐;逐年增加研究生对本科生的比例,1985年达1∶10,1990年达1∶7;建立研究生处,加强对研究生的教育与管理;在已建立的第一批8个重点学科(专业)的基础上,争取1985年重点学科(专业)及博士学位授予单位增至15个左右,1990年达到20个左右;制订机构改革及调整领导班子的计划,加强师资队伍、干部队伍的建设,为改革和事业发展作好组织准备。

1983年5月,教育部召开了建国以来的第二次全国高等教育工作会议,着重讨论加快发展与调整、改革、整顿、提高的问题,发展与改革成为主调。同年,南工被确定为全省高校改革的试点单位,学校在调查研究和层层发动的基础上,进行了比较全面的改革:如体制改革与机构调整,对党、政、学三套领导班子一起进行了调整;如教育改革,试点改革旧的教学体系,开辟第二课堂,探索培养全面发展人才的新途径;如科研改革,要求科学技术面向经济建设,调整科研方向和选题,应用、开发研究课题达到了项目总数的95%,建立了4个跨系、跨学科的研究所;如后勤改革,实行了经济承包责任制等。

面对我国经济振兴的新形势和世界新的技术革命的挑战,南工又制订了《1990年前的发展规划》。《规划》以"两个中心""三个面向"为办学的根本指导思想,在着重提高质量的同时,加快数量的发展,尤其是研究生要有大幅度的增长,逐步把南工建成以工为主、文理工结合的,有特色、走在前列的重点大学。《规划》确定到1990年全日制在校人数要达10 000人,其中本科生7800人,研究生1500人,留学生100人,另外,夜大等成人教育2000人;专业发展至40个左右,重点学科、博士点20个左右,使学校成为全国有影响的教学、科研基地。《规划》要求积极准备以建立研究生院,科研机构从现在的4所22室增加到9所40余室。《规划》强调为实现各项目标,必须在各项工作中突出改革精神,加快改革步伐,进行全面、系统的改革。

1984年10月—1985年5月，中共中央先后作出关于经济体制改革、关于科学技术体制改革、关于教育体制改革的三个"决定"。三个"决定"相辅相成，推动了全国改革、发展的进程。中央关于教育体制的改革决定，确立了"教育必须为社会主义建设服务，社会主义建设必须依靠教育"的根本指导思想。对高等教育的战略目标是，到20世纪末建成科类齐全，层次、比例合理的体系，总规模达到与我国经济实力相当的水平；高级专门人才的培养基本立足国内。"决定"还提出扩大高等学校的自主权；改变专业过于狭窄的状况，改革教育的内容、方法及制度；有计划地建设一批重点学科等要求。南工为贯彻这三个"决定"，组织了几支队伍，在校内外作了较为长期和广泛的调查研究，在认真听取各方面意见的基础上，补充修订了《1990年前的发展规划》。1987年1月，院召开"南工发展战略研讨会"，邀请系所领导、学者专家和各方代表参加，大会、小会交叉进行，气氛热烈，最后一致通过将学校的奋斗目标定为："到2000年前，把我校建设成为国内第一流，国际有影响的理、工、文、管相结合的综合大学。"1978年以来，奋斗目标的提法曾修改多次，总觉得不尽如人意，而这一次的提法大家均认为鲜明、实在、好记，众皆乐于接受。

为实现此目标，确定今后几年内的主要任务是："坚持四项基本原则和改革、开放、搞活的总方针、总政策，全面贯彻党的教育方针，着重提高质量，发挥优势，办出特点，力争使一批重点学科达到全国第一流的水平。"《规划（修订稿）》明确办学模式为综合性、开放型，学校规模为万人；人才培养坚持"全面发展，面向实际"，拓宽专业口径，贯彻因材施教，深入教学改革，搞好学风建设，培养一流人才；科学研究面向经济建设主战场，积极争取国家、省市、部委级项目和科学基金项目，同时多层次地为地区科技及经济发展服务，并在校内联合的基础上，加强同科研、生产单位的联合；抓好重点学科建设，使之作为学校的支撑点、发展的制高点和教学与科研的结合点。这次《规划（修订稿）》的特点及与以往不同的是，将学校的总目标和主要任务分解为40项具体目标，分别由院长、副院长负责，相应职能部门组织实施，并作为每年制订年度计划的依据，分步实施，年终检查，从而确保《规划》的最终实现。南京工学院自此开始实行目标管理责任制，取得了明显的效果。

综上所述，南京工学院自1978年制订《发展纲要》至1987年修订《发展规划》，十年中先后五次拟订、修订，且贯穿改革精神，每隔两三年作一次调整。这期间，尽管党政领导几经变动，但因有《规划》维系，故前后衔接、继承发展、这样扎扎实实地一步步前进、攀登，终使南工的各项事业呈现了蒸蒸日上的势头。至1990年回过头来审视，各项目标基本上按原定要求实现，有的甚至有所超越。从这些《规划》的制订、修订中，可大体看到南工这十年发展、改革的轨迹。

第三节 调整学科，谋建新型综合大学；深化改革，形成办学新格局

一、调整、发展学科，谋建新型综合大学

自1952年院系调整以来，南京工学院一直是一所多科性工业大学。至1978年，设有8个系、22个专业，见表5-1。

表5-1 1978年南京工学院系科专业设置情况

系　别	专　业
建筑系	建筑学
机械工程系	机械制造工艺及设备；铸造工艺及设备；无线电专用机械及设备；无线电设备结构工艺
动力工程系	发电厂及电力系统；电厂热能动力设备；工业热工
无线电工程系	无线电技术；电子仪器及测量技术；微波技术；水声工程
土木工程系	工业与民用建筑；公路工程；建筑材料及制备
电子工程系	电真空器件；气体放电器件；半导体器件
基础课系	
自动控制系	自动控制；电子计算机；工业企业电气自动化；陀螺仪及导航仪器

同时，经过"文革"，一恢复高考招生，首当其冲的便是基础课、公共课师资紧缺，故学校于1977年起，先后办了9个本科师资班，它们是数学、物理、力学、外文、体育、机械制图、电工、电子、马列主义理论。再者，为充实教辅人员，1978年扩招了4个两年制专修科，它们是机械工程基础、土木工程基础、电子工程基础和电子技术，并在毕业生中选留了一定数量的学生充实为实验室人员。

最初几年，专业、学科的设置基本上处于恢复状态，强调全力办好现有专业，力求做到稳定。但在1978年制订《发展纲要》时，已提出"以工为主，理工结合"的方向；1980年制订发展规划时，又进一步提出了"理工文结合"的设想，并要求根据世界技术革命的新形势，开发一些新的专业、学科。据此，陆续增设了几个新专业，如反映技术发展方向的材料工程专业，反映社会发展的环境工程专业、宽口径强电类的电气技术专业、理科类的应用数学专业等。

1982年，教育部开始修订《高等学校工科本科专业目录》，针对现有专业口径过细、业务范围过窄的弊端，将全国现有的664种工科专业减少到255种，适当放宽业务范围，并统一了专业名称。南京工学院以此为契机，在大量调查研究的基础上，于1984年5月提出了系科、

专业的调整改革方案,明确了以下指导思想,并提出具体设置意见。

1. 面向现代化、面向世界、面向未来,从我国社会主义现代化建设出发,考虑新的技术革命趋势

参照世界科学技术发展的新领域,南京工学院有基础或有可能发展的学科为电子、计算机、自动化技术、能源技术、生物技术和材料技术等,故确定以此为重点。具体做法是在电子、计算机、自动化技术方面已有的13个专业的基础上,增设微电子电路与系统、电子材料与元器件专业,将计算机科学与工程专业分设为计算机及应用、计算机软件两个专业;工业自动化专业更名为自动控制专业,并分出工业电气自动化专业;在能源技术方面,恢复热能工程专业,增设生产过程自动化专业;在生物技术方面,设置生物信息专业(限用专业目录称为生物医学工程与仪器专业);在材料技术方面,将金属材料专业、材料研究室、测试中心组建成材料科学与工程系。

2. 以工为主,理工文结合,以适应高等教育和科学技术发展的综合化趋势

理科方面在已有应用数学专业的基础上,增设应用物理专业;管理工程方面增设工业管理工程等专业;文科方面建立人文社会科学系,设马列主义基础理论本科专业、自然辩证法硕士点,原教务处所属文史组亦划入社科系。

3. 扬长补短,在调整改革中发展传统学科

南工的机、电、土、建类传统学科,基础深厚,且均为国家所需,亦应在调整改革中予以发展。如建筑系原设宽口径建筑学专业,为扬其所长,增设城市规划与风景园林专业;又如原南工化工系于1959年分出,单独设院,形成空缺,乃先增设精细化工专业,再创造条件,以补其短。

4. 拓宽专业口径,增强培养人才的适应性

南工原为多科性工业大学,不同于某些部属单科性工学院,其专业口径本来就较宽。《专业目录》虽已对专业口径作了较大调整,总体上说仍然偏窄。故南工在专业设置及调整中,必须以《专业目录》为依据,增设较多专业,否则就会在争取办学条件中处于不利地位。但在具体教学中,则要从实际出发,形成自己的学科特色。如建筑学专业,本来可兼容城规、园林,但《专业目录》上分为三个专业,如不分设,则不利于建筑系的招生与分配,故只好按《专业目录》分设专业,但培养仍着眼于宽口径,低年级统一排课,打好基础;高年级再按专业方向,各有侧重,学校称这种做法为"窄进、窄出、宽培养",即招生、分配按较窄的《专业目录》,培养过程则尽量拓宽业务范围。这样,既有利于学生培养,有利于提高办学效益,又为以后系办专业、按系招生准备了条件。

按照上述意见,根据《专业目录》统一专业名称,1984年南京工学院系科、专业调整为13个系、30个专业,与1978年系科专业设置对照,有以下变化:

增设了5个系,其中原基础课系分为数学力学系与物理化学系;从自动控制系分出计算机科学与工程系;增设了生物医学工程系、材料科学与工程系;由马列主义教研室改建的社会科学系。

增设了8个专业：电气技术专业（动力工程系）；环境工程专业（土木工程系）；设物理电子技术专业、光电子技术专业，撤气体放电器件专业（电子工程系）；应用数学专业（数学力学系）；设检测技术及自动化仪器专业、精密仪器专业，撤陀螺仪及导航仪器专业（自动控制系）；设计算机及应用专业和计算机软件专业，撤原自控系电子计算机专业（计算机科学与工程系）；金属材料及热处理专业（材料科学与工程系）；马列主义基础理论专业（社会科学系）。

此后，逐年增设、调整系科及专业情况如下：

1985年，增设管理科学与工程系、哲学与科学系；将原动力工程系所属电工学科各组、室及专业分出，成立电气工程系。同年，经国家教委批准，增设6个专业，它们是城市规划专业（建筑系）、热能工程专业（动力工程系）、信息工程专业（无线电工程系）、应用物理学专业（物理化学系）、生物医学工程及仪器专业（生物医学工程系）、工业管理工程专业（管理科学与工程系）。

1986年，增设3个专业，它们是风景园林专业（建筑系）、生产过程自动化专业（动力工程系）、建筑管理工程专业（管理科学与工程系）。

1987年，将原外文教研室、体育教研室建为外国语言系和体育系；成立管理学院，下设管理科学与工程系、经济技术社会发展研究中心和系统工程研究室。当年又增设了2个专业，它们是交通工程专业（土木工程系）、电子材料及元器件专业（电子工程系）。

至1988年，系科、专业有进一步发展，全校共设18个系，有41个本科专业、6个专修科，见表5-2。

表5-2　1988年南京工学院系科专业设置及历届系主任

系别	专业（*为专修科专业）	历届系主任
建筑系	建筑学；城市规划；风景园林	潘谷西、张致中、鲍家声
机械工程系	机械制造工艺与设备；铸造；电子精密机械；电子设备结构；机械制造工程*	舒光冀、苏华钦、赵敖生
动力工程系	电厂热能动力工程；工程热物理；热能工程；生产过程自动化	陈景尧、陈来九
无线电工程系	无线电技术；电子仪器及测量技术；电磁场与微波技术；水声电子工程；信息工程	陈章、李嗣鲍、谢嘉奎
土木工程系	工业与民用建筑工程；公路与城市道路工程；无机非金属材料；环境工程；交通工程；土木建筑工程*	徐百川、林醒山、张寿庠、陈荣生
电子工程系	物理电子技术；光电子技术；半导体物理与器件；真空技术及设备；电子材料与元器件	闵咏川、简耀光、郑鸿儒、刘炳坤
数学与力学系	应用数学	马遵庭、鲍恩湛、诸关炯

（续表）

系别	专业（*为专修科专业）	历届系主任
自动控制系	自动控制；工业电气自动化；检测技术及仪器；精密仪器	王能斌、徐南荣、洪振华
计算机科学与工程系	计算机及应用；计算机软件	王能斌、曾庆辉
物理与化学系	应用物理；物理实验技术*；精细化工*	恽瑛、曹恕
生物医学工程系	生物医学工程与仪器	韦钰
材料科学与工程系	金属材料与热处理	范赓伸、谈荣生
社会科学系	马克思主义基础	翟昭源
管理学院（管理科学与工程系）	工业管理工程；建筑管理工程	潘良栋（系主任） 徐南荣（院长）
哲学与科学系	有硕士点，暂未设本科专业	萧焜焘
电气工程系	电力系统及其自动化；电气技术；电气工程*	周泽存
外国语言系	筹办专门用途的外语专业	项启明
体育系	暂未设专业，面向全校开公共体育课	陆仲熹、王志苏
图书馆	科技情报*	

表 5-2 中所列的系及专业，按学科来分，工科有 11 个系，36 个专业，3 个专修科；理科有 2 个系，2 个专业，2 个专修科；人文社会科学有 3 个系，1 个专业，1 个专修科；管理学科有 1 个系，2 个专业；另 1 个为体育系。其中有的系暂未设专业，只担任培养研究生、开设公共课与选修课以及进行科学研究等任务。

1978 年以来，"解放思想，实事求是，团结一致向前看"的基本思想政治路线发挥了巨大作用。人们破迷信、去枷锁、吐真言，按教育、科学的规律认识问题、提出问题，忘却过去的一切恩恩怨怨，集中地考虑一个问题——怎样把南京工学院办好？教师们、办学者们的智慧如山泉般地源源而出。他们提出了要加强工科学生的理科基础、文科氛围；改善学生知识结构，提高学生精神素质。他们认为应走理工结合、文理工结合、文理工管结合，乃至文理工管医结合的综合发展道路。他们认为办学应有一个明确的目标，从开始"走在全国重点高校前列"的提出，到最后上下一致同意要把南京工学院建设成"国内第一流、国际有影响的新型综合大学"。十年思索、十年奋斗，发展了理科，开设了人文、社会学科，增添了管理、经济学科，调整、提高了工科，开拓了新兴、边缘学科，终于使学校走上了多学科综合发展的道路。1988 年 5 月，国家教委正式批准南京工学院更名为东南大学。人们期待着在鸡鸣山南麓这片教育圣地勤奋耕耘，重振东大雄风。

二、深化教学改革,提高教学质量

本科生教育是高等教育中最基本的组成部分,其教学质量是衡量高校办学水平的重要标准。南京工学院素有重视本科教育的传统,"文革"结束后,历任领导仍以其为学校的根本任务,不断深化教学改革,提高教学质量,取得了较好的成绩,大体可分以下阶段。

1.1977—1981年,基本为拨乱反正恢复正常教学秩序阶段

恢复高校招生,学制改为4年,据此修订教学计划,撤销"专业连队",恢复基础课、技术基础课教研组,加强基础理论教学,组织编写教材和其他教学文件,重建实验室,恢复包括毕业设计在内的各项教学环节,同时制订一系列教学管理等方面的规章制度,恢复学校的正常教学秩序。这一阶段的工作相当艰苦,要不断和"文革"的积习作斗争,但经过努力,终使教学工作纳入正常运行的轨道。

值得一提的是,南工于1978年修订教学计划时,就提出了明确的指导原则,即"专业面要宽,基础要厚,适应性要强"。这一思想,关系到课程设置、人才质量和教改方向。如无线电技术专业的教师认为:"一个专业口径的宽窄不是由专业课程多少决定的,而是由技术基础课程内容的辐射范围决定的,技术基础课涉及的范围就是专业口径,专业课的作用,只是让学生通过某一具体工程对象的学习,掌握运用已学到的技术基础知识去分析和解决具体工程技术问题的方法和能力,达到举一反三的作用,而并不需要面面俱到地学习专业范围内全部工程对象的有关知识。因此,宽口径专业的学生,虽然专业的具体工程知识学得不多不全,但只要具备了这一专业范围的技术基础知识并学得扎实,对毕业后所从事工作内容的变化、工作性质的转移以及新技术的发展是容易适应的。"根据这一观点,他们在1977年电子工业部召开的教材规划会议上,提出了无线电技术专业教学计划和课程内容的建议,得到与会代表的赞同。会后,即着手制订了该专业的教学计划。同年,在教育部召开的工科教材工作会议上,决定由南工编写"电路、信号及系统""电子线路"两门最主要的技术基础课教材,于1979年出版。1980年,教育部将南工修订的教学计划转发至全国有关高校作参考。1979年南工新设的电气技术专业也是针对学习苏联导致专业划分过细、学生知识面窄、适应性不强等弊端,面对传统"专业教育"思想所作出的突破。它面向整个电工学科,而不是面向某一特定对象,强调学科相互交叉与渗透的重要性,以学科性的技术基础为核心组织教学,具体说即运用"电工基础""电机学""电子技术""自动控制理论"等主干课,突出强调运用技术基础知识与技能解决工程问题的能力培养。该专业由南工首创后,得到社会好评,现在全国已有数十所高校办了这个专业。

由此可见,教育改革首先是教育思想的转变,即培养什么样的人和如何培养,事实上这是从设置专业、制订教学计划时开始贯穿其中的。

2. 1981—1985 年，教改点面结合、全面铺开，注重智能的开发与培养，着重抓外文、计算机和情报检索能力的提高

　　1977 级、1978 级学生入学后的几年内的教学中逐渐暴露出一些问题。主要是学制已改为四年，许多专业却基本上参照"文革"前五年制的教学计划设置课程，既要使老课反映科学技术的新发展，又要增设新课，于是出现总学时多、周学时满的现象，加上有的教师教学不得法，学生学习负担沉重，学得被动，实践环节、工程训练有不同程度的削弱，不利于能力的培养，影响学生德、智、体诸方面生动、活泼地发展。有鉴于此，南京工学院决定以无线电技术专业 1980 级、1981 级为试点，进行比较系统、全面的改革。指导思想是改革传统的以传授知识为主的旧教学体系，着眼于发展学生的能力，正确处理教与学、知识与能力、理论与实践的关系。采取的措施为：精选教学内容，改进教学方法，削减课堂教学时数，腾出时间用于加强自学；减少专业必修课门数，增设选修课，扩大学生学习自主权；技术基础课实验单独设课，加强实验技能与方法的系统训练；外语、计算机四年不断线，毕业设计真刀真枪。当时全院各专业教学计划总时数一般均超过教育部提出的 2500 学时，有的专业高达 2700 学时。试点专业将总学时减为 2400 学时，其中还有 200 学时的选修课。5 门主要技术基础课共减少 172 学时，减幅为 14%~50%。实验独立设课，计有物理、电路信号与系统、模拟与数字电子线路三门实验课，还增设了设计性和综合性的专题实验，实验教学大大加强。通过试点，在拓宽知识面、提高能力、增强适应性方面，取得显著成效。学校及时组织进行总结交流，以点带面，带动全校各专业的教学改革。同时，各系、各教研组又从各自情况出发，确定改革重点与步骤，在课程与环节的教学内容与方法上，进行相应的改革，贯彻少而精、启发式与因材施教的教育思想，并积极承担教育部和有关部委统一组织的第二轮教材的编写，或自编不同风格与特色的有较高质量的教材和教学参考书。

　　这期间，南工还按照"三个面向"的要求，针对薄弱环节，花较大精力，抓了学生外文、计算机和情报检索三项能力的提高。首先在组织上，由教务处牵头，分别以外语教研室、计算中心、图书馆为核心，各系派教师参加，成立了上述三个方面的教学工作组，各系相应建立小组。其任务是明确要求、协调工作、研讨教学，采取实际步骤，提高学生这三方面的能力。如关于外语教学，除基础外语实行分快、慢班教学（后改为分级教学），专业外语采取不同形式培养学生阅读能力外，提倡业务课教学中尽可能让学生多接触外文，至 1985 年，计有 27 门课采用外文教材，117 门课或名词、术语、标题、板书，或习题、参考书用了外文，并充分发挥电化教育和"第二课堂"的作用，安排语音课、外语测试、外语广播录像、"外语角"、外语晚会等活动，多方位提高学生的外语能力，取得了较好的成效。关于计算机教学，确定了全院非计算机专业计算机教学的目标，一般要求每位学生学习 3 门课，上机时间不低于 80~100 小时，在其他课程或环节中引进计算机应用，以达到"计算机学习不断线"的要求，按 1985 年统计，在 DPS8/49 大型机上教学上机时间为 75~85 小时，加上微机上机时间，基本上已实现要求。

关于情报检索教学，则制订了教学大纲，编写了教材，各系尽可能结合专业自开，有困难的由图书馆开出，至 1985 年改学分制时，该课被列为各专业必修课。情报检索能力的培养，使师生能迅速了解世界最新科技的成就和动向，对从事现代科技的人员来说，这无疑是至关重要的。

南京工学院除积极推动课堂教学的改革外，还根据学生的志趣和需要，开辟了"第二课堂"，广泛开展由学生自愿组织和参加的课外活动，以拓宽学生知识、开发学生智力、培养学生能力、陶冶学生情操，协调和促进学生德、智、体、美全面发展，与"第一课堂"相辅相成。该活动是在团委指导下由大学生科技文化协会组织开展的。全校先后成立了数学、近代物理、现代化管理、计算机、英语、哲学、心理学以及书法、美术、摄影、音协、诗社等 20 余个分会，拥有 1000 多名会员，共计举办 500 多期讲座、60 多次科学报告、40 多项科技知识竞赛，征集到 200 多篇论文，出版了文选与刊物，制作了 100 多个电子、激光、微机控制的游戏机。这些活动丰富了学生的学习生活，培养了学术空气，也提高了学生的文化素养，增强了学生的组织管理和开展社会活动的能力。"第二课堂"的进一步发展，使学生走向社会，开展社会调查、社会实践和社会服务，一方面使学生在社会的大课堂中，接受教育与锻炼，另一方面以知识为桥梁，使学生深入群众、服务社会，并检验自己的知识与能力，成为学校教育的必要补充。

3. 1985—1988 年，实行学分制，搞活教学，加强管理，抓好学风建设

为了进一步搞活教学，调动学生学习的主动性、积极性，改变"千人一面"的育人模式，南京工学院决定于 1985 年暑假后对 1984 级、1985 级学生全面试行学分制。经事先调研与准备，制订了《关于试行学分制的暂行规定》，编制出 36 个专业的指导性教学计划，编印了《教学一览》，落实了 1984 级、1985 级学生的教学安排，组织好这两个年级的选课，学分制乃得以顺利地如期试行。这是 20 世纪 50 年代以来学籍管理上的一次重大变革。

实行学分制，一方面，可以给学生更多学习上的自主权，使学生可按各自的学习能力和志趣，选学一些不同层次、类型，甚至跨专业、系科的课程，从而使个性、长处得到发展，也可给优秀学生"松绑"，提供发挥其学习潜力的条件，学生可自学后，参加免修考试，合格即可取得学分，可提前修读高年级课程或跳级，也可以辅修其他专业或读第二学位。另一方面，因我国培养人才是有计划、分专业的，且工科教学又有其自身的特点，课程先修后继关系比较密切，因此所行学分制又不可能是完全"自由"的。教学计划规定必修课学分占总学分的 75%，选修课学分占 25%。选修课方面，则由各系根据专业业务范围和方向设若干组，指导学生在组内选修一门或几门课程，学分占 15%；任选课由学生根据个人志趣，可跨系、跨学科选修，学分占 10%。学校还组织开出 40 余门人文、社会学科方面的选课。在校历安排上，每学年按"两长一短"划分为三个学期，使长学期规范化，16 周上课，2 周考试，以便学生合班及跨系、跨专业上课；短学期 6 周，开始时各专业自行安排，后统一规定于暑假后，主要安排军训、实习、设计、大型作业等实践性环节，或开设概论课及学术讲座等。另外，对外文、高等数学、大学物理，根据学生的不同水平和需求，开出不同层次的课程。自 1985 年起还举办了少年班，直

接从中学招收成绩优异的少年学生入学，进行特殊培养，使其才智得到充分发挥，以利早出人才；1990年起，与高分考生混合编成强化班。

在实行学分制、搞活教学的同时，学校也注意加强管理，努力树立良好学风。除修订相应的《学生学籍管理办法》外，还作出了《关于加强本科教育工作的决定》；对教师提出了教书育人、全面负责的要求，相应制订了《教师教学工作规范与考核办法》；成立校、系学生工作领导小组，统一协调、推进学生工作；为调动师生两方面的积极性，制订并试行了教材建设奖、优秀教学与优秀教师奖、教学改革成果奖三大奖，订立了《学习优秀生选拔培养办法》，以鼓励教学，推动教风、学风建设。因此，尽管当时社会上时而出现这个"风"、那个"热"，但南工的教学总体说是比较稳定有序的。

综观南工这一时期的教学改革，较之"文革"前，有以下几方面的变化：一是学科从单一的工科向多学科综合方向发展；二是专业业务范围拓宽，强调打好基础，增强适应性；三是人才培养模式从统一计划"千人一面"到因材施教，注意个性、志趣的发展；四是从传授知识、技能为主，到强调智能和素质的培养。

通过这一时期的教改实践，还取得了以下几点基本认识：教改必须有明确目标，必须符合教育规律，同时必须加强管理以作保障，并注意协调教学工作与其他各项工作的关系。

① 明确目标，学校的目标有两个，一个是"办学"目标，即学校在事业规划中提出的奋斗目标，它关系到学校的性质、规模和发展方向；一个是"育人"目标，即培养有社会主义觉悟的、德智体全面发展的高级专门人才。两者都是教改的出发点、依据和归宿。学校曾花大力气制订、修订事业规划、教学计划，取得了较好的效应。但教学计划基本上以智育为框架体系，德育长期未形成规范的体系，内容不甚确定，方法不尽适宜，队伍亦不够稳定。据此，学校制订了《德育大纲》，建立了党政合一的学生工作领导小组和学生工作队伍，使德育有章可循，有组织可依，落到实处。至于体育，南京工学院则一贯比较重视，且有成套的规范和优良的传统，是全国群众体育先进集体单位，整体效应高。这样，全面贯彻教育方针，育人目标就得以保证有效实现。

② 把握规律，就是要从校情出发，按教育规律办事。1986年，南京工学院曾对院党政领导、系组主任、骨干教师和有关职能部门成员组织了历时一年的教育思想学习，其后又举办了青年教师《高等教育学》研讨班，组建了一支专兼职的教育研究队伍，对于广大教师，则要求结合工作研究教学思想、内容、方法的改革。通过这些活动，使教师和干部对教育规律有了一定认识，对教改中的一些基本关系，如政治与业务、教学与科研、理论与实际、知识与能力、教与学等方面，能作出合乎规律的分析与处理，在工作中能避免盲目性，克服片面性，不唯上不唯书不唯风，使教改能较健康地顺利发展。

③ 加强管理，主要是抓管理的制度化、规范化、信息化和寻求激励机制，调动师生的积极性。管理的目的在于提高质量和效率，南京工学院在20世纪80年代中期，即建立了"教学质量信

息反馈系统",每年从教师、学生、班主任等处取得教学工作多方面的大量信息,存入计算机,从这些信息中,可以找出规律性和倾向性的问题,供决策部门研究参考,这样,就把教学管理工作建立在科学的基础上,不致"以其昏昏,使人昭昭"。在激励机制方面,如前述,建立多种奖励制度,奖励先进,树立榜样,推进教学。

④ 协调关系。学校功能扩大了,除培养人外,还要组织科研和参与社会服务。虽然学校明确培养人是根本任务,但科研也十分重要,不能片面强调一个方面,更不能使两者对立起来,要在结合、渗透上着力,带动教学、科研水平的共同提高。社会服务也是学校的功能之一,但学校为社会服务有其自身的特点,即以教育与科技之优势为社会服务,社会服务也要有利于促进学校教育、科技的改革和发展,应把握好,统筹安排,使之相互促进而不致引发矛盾。另外,教学工作与思想政治工作、后勤工作与社团活动社会实践,乃至学生的学习与生活等方面的关系,或由院统一协调,或由一家牵头,各方参与,共同研究,彼此配合,统一步调,以形成合力,避免扯皮和各自为政。

南京工学院这十余年的教学改革,是持续、稳步、协调发展的,取得了较好的成绩,在社会变革时期,保证了教学秩序的稳定和教学质量的提高。

国家教委为了提高教学工作在高校各项工作中的地位,肯定广大教师和教育工作者在教学工作领域作出的贡献,1989年首次在全国普通高校中设立优秀教学成果奖。学校无线电系《无线电技术专业教学改革的示范性成果》项目获特等奖;电气工程系《创建我国学科型电气技术新专业》、丁康源等《加强实验环节,实行"讲习做"结合——数字电子技术课程改革》、体育系《不断深化改革体育教学 努力提高学校体育整体效应》、教务处《加强信息反馈,实现科学管理》4项获优秀奖,均是这一时期教学改革与建设的成果。

在此期间,南京工学院在教材改革与建设工作中,也投入大量力量,有近百名教授担任全国高校课程(专业)教学指导委员会委员职务,齐康、鲍家声、舒光冀、孙国雄、叶琪根、钱钟韩、陈来九、杨思文、管致中、谢嘉奎、吴伯修、李嗣范、杨祥林、韦钰、邓学钧、徐德淦、周鹗等教授任相应教学指导委员会的正、副主任委员。1987年,在国家和部、委高校优秀教材评选中,南京工学院有24部教材获奖。其中刘敦桢教授等编著的《中国古代建筑史》获全国特等奖。《机械原理》《信号与信息系统》《微波元件原理与设计》《数字信号处理的理论与应用》等4部教材获全国优秀奖。优秀教学成果和优秀教材两种奖励的获奖数和等级,南京工学院均居全国高校前茅。

三、培养高层次人才,发展研究生教育

20世纪五六十年代,南京工学院曾招收和培养过近百名研究生,但未授予学位,复因"反右""文革"两度中断。

"文革"后，南工于1978年恢复招收研究生。1980年，国务院颁布了《中华人民共和国学位条例》。随着实现四个现代化对高层次人才的需求不断增长，南工研究生教育迅速、健康地发展了起来。

自1981年至1988年更名东南大学前，南京工学院经国务院学位委员会批准，先后分三批共设博士学位授予点14个，有博士生指导教师27名，硕士授予点37个，见表5-3、表5-4。

表5-3　南京工学院博士点、博士生导师情况表（截至1988年）

序次	批准时间	博士点数	博士点学科名称	博士生导师			
				第一批7人	第二批5人	特批3人	第三批12人
第一批	1981年	7	1. 建筑设计	杨廷宝	齐　康		
			2. 建筑历史与理论	童　寯			郭湖生 潘谷西
			3. 铸造	舒光冀			苏华钦
			4. 结构工程	丁大钧		宋启根	吕志涛
			5 通信与电子系统	吴伯修	何振亚 （后转14）		程时昕
			6. 电子物理与器件	陆钟祚		韦　钰	
			7. 自动控制理论	钱钟韩	冯纯伯		徐南荣
第二批	1984年	2	8. 电厂热能工程		曹祖庆		陈来九 章臣樾
			9 电磁场与微波技术		李嗣范		章文勋
特批	1985年	1	10. 半导体与物理器件			童勤义	
第三批	1986年	4	11. 热能工程				徐益谦
			12. 电机				周　鹗
			13. 电力系统及其自动化				陈　珩
			14. 信号电路与系统				何振亚

表 5-4　南京工学院硕士点情况表（截至 1988 年）

序次	批准时间	硕士点数	硕士点名称	
第一批	1981 年	21	一般力学 计算力学 机械制造 机械学 精密机械仪器 铸造学 工程热物理 电厂热能动力及其自动化 电力系统及其自动化 通信与电子系统 电磁场与微波技术	电子物理与器件 半导体物理与器件 计算机应用 自动控制 建筑历史与理论 建筑设计 建筑技术科学 结构工程 道路工程 无机非金属材料
第二批	1984 年	5	自然辩证 测试计量技术及仪器 热能工程	电机信号★ 电路与系统★
第三批	1986 年	11	教材教法研究（物理） 美术历史及理论 应用数学 固体力学 生物医学仪器及工程 电力拖动及其自动化	城市规划与设计 建筑经济与管理 岩土工程 环境工程 自动化仪表与装置

★ 电机信号、电路与系统后分为信号与信息处理、电路与系统两个硕士点。

南京工学院有下列教授被聘为国务院学位委员会学科评议组成员。

首届学科评议组成员（1981 年）：工学：陆钟祚、杨廷宝、钱钟韩。

第二届学科评议组成员（1985 年）：建筑学：齐康（组长）、郭湖生；动力机械及工程热物理：曹祖庆；电子学与通信：童勤义；自动控制：冯纯伯。

另齐康、郭湖生、宋启根、苏华钦、曹祖庆、李嗣范、童勤义、王能斌、周鹗、龚家彪、冯纯伯教授被聘为国家教委相关学科的评议组成员。

据 1983 年教育部、国家计委、劳动人事部联合进行的全国人才现状调查和需求预测，在全国有规定学历的专门人才中，研究生、本科生、专科生的比例为 0.018：1：0.84，至 2000 年，全国需要的研究生为 1983 年研究生数的 20 倍。南京工学院较早地意识到自己的责任，1978 年即开始招收了 58 名研究生，在南工学校《1980—1985 年发展规划》中，即提出 1985 年在校研究生要达 800 人以上，以后逐步增加到 2000 人。在培养研究生的实践中，学校在指导力量、科研基础、物资设备等方面，均提供了较充分的条件。自 1982 年始，有了"文革"后第一批本科毕业生和硕士生，当年招收研究生 99 人，在校研究生 239 人。至 1985 年，招收研究生达 432 人，其中博士生 28 人；在校研究生 798 人，其中博士生 58 人。经教育部核定，预计至 1990 年，南工在校研究生的规模为 1500 人，以南工的力量，这一目标是完全可以实现的。但是在社会的发展中，往往存在各种相互制约的因素，后来国家教委宏观调控，"七五"期间，南京工学院每年只可招收研究生 400 人左右，其中博士生约占 1/10，在校研究生基本上只稳定在 1100~1200 人。

研究生规模的迅速扩大要求对研究生的管理与培养相应加强。

在管理机构方面，经历了在教务处内增设研究生科，到独立成为研究生处，再到经国家教委批准正式成立研究生院，成为全国 33 所设有研究生院的重点大学之一。研究生院院长由学校主管副院长兼任，下设研究生培养处与研究生管理处。研究生院主要通过计划、组织、检查、调控等环节进行管理。系、所直接面向教师和研究生组织教学与研究。各系均有分管研究生工作的系主任，并设研究生秘书（多为兼职）与教务助理。研究生的思想政治工作，由党委统一领导，院长、系主任负责，研究生人数多的系设政治辅导员，人数较少的系由研究生秘书负责。研究生教育的各项规章制度汇编成《研究生手册》，人手一册，一入学即组织学习、认真执行。研究生教育的管理手段，亦由人力管理发展到计算机辅助管理，从招生、培养直至授予学位都使用了计算机，不仅提高了工作效率，而且为研究研究生教育提供了可以进行定性、定量分析的比较数据。

在培养工作方面，南京工学院早在 1980 年制订的《1980—1990 年研究生培养工作纲要（草案）》中就指出：研究生教育既要注重基础理论和专业知识的深造，又要强调科学研究能力的训练；要把研究生的培养和科学研究紧密结合起来，把研究生作为基本力量组织到科研工作中去；研究生的培养不要统得太死，要有利于其创造性的发展。对指导教师和物资设备的保证等分别提出了要求和措施，还明确了若干重点学科与重点研究项目。既有原则导向，又有具体部署，使研究生的培养工作得以循序开展。

1982 年，学校首次组织制订了 25 个学科、38 个专业的硕士生培养方案，对把握培养要求、保证质量起了重要作用。1986 年，按国家教委对二级学科设置研究生学位课程的要求，对研究生培养方案又进行了补充、修订。针对规定学分多、课程门数多、理论课程多的情况，将研究生课程的学分从 36~40，降至 30，并调整了课程，加强了实践环节。根据硕士生培养课程与论文并重的要求，规定至少要有一年时间进行课题研究、论文撰写，因此基本上要求一年内修满学分。在授课方式上，提倡更多地自学，专业课程应较多地阅读参考书、科技文献，写读书笔记、读书报告，教师只作引导、质疑与总结。博士生的培养虽有较大的特殊性与差异性，但也在实践中注意总结经验、探索规律，陆续制订出各学科、专业的博士生培养方案。如在学位课程方面，开设马克思主义理论课 1 门；第一、第二外国语各 1 门；近代物理和工程数学；各学科专业基础理论课和专业课 2~3 门，开设情况因研究方向、生源情况而异，或固定若干门课程，由导师根据博士生研究方向指定选修，或对课程门类、名称不作过分具体的规定，而按学位论文选题，指定参考书，学习有关基础理论和专业知识。总的看法是，博士生不应像硕士生那样学很多课程，而要根据自己学科专业的需要，自觉地拓宽知识面、深化知识点，尤其要大量阅读最新的国内外科技成果文献和科研论文，以掌握本学科的最新发展动态，才能站在学科前沿进行选题、研究，并作出有创造性的成果。为提高博士生外语水平，还采取了集中一段课程时间，强化听、说、读、写的训练。

在研究生的培养工作中，学位论文受到较大的重视，它集中反映了研究生的知识、能力与成果水平。选题须符合学科、专业方向，自不待言，许多选题往往是导师手上的科研项目，对工科研究生来说，有项目、有经费是开展研究的必要条件。博士生论文选题因要求其成果有一定的创造性，理论上或实践上有价值，因此大都为学科前沿性课题或是与国民经济建设有关的重大科研项目。在南京工学院承接的国家重点攻关项目、国家自然科学基金项目、"863"高技术项目以及横向联系的大型科研项目中，均有博士研究生参加，有的项目还由他们"唱主角"。研究生学位论文选题通常由导师提出研究方向，然后研究生查阅文献、调查研究、进行必要的试验，确定研究范围，作开题报告，最后经教研组或研究室组织评审会审定。研究生指导方式，有导师个人指导、导师和协助指导教师共同指导，以及导师为首的指导小组指导等几种。不论何种指导方式，均明确实行导师全面负责制，包括指导研究生制订学习计划、选题把关、定期检查、指导研究工作、撰写论文，以及对研究生思想、生活的关注等，导师均应发挥主导作用。

为确保研究生培养质量，学校从招生、培养、毕业，到授予学位各个环节，均严格把关。在招生方面，为保证新生入学水平，首先由命题教师严格做好入学考试科目的命题工作，将试题分为基本题、提高题和综合能力考察三部分，借以区别考生的业务水平，初试合格后，还需经过面试，最终决定取舍。对于应届推荐免试生、单位委托代培及联合培养等不同情况，制订了专门的规章制度确保录取质量。招收博士研究生，则更要经过事先对考生了解、入学考试和学科专家组综合考察等几道严格的程序才能作出抉择。研究生入学后，在培养过程中实行中期考核和筛选，政治思想好、学习优秀、科研能力强、具有培养前途者，继续学习；成绩突出的硕士生可提前攻读博士学位；学位课程考试虽然及格但成绩在最后几名者，给予"黄牌警告"；因政治思想、道德品质、学习成绩等原因不宜继续学习者，则中止其学习资格，取消研究生学籍。最后，在研究生论文答辩前，还组织"软、硬件"检查验收，验收不合格者不准答辩。在学位授予方面，也建立严格的申请审查制度，从德、智、体三方面全面考核，不符合基本要求的不授予学位，以保证学位授予质量。

1985年和1987年，国家教委组织有关著名专家，先后对通信与电子系统、铸造二学科专业学位授予质量进行全国评估，南京工学院的通信与电子系统学科专业总分名列全国第二，铸造学科专业被评为A档。南京工学院培养的研究生普遍受到用人单位的欢迎，许多人已成为学术和业务骨干，有的已担任部门领导职务，不少人已晋升高级职称。1991年1月，国家教委和国务院学位委员会表彰在工作中作出突出贡献的博士、硕士学位获得者中，由南京工学院授予学位的博士有高雨青（女）、尤肖虎、洪伟、李正茂、陆勤，硕士有黎志涛，共计6名。

南京工学院研究生教育的这十年堪称突飞猛进，在数量上、质量上都取得了较大的进展。

四、适应社会需要，发展成人教育

随着现代化经济建设的发展，单靠全日制高校培养专门人才，已不能适应社会发展的需要。普通高校举办夜大、函授等多种形式的成人高等教育，便提上了议事日程。

从20世纪50年代起，南京工学院就举办过夜大、函大，后因"文革"而停办。1980年，南工首先恢复夜大教育，招生230人。计五年制本科3个专业，从在职人员中招生，经成人高考录取，业余学习，毕业后仍由原单位安排工作。另外，从1980年开始，经教育部批准，试办了三年制知青大专班。招收知青是一项新工作，学校几经研究，采取的做法是"面向本市，公开招生，自费走读，不包分配"。招生对象是参加当年高考未被录取的学生，以当年高考的成绩为准，划定分数线，择优录取，不另举行入学考试。具体教学工作的组织，实际上同全日制一样。学籍管理由教务处业余教育科负责，思想工作由所在系负责。毕业发夜大专科证书，不包分配，但可向用人单位推荐。根据对1980级～1982级3届学生的跟踪调查发现，毕业生427人被推荐到南京市各单位，受到社会欢迎。特别是计算机专业的毕业生，更是供不应求，江苏省计算机研究所从1980级毕业生中一次即录用15名，负责向用户推广计算机应用技术，为用户培养操作员，有的还参加了开发、研制、生产等任务，均能很好地完成。学校也先后选留了90名毕业生，满足了实验室和行政管理部门的需要。

至1988年，夜大本、专科共毕业学生1361人，当年在校生达1962人，约为全日制在校生的五分之一。

在此期间，我国又发展了一种新的高等教育形式，即广大群众自学和国家考试相结合的自学考试制度，这是一条新的造就和选拔人才的途径。南工于1984年承担了江苏省自学考试办公室下达的任务，主考工业与民用建筑专业，另与南京大学联合主考微型计算机应用专业。同时，负责制订专业教学计划、编写教学大纲、选定或编写自学考试教材、组织有关课程考试的命题和阅卷等。1985年开考以来，两专业报名人数约9000人。为给自考生自学进行辅导，学校还开办了部分课程的单科辅导班和为知青举办的系统学习专业全部课程的教学班。至今已有上千学员通过全部课程的考试，取得毕业证书，其余则取得了不同门数的单科结业证书。自学考试为正在从事或有志从事有关专业的人员有计划地学习系统理论知识和获得相应学历创造了条件，有助于他们更好地工作或未来实现就业，不失为一种投入较少、效益较大的教育形式。

针对社会上管理干部大量缺乏、管理人员水平亟待提高的问题，南工面向社会，开展专题讲座和短期培训，讲授有关工业企业管理的知识。1982年，接受江苏省委组织部委托，主办管理干部专修科，从省内各市县企业的青年干部中招生，学制三年，培养懂技术、会管理的专门人才，计共3届，毕业114人。1984年，又接受中国人民解放军总后勤部委托，在总后系统各企业青年干部中招生，每届60人，学习两年，连续10届，毕业近600人。这些学员学成归队后，均在企业中担任各级领导、管理职务，发挥了很好的作用。1985年，南工接受省委组织部、省计划经济委员会和省科技干部局委托，举办了厂长（经理）、总工程师现代化企业管理进修班，学员学习10门左右有关经营管理、经济贸易等的课程，半年一期，至1988年，共办5期，学员计151人，经考试合格，发给国家培训指导委员会统一印制的"全国大中型企业领导干部岗位培训证书"。以上三类干部专修科与进修班均为带职脱产学习，其区别是前两者为成人高等学历教育，后者为大学后非学历继续教育。

在科技干部方面，由于科学技术飞速发展缩短了知识老化的周期，他们也需接受继续教育，及时更新、扩展知识。南工自1984年以来，受单位委托，先后举办了40多个专业技术短期培训班，介绍新学科、新理论、新技术，共有4500多人参加培训学习。这种"短平快"的培训方式针对性强，深受各界欢迎。但因我国继续教育尚未制度化，故缺乏必要的政策措施，但对全日制重点高校来说，继续教育应是其成人教育工作的重点，需作进一步开拓。

1986年系南京工学院创办成人高等教育30周年，其间各种办学形式和培养人数情况，见表5-5。

表5-5　1956—1986年南京工学院成人教育概况

序号	办学形式	培养人数/人	说明
1	夜大学（本科）	2511	1986年在校生1204人
2	夜大学（专科）	960	1986年在校生463人
3	函授大学（本科）	843	华东地区招生
4	函授大学（简易）	6800	江苏省内招生
5	电视大学	68	省电大南京工学院教学班
6	自学考试	（省自考办学籍管理）	南京工学院主考2个专业
7	短期培训班	5245（89期）	不含专题讲座
8	支持各类业余大学开课	3039（94门）	
	总　计	19 466	不含干部专修科、进修班、自学考试

实践证明，全日制高校挖掘潜力，开展多种形式的成人高等教育，是为国家和地方培养人才的一条经济而有效的办学途径，也是发展高等教育的一个重要领域。

由于成人教育有了较大发展，1986年12月，经国家教委批准，正式成立南京工学院成人教育学院，统管全院的成人高等教育的教学和组织管理，原教务处业余教育科撤销。

积30余年成人高等教育的实践，南京工学院总结出了以下几点认识和体会：

（1）重点高校应坚持两条腿走路的方针，坚持为地方培养人才服务的办学方向，这对扩大教育事业规模，改变我国教育发展与经济发展不相适应的状况，加速培养"四化"建设所需要的各种人才，促进干部队伍的结构改革，提高全民族的科学文化水平都有重要意义。

（2）办好成人高等教育，一定要重视成人教育特点和规律。成教对象的文化技术水平参差不齐，学习目的和需求很不一致，只有采取多层次、多种形式和灵活多样的办法，才能满足他们的需要，收到更好的效果。

（3）成人高等教育应确保质量，使毕业生能达到相当于全日制高校同类专业的水平。但衡量业余大学生的质量，一是要看他们是否基本上达到了全日制同类专业毕业生水平的要求，二是要看他们在实际工作中是否发挥了一个高级工程技术人员应有的作用。两类大学生的质量应是"基本相当，各有所长"。

（4）必须加强管理，实现规范化、制度化，严格执行教学计划，重视配备教师，精选或自编适合成人特点的教材和学习方法指导书，加强实践性环节，抓好毕业设计，以确保质量。

（5）发展成人高等教育，一方面要对夜大等学历教育，在调查研究的基础上，调整专业或增设新专业，以适应社会需要；另一方面要把提高在岗人员的能力和生产技能作为重点，增加其新知识、新技术，积极开展大学后的继续教育，这是在科学技术迅速发展时代提高专业技术人员、管理人员的素质和水平，以适应工作需要、提高劳动生产率和工作效率的重要途径。可以预见，这种教育将日益为社会发展所需要。

第四节　积极开展科研，建设重点学科

南京工学院的科学研究工作在这十年中以前所未有的好势头，蓬蓬勃勃地开展了起来。

一、调整恢复，打好基础，积极启动

1977年邓小平复出之后，自告奋勇亲自抓科学与教育工作，他认为中国要赶上世界水平要从科学和教育着手。7月29日，他在对教育工作的一次谈话中说："重点大学既是办教育的中心，又是办科研的中心。"在1978年3月18日和4月22日召开的全国科学大会与全国教育工作会议上，邓小平指出："四个现代化，关键是科学技术的现代化""科学技术是生产力""必须造就宏大的又红又专的科学技术队伍"。首先他在思想上作了拨乱反正、正本清源。接着，我国制订了《1978—1985年全国科学技术发展规划纲要（草案）》，确定了一批课题。作为科研一个重要方面的高校，均积极参与，承担项目。在这样的形势鼓舞下，南京工学院虽尚处于恢复、整顿之际，但也不失时机地将科研列为重要工作，积极启动起来。

1977年，围绕迎接全国科学大会的召开，学校抓了献礼项目、组织会战、评选先进集体和个人、总结典型经验等工作。1978年，在全国科学大会上，南京工学院有29个项目获奖，如苏州古典园林、球墨铸铁的研究与应用、论气泡液滴和固体圆球在粘性流体中的运动、地面活动目标侦察雷达、地铁自动化行车控制二期工程—双工无线电台、大跨网架屋盖结构的计算方法、DH-1型电罗径、数控绘图机等。在江苏省科学大会上，学校有20个项目获奖，如磁流体发电试验研究、DXS-2型数控多功能线切割机、水声综合测量仪、氩离子激光器等。这两次大会既是对此前科研成果的检阅，又是对新时期学校开展科学研究工作的动员。

1978年3月制订的《南京工学院1978—1985年发展纲要》中明确要把南工建设成"两个中心"，对科学研究也提出了明确的指导思想和要求：全面规划，突出重点，基础科学与技术科学结合，以技术科学为主，基础科学密切配合；在技术科学中理论与应用并举，运用现代科学理论猛攻技术尖端，解决生产建设和国防建设中的重大关键问题。在土木建筑、机械工程、电工学、电子学、计算机、自动化6个学科方面确定了研究内容和主攻方向，全院以计算机、空间电子学和自动化科学为重点，带动和促进其他学科的发展。《纲要》对全校科研工作作出初步部署。

此时有一个有利时机，即1977年恢复高考并更改学制，1977级、1978级本科生要到1981年才进入专业课学习，而最后一届工农兵学员则在1979年即行毕业，对专业课教师来说，有两年时间基本没有教学任务，故有较多时间可集中进行研究工作。学校提出三年打基础、八年大提高的目标，首先，组建科研队伍，至1985年达到600人左右专职编制的规模。其次，

组建三种类型的科研机构：系所结合，由院直接领导；组室结合，有的隶属各系所，有的则单独成立研究室；条件尚未成熟的，在教研组领导下成立科研小组。同时，加强科技档案管理，做好科技成果鉴定上报、推广应用，办好《南京工学院学报》，进行国内外学术交流等方面的工作。

由于广大教师的努力，科研工作进展迅速。至1980年，土建学科在建筑历史、建筑设计、建筑结构方面成果显著并具有自己特色。建筑物理、建筑材料等学科研究方向也相互靠拢，开始形成一个研究体系。无线电电子学科在信道机、微波集成电路、毫米波振荡器、微波电子器件、真空技术等方面的成果有的已接近国际上70年代的水平，该学科还进一步组织力量在行波管、网络理论、电磁场理论、信息处理、计算机辅助设计等方面开展工作。自动化学科在电厂自动化、自动控制理论、计算机在控制系统中的应用、单机自动化和自动化生产方面做了大量工作的基础上，进一步开展优化设计、系统工程自适应等方面的研究工作。机械动力学科也作出了不少有价值的成果。磁流体发电这门探索性的新学科的研究工作自1969年始，从无到有、锲而不舍地努力，也在实践中培养了一批骨干力量，研究成果在国内达领先水平。上述几个主要学科，均有学术领导人和骨干研究人员，各有三四十人至五六十人不等的专职研究队伍和一定的研究手段。至1980年，院属科研机构计有三所、一室、两中心，即建筑研究所、无线电电子学研究所、自动控制研究所、磁流体发电研究室、计算机中心和制版中心，还有一些系属研究室，学校科研初步形成规模。

科研的恢复、启动期间，也面临着两个问题：一是如何确定好科研方向、选题，以作出更大成果；二是如何把科研队伍组织好，使各得其所、配套协作。学校认为院和系、所都要加强调查研究，了解有关学科的世界先进水平，拓宽视野，解放思想，敢于创新，在此基础上确定研究方向和选题制订，再进行规划组织实施；针对第一代学术领导人缺少得力助手、第二代学术领导人或项目负责人不少处于孤军作战的状况，要抓紧科研梯队和研究班子的组织。鼓励跨系跨组联合，对分散在各系的计算机应用、现代控制理论及应用振动理论、测试技术、数字信号处理、节能技术及新能源开发利用等跨学科研究工作，分别促进联合。打破专业界限，理工结合，开展综合研究。为此，院和系、所都深入细致地做了大量调查研究工作和组织工作，为以后科研工作的开展，打下了较好的基础。

二、组织学术梯队，建设重点学科

1981年，我国建立了学位制度，评选了一批博士导师，教育部还在全国高校中确定了一批重点学科。南京工学院是博士学位授予单位之一，并被委托建立8个重点学科。它们是建筑设计、建筑历史与理论、铸造、电厂热能动力装置、通信与电子系统、结构工程、电子物理与器件、自动控制理论及应用，覆盖了当时全校各工科系。建设好重点学科，把学校办成两个中心，承担国家重大科研项目，培养出高质量、高层次人才，并以此带动全校教学、科研工作，便成为全校共同的光荣而艰巨的任务。为此，学校进一步酝酿在"六五"期间，争取再上一批重点学科和博士学位授予点，把科学研究与重点学科、重点实验室和博士点的建设结合起来，使南工的科研又向前推进了一大步。

是年，教育部首批批准南京工学院280名专职科研编制，教学线上的教师也安排总量三分之一的时间兼搞科研，总计有500余名教师分别参加160余项科研工作，完成并通过鉴定的24项，其中铝硅合金无公害1号变质剂、玻壳结构氩离子激光器首获国家发明奖。

1982年，教育部在北京举办"部属高等院校科技成果展览会"，南京工学院有分米波卫星电视接收设备BJ-Ⅱ型振动校准台、玻壳氩离子激光器、超宽频带行波管放大器、PCP-131-I型过程控制用户程序包、《苏州古典园林》等17项成果送展。

当年，党的十二大召开，提出了为全面开创我国社会主义现代化建设新局面而奋斗的纲领。南京工学院于1983年、1984年先后提出开创南工新局面；至1990年前的发展规划，明确提出要把南京工学院建成"两个中心"，成为有特色的、走在前列的重点大学。而办好重点学科则是重点大学的基础，故学校对已建立的第一批8个重点学科，要求继续巩固、提高，尽快完成一批国家重点项目，培养出首批符合质量要求的博士生，建设具有先进水平的实验基地。同时，对科研工作及实验设备条件较好、已有相当水平学术领导人和基本形成学科梯队、有明确科研方向的学科，则要求积极争取任务，妥善组织人力，加快建设步伐，争取早日成为重点学科。后来，通过系所申报，经院学术委员会审议，陆续确定了一批院重点学科，它们是热能工程、电磁场与微波技术、微电子学、电力系统及其自动化、机械学、金属材料、光电子学、精密机械仪器、计算机应用、生物电子学、信号电路与系统、道路工程等。上述学科经自身努力和必要的扶持，除个别学科外，于"六五""七五"期间均先后被批准为博士点。1988年，经评选，建筑设计、通信与电子系统（含信号电路与系统）、电磁场与微波技术、自动控制理论及应用4个学科被确定为国家级重点学科。

在科研工作上，学校进一步明确，兼顾基础理论、应用、开发三个方面，以应用研究为主，大力开发新技术、新领域，围绕重点学科和重大科研任务，把力量组织起来，发挥多科性工业大学优势，促进跨学科联合，分工协作，形成拳头，并提出要与重点发展行业和地区建立高层次的协作关系。

在科研机构上，研究所和系、研究室和教研组逐步实行"一套领导班子、两支专业队伍、各有侧重，相对稳定"的体制。1984年，院决定建立一批院属研究室，计14个，它们是铸造、电子精密机械、电力系统及自动化、电气技术、热能动力、工程热物理、数字信号处理、道路与交通工程、岩土工程、物理电子与光纤技术、真空与表面物理技术、工业仪器仪表智能化、模式识别与智能控制、数据库及信息系统。

在科研管理上，对于项目管理，集中力量抓与国民经济建设紧密相关的国家项目和重点学科的主攻方向；对于经费管理，逐步实行合同制、基金制，实行项目经费承包责任制；对于成果管理，要求加强成果的推广应用，提高科研效益。1983年10月，成立科学技术服务部，有组织地开展多层次、多种形式的对外科技服务。

三、以科研为先导，以任务带学科，以联合求发展

三年准备，五年努力，南京工学院逐步理出了一条抓科研的路子，即"以科研为先导，以任务带学科，以联合求发展"。

1985年11月，学校专门召开了科技工作会议。数百名科技工作者与校领导聚集一堂，分析学校科技形势，总结经验，表彰先进，共同探讨"以科研为先导"、加强"两个中心"的建设问题。会议肯定了1978年以来科研工作的成绩。在此期间，学校共获重要科技成果228项，其中有118项被列入《国家科技成果公报》，这118项中获国家自然科学奖1项、国家发明奖4项、国家技术进步奖2项、国务院部委奖34项、省级奖76项。在我国《专利法》实施的第一天，学校就向中国专利局申报了70项专利，两批共批准公布10项，在国家教委直属高校中名列第二。几年中，全校共出版了科学专著20部、教材200多种，发表论文逾千篇。科技新人不断成长，重点学科逐步形成，科研为生产服务，创造了显著的社会经济效益，应该说科研工作取得了很大成绩。但也应看到这一时期还存在重大成果不多、科技队伍分散、一些单位的科研与教学还不能很好结合等问题。会议提出了"以科研为先导"，加强"两个中心"的建设，要求全院科技力量要相对集中，为争取重大科研项目创造条件。其中"以科研为先导"这一提法，并非没有争议。学校的根本任务是培养人才，这是无可置疑的，但基于南工所处的全国重点大学的地位，它兼有发展科技的任务，故应当既是教学示范单位，又是科研重要基地。不把科研搞上去，不提高学术水平，则难以培养高层次、高质量的人才。从这个意义上说，以科研为先导，带动学科建设，从而带动教学水平与质量的提高，便是合乎逻辑、顺理成章的。据此认识，学校应加强科研工作的力度，充分发挥科研这个"方面军"的各级组织和成员的积极性，争取重大项目。在教学方面，则采取从事科研的教师担任本科教学，改革专业实验，以科研带动实验室建设，以及逐步试行研究生担任助教工作等措施，使科研逐步发挥其先导作用。

"以科研为先导"的思想得到了明确，但该怎样抓科研？南工在实践中也渐渐摸索出了"以任务带学科"的路子。20世纪50年代科研起步阶段和"文革"结束后的恢复阶段，大多从学科出发，确定科研项目。实践表明，科研如不面向社会，按经济建设、国防建设需要来开展，则一是缺少经费支持，二是不易推广应用，往往捉襟见肘、举步维艰、缺少生命力，实际进展和效果均不理想，学科建设也难以达到预期目标。环顾目前校内诸学科，哪个学科能从国家部委或省市地方争取到重大课题任务，哪个学科就能获得较充裕的经费，便能组织力量、购置设备，作出较大成果，学科便也得到发展。实践加深了人们对"科学技术必须面向经济建设"方

针的正确认识，学校阐明了"以任务带学科"的思路，科研处积极做好宣传、组织项目申报工作，各学科教师纷纷走出校门，向部委、地方争取项目。南工科研得到长足发展，承担的科研项目、获得的科研经费和得奖的科研成果，均出现明显的增长，见表5-6、表5-7。

表5-6　1986—1988年南京工学院承担科研项目统计表

年份	课题总数	基础研究课题数	应用研究课题数	试验发展课题数
1986	526	16	233	277
1987	745	56	375	314
1988	786	72	471	243

注：按全国普通高等学校科技统计年报表上报材料。

表5-7　1986—1988年南京工学院科研经费情况统计表　　单位：万元

年份	总计	科研事业费	国家教委专项费	国家计经科委专项费	自然科学基金	其他部门专项费	省(市)地方专项费	企事业委托费	其他
1986	793	128	96	2	27	66	132	262	80
1987	1216	124	99	106	60	216	286	300	25
1988	2119	135	67	350	108	360	310	773	16
合　计	4128	387	262	458	195	642	728	1335	121

注：按全国普通高等学校科技统计年报表上报材料。

由表5-7可见，南京工学院科研经费在1987年突破千万元，1988年几乎成倍增加。而且科研事业费和主管部门专项费在总体中只占较小比例（三年中只占总数的15.7%），而从部门、省市争取和承担横向企事业委托的科研项目费则迅速增长。

1981—1985年，南京工学院获奖的成果计有7项国家科委三大奖；

1981年，铝硅合金无公害1号变质剂和玻壳结构氩离子激光器两项获国家发明四等奖；

1982年，钢筋混凝土及预应力混凝土受弯构件刚度和裂缝开展的试验研究获国家自然科学四等奖；

1984年，水上一体化水厂和具有隔离台心结构的高频抓动校准台两项分别获国家发明二、三等奖；

1985年，毫米波体效应二极管及振荡器系列和冲天炉熔炼过程自动检测和优化技术两项分别获国家进步奖一等奖和三等奖。

1978—1988年11年间，南京工学院获国务院部、委和省（市）级奖励的科技成果，见表5-8。

表5-8 1978—1988南京工学院获国务院部、委和省（市）级奖的科技成果统计表

年份	获国务院部、委奖的科技成果数						获省（市）级奖的科技成果数				
	一等	二等	三等	四等	优秀	总计	一等	二等	三等	四等	总计
1978		1				1		2	4	2	8
1979	3	1	4			8	7	1		5	13
1980			2	2		4	2	8		5	15
1981			1			1		2	3		5
1982		1	5	2		8				8	8
1983	1	1	1	1		4		1	4	10	15
1984	3	2	1	1		7			8	3	11
1985	1	16			12	29	2	8		5	15
1986	2	5	2			9	3		11	11	25
1987	1	19	1			21	5	8		11	24
1988	1	1				3	1	4		8	13
总　计	12	47	18	6	12	95	25	59	68		152

以联合求发展，是现代教育、科学综合发展的又一趋势，也是办学模式从封闭型向开放型的转变。发达国家的教育家较早就提出了高校要服务社会、在服务中求得高等学校自身的发展的理念，并以之作为现代高等教育的一个重要标志。学校近年来在这方面做了较多的工作，现举其要者如下。

1984年4月，南工与南京无线电公司签订了以建立产品和智力开发为中心的科研、生产联合体协议书。协议内容包括：双方加强科技情报、信息交流；联合建立若干测试中心和实验基地，为承担国家重点科研开发任务提供物质基础；联合开发电视、广播、通讯、雷达、光电器件、集成电路、计算机应用等方面的新产品；双方科技人员互相交流、兼职、当咨询顾问；学校为公司培养研究生、为公司本科生举办专题技术培训班，公司安排学校学生做毕业设计、支持研究生的论文选题等。

1984年12月，南工动力系与南京下关发电厂联合兴办东南动力工程开发公司。起初该公司只是为地方电厂提供热能综合利用、节能改造及人员培训等服务，一年后即形成了从小火电工程设计、施工安装，到调试运行的"一条龙"服务的生产能力，先后为冶金、轻工、化工、纺织等11个企业承担了11项发电工程的设计任务，当年完成8项。11项工程共14台机器投产后，年发电量达2.5亿千瓦。公司还为水电部办了两期小火电经营和技术管理培训班。

1985年，国家决定在无锡建设微电子基地。地处无锡的电子工业部江南无线电器材厂和

固体电路研究所是我国这方面最先进的生产和科研单位，而南工微电子学科实力雄厚，有微电子学博士点、电子学博士后流动站，并建有微电子中心。三者结合起来，共同开发、建设基地，必将对我国电子工业的振兴作出重大贡献。1986年初，韦钰副院长两度率队赴无锡、北京，与有关厂、所和部门商谈共建联合体事宜，取得了中央和地方领导的支持，当时的李鹏副总理曾为联合体题词："引进、消化、开发、创新，生产、科研、教育并举，为发展中国电子工业走出一条新路子。"学校与厂、所一方面共同承担了一批国家"七五"科技项目的研究、开发，一方面筹建基地的微电子学院。至1989年，正式成立了东南大学无锡分校，其作为华晶集团公司核心层成员，实行学校与公司双重领导。

1985年2月，南京工学院与南京大学签订了两校《开展校际合作的协议书》，为两校在教学、科研、图书、资料等诸多方面的交流、使用提供方便。

1987年9月，南工与南京医学院（包括附属医院）在近年合作的基础上，为进一步发挥两校学科所长，特别是促进生命科学的发展，正式签订了全面合作的协议书，建立了两校"合作委员会"，下设具体负责组织、协调事宜的办事机构——"合作中心"。合作中心成立伊始，即拟订了包括互开课程与讲座，联合申办7年制工、医双学位班，组织交叉性科研选题、技术开发项目等17项合作计划，并逐步付诸实施。两校还设立了鼓励合作的基金。

同年10月，以南工为主体，联合南医、省人民医院、省医疗器械工业公司、省中医院、南京军区总医院、南京铁道医学院附属医院、中国医学影像技术研究会、南京第一医疗器械厂和苏州医疗器械厂等单位，成立了江苏省生物医学工程研究开发公司，发挥横向联系综合优势，组织科研、生产，实行科研、试制、生产、销售、服务一体化，以提高江苏省生物医学工程领域的水平。

1987年4月，韦钰院长应《大自然探索》编辑部之约，撰写了专题文章《以联合求发展》，阐述了高校宏观发展方向。文章指出：当前特别要加强高等学校与社会的联系，大力推进高校与工业企业的横向联合，使教学、科研、生产更密切地结合在一起。并举美国波士顿地区依托麻省理工学院和哈佛大学发展起来的科学园以及旧金山南部围绕斯坦福大学发展起来的"硅谷"等成功例证，说明这种大学—工业联合体的建立对科学技术发展和地区经济繁荣能起极其重要的作用。南工也将这种联合视作教育、科技发展的一项战略措施。当年，学校即与江苏省、南京市浦口区酝酿建立浦口高新技术开发区和科学工业园。1988年4月，经国务院特区办同意、国家科委批准，继北京中关村、上海曹河泾之后，在南京浦口区建立高新技术外向型开发区。国家教委批准南京工学院与浦口区共建"科学—工业园"，并于园区南部划出约900亩土地，建立了新校区。5月，浦口科学工业园总公司正式成立，韦钰任董事长。公司致力于信息开发、科研教学、中试生产和技术贸易等工作。陶瓷放电二极管、三极管等7个实体先后筹建、投产、学校事业又有了新的发展。尤为关键的一着，是长期制约学校发展的"瓶颈"——土地问题，至此有了着落。

在此期间，与南京工学院建立科技合作关系的地方，计有南京、苏州、无锡、常州、淮阴、南通等18个市县。本着优势互补、互惠互利、共同发展的原则，学校为地方科技兴市(县)服务，同时取得了地方对学校办学的支持，密切了学校与地方的联系，拓宽了学校功能，增加了办学的活力，学校的事业得到了延伸和扩展。

关于科技为社会服务方面，南京工学院大体采取以下几种形式：

（1）面向地方、企业承担横向科研项目，共同进行产品的开发。1978—1987年，南京工学院计获省科技成果奖154项，年均14项。

（2）转让科技成果，推广应用。据统计，1980年，南京工学院科研成果推广应用的比例为60%，1981年达80%。1983年，成立科学技术服务部，至1987年的五年内，仅在省内就转让科技成果达1213项，取得了较好的社会效益和经济效益。

（3）校办企业，参与地方经济建设。机械工厂、实习工厂、理化工厂等，都有自己相对稳定的产品。测振仪器厂开发了多种型号的测振仪，深受广大电厂的欢迎，成为电力部重点扶植、投资的对象。电子管厂不断开发新产品，当时年均产值136万元，利润40余万元。

（4）发挥智能优势，参与技术咨询决策。南工有教师2000余人，具有高级技术职称的超过三分之一以上。据不完全统计，教师中担任省级以上学会理事职务的有400余人，其中任正、副理事长的近百人，他们就有关地区经济、社会的发展问题向各级主管部门提供了诸多决策咨询服务。许多教师还担任企业顾问，参与管理诊断、技术攻关、引进设备消化等服务。同时，经常举办技术培训班、专题讲座、科普报告及学术交流等活动，促进社会经济、文化建设。

此外，还利用实验室仪器设备，承担测试、加工任务，以及承接建筑设计工程设计及资料翻译等服务。

总之，较之以往，南京工学院已形成一种全方位、多层次、多种形式为社会服务的格局。

社会服务之兴起，尤其是"有偿服务"的开展，以及学校办企业、实体，对人们的思想观念及办学思想，均是一个冲击，引起了争议，不少教师担心有偿服务会引导人们追求经济利益，从而影响教学、科研工作。事实上，它也确实正在对教学与科研起着正面和负面的影响。校领导不回避这一现实，在实践中尽可能发挥其正面影响，避免、克服或减少其负面影响。首先，肯定学校要为社会主义现代化服务，培养人才，发展科技。在保证教学、科研的前提下，发挥学校的优势与潜力，开展多种形式的社会服务，这既是社会的需求，也是高校自身的需求，并非"不务正业"。承认科学技术是生产力，承认教育、科技的价值，用其为社会服务，并从社会取得相应的报偿，改善办学条件，应是义正利当、理直气壮，也是观念上的改革与转变。其次，在实践中则要摆正位置，统筹安排，加强管理，兴利去弊。坚持多出人才、多出成果是学校的根本任务，开展社会服务不应影响这一任务的完成。而在组织上，则作了适当的调整与安排，对教师队伍进行分流，分别将其纳入教学、科研、开发三条线，可适当兼挂。在政策上，制订相应条例，所有教育、科技服务均归口统一管理，合理分配收益。尽可能做到各司其职、各安其位，如出现偏差，适时调整、改进。因此，总的说来，南京工学院的社会服务成绩显著，既对社会作出了贡献，也为学校增加了收入。据1987年统计，当年教育服务纯收入168万元，科技服务纯收入174万元，校办工厂纯收入127万元，加上其他收入，总计631万元，弥补了教学、科研开支的部分缺口，改进了学校的集体福利水平；尤为重要的是，通过社会服务，密切了学校与社会的联系，对推动学校教育、科研改革，以及向开放型办学转化，具有深远的影响。

以科研为先导，以任务带学科，以联合求发展，积极开展社会服务，一环扣一环，一波推一波，相辅相成，相得益彰，共同推进了学校的教育科学事业的发展。在这一形势下，学校的科研组织和队伍也得到了充实和发展。1984年，学校整顿和新建了4个跨系、跨学科的研究所，成立了42个研究室，有专职科研人员400余人。至1988年，发展至10个研究所，62个研究室，11个研究、开发中心或研究院，专职科研编制达476人，形成了一支知识结构较为合理、年富力强、能打大仗硬仗的科研梯队，见表5-9。

表5-9　1988年南京工学院研究机构

一、院属研究所及研究室设置

研究所名称	研究室名称
建筑研究所	建筑历史与理论、建筑设计、建筑结构、结构力学
热能工程研究所	燃烧技术、能量转换、测试技术、热工研究试验
自动化研究所	系统理论与控制、系统工程、动态系统仿真中心、自动化仪表及装置
无线电研究所	无线电、数字信号与处理、电磁场与微波技术、图形智能学、水声电子技术、电子应用系统
电子研究所	半导体电子学、微波电子学、电子束技术、激光技术、物理电子与光纤技术、真空与表面物理技术
生物医学工程研究所	电磁波成像、微机应用、超声成像、图像处理
高等教育研究所	
哲学与科学研究所	自然辩证法
南京市城市科学研究所	
运输工程研究所	道路、桥梁、交通工程
科技生产开发处	有色合金应用、精细化工应用

二、系属研究室设置

系别	研究室名称
机械工程系	铸造、电子精密机械、机械学、机械动态分析、制造系统
土木工程系	岩土工程
动力工程系	工程热物理、热工过程自动化、振动、热能动力
电子工程系	半导体集成电路与系统大规模集成电路、计算机辅助设计与制版中心

(续表)

系别	研究室名称
数学力学系	力学
自动控制系	工业仪器智能化、模式识别与智能控制
计算机科学与工程系	计算机网络与通信、计算机系统、计算机软件咨询与开发、数据库与信息系统、人工智能技术、软件开发中心
物理化学系	物理仪器
材料科学与工程系	金属材料
电气工程系	电力系统及自动化、电气技术、电力设计、微特电机与测控
体育系	体质

三、研究开发中心及研究院 *

微电子中心、计算中心、计算机集成制造系统研究中心、机器人研究中心、传感技术研究中心、经济发展研究中心、计算机软件开发中心、电化教育中心、城市规划与建筑工程设计研究中心、材料分析测试中心、建筑设计研究院

* 此类机构性质、功能不一，有的为独立组织或跨系组织，属校领导，有的归学院或系领导；有的侧重研究、开发，有的侧重教育或工程设计等。

以往南京工学院以教学工作著称，科研工作基础相对薄弱一些。经过这十年的努力，学科建设有了发展，学术梯队基本形成，科研项目具有了一定规模，并取得了丰硕成果，得到了推广应用，科技管理实现了制度化、规范化，整个科研工作上了一层楼，学校初步实现了建成教育、科研两个中心的目标。

第五节　面向世界，扩大国际交流、合作

要进行现代化建设，教育必须面向世界。改革开放的新时期，也是南京工学院历史上国际交流、合作的空前活跃时期，其形式多种多样，诸如组团出国考察，与国外大学建立合作关系；派教师到国外学习、进修，合作进行科研、讲学和参加学术活动；邀请国外专家、学者来校讲学、任教；举办国际学术会议，发展留学生教育等。这些活动不仅推动了学校教学科研的发展，而且扩大了学校在国际上的影响。

一、组团出国考察，建立合作关系

1977年11月，杨廷宝教授受委托率我国理工科教育代表团赴美考察。

1979年11月，钱钟韩副院长参加中国大学校长团赴西德考察。

1980年4月23日至5月24日，南工首次组团赴美考察高等工程教育，由陈章教授率领，一行6人。当时确定以纽约市立大学为重点，作较长时期的深入了解，再以较短时间参观纽约理工学院、马里兰大学和栾塞里尔理工学院等几所大学，以及RCAGE等几个著名研究所和工厂。纽约市立大学办学有特色，学术上有一定地位。该校1978年即已成立美中学术交流会，陈熙明教授和陈善谟教授已先来南工访问，奠定了两校关系的基础。此次出访，得到了女校长钱特勒和工学院院长郑鸿教授的热忱接待，他们给代表团专辟了办公室，妥善安排了各项活动。访问期间，双方草签了包括交换留学生、访问学者、访问教授和图书资料的协议。回国后，经院领导同意、签字并执行。访问结束，代表团总结收获，并就可借鉴的经验向学校提出建议，对学校的教育、科研工作有很大启迪。此次访美，还与在美的中央大学校友取得联系、展开交流，先后集会4次，出席者有吴健雄、袁家骝、童传辰、庞曾濂、张其师、唐德刚、任超北、陈熙明、张可南等及家属共60余人。代表团介绍了中央大学1949年后的演变和南京工学院现状，校友们均感振奋和怀念。嗣后几年中，他们中的许多人多次返校访问、进行座谈、作学术报告，有的还设立了奖学金以提掖后进。

1980年11月，南工组团访问日本，与爱知工业大学结成友好学校。该校创始人是日本著名社会活动家、教育事业家、日中人民友好的促进者后藤钾二先生。由钱钟韩院长率团，一行5人。对爱知工业大学进行的友好访问，受到了以后藤淳总长为首的校方的热烈接待，并签署了校际交流协议书。双方决定不仅在各专业范围内进行人员、资料文献交换，还将更广泛地在文化、体育等方面进行多种多样形式的交流，为两校的发展和中日两国人民子子孙孙友好下去，作出积极的贡献。此后，两校每年互派代表团访问对方；互派专家作短期讲学，互相在对方展出学生的建筑设计作品，在相关学科间进行资料交流；互派进修教师，待遇条件互惠；对共同

感兴趣的课题协作进行研究等。这种交流从未间断。

1981年10月,王荣年副院长率团访问了澳大利亚皇家墨尔本理工学院,签订了学术交流协议书。

1983年11月,管致中副院长率团访问了瑞士和西德,主要对瑞士高等教育进行考察,与瑞士苏黎世高等工业技术学院建立进一步联系,后于1985年正式签订了交流协议书。

1985年10月,王荣年副院长率团访美,访问了已有友好关系的纽约市立大学和塞拉克斯大学,还访问了马里兰大学、康奈尔大学、俄亥俄州立大学、加州大学洛杉矶分校、斯坦福大学和加州大学伯克利分校等,和这些学校就校际交流、合作进行了友好协商,并与俄亥俄州立大学签订了校际交流协议。

除上述几所学校外,南京工学院还先后与下列高校建立了校际交流合作关系:美国塞拉克斯大学(1981年11月)、法国雷恩国立应用科学学院(1986年10月)、德国亚琛工业大学(1986年11月)、英国北威尔士大学(1987年2月)、加拿大康戈迪尔大学(1987年2月)。结合上面所提的学校,计有11所高校,遍及美、英、法、联邦德国、日本、加拿大、瑞士、澳大利亚等国家。

二、派教师留学、进修,开展学术交流

南京工学院派教师出国留学、进修的人数为:1979年12名,1980年20名,1981年33名,1982年18名。之后随着校际协作关系的发展,出国学习的渠道与方式也随之增多,仅利用世界银行贷款,自1983—1986年即派出86名进修教师。至1988年学校更名为东南大学前,共派出留学进修人员343人,其中主要为中青年骨干教师,大半为访问学者身份,边进修一些反映现代科技的课程,边参加科研项目,也有一部分攻读学位。去向则为欧、美、日等发达国家为主,以期了解学科前沿,兼作科技、教育考察。

出国留学、进修的教师均珍惜机遇,勤奋攻读,悉心工作,许多人学业优异,取得较好成绩,为祖国和学校赢得了荣誉,回国后皆致力于教学、研究工作,并作出了贡献。如1979年2月赴西德进修的韦钰,在亚琛工业大学高频研究所边学专业,边过语言关,边学习计算机,当年即确定了论文专题,并完成指导教师杜林教授交给的两项专题研究任务而获洪堡奖学金;1980年进行博士论文工作,在第五届世界红外和毫米波会议上与导师联名提出报告;1981年7月获博士学位,同时得到了以亚琛工业大学校长命名的博歇尔奖章的荣誉。她在西德多次参加学术会议,与有关方面建立了学术联系。1981年12月学成归国,她以所获奖学金购买了计算机系统及附件,供以后研究之用,返校后即投入有关科研工作。至1985年,短短几年内,即从筹建生物电子学研究小组,筹办生物医学电子工程及仪器专业,发展成具有一定规模的生物医学工程研究所和生物医学工程系,建成国内第一个分子与生物分子学实验室,为学校发展生物

电子学新学科作出了贡献。至 1988 年，仅博士导师中，便有苏华钦、陈来九、徐益谦、程时昕、童勤义、宋启根等多人出国进修或留学。固然，他们在国内已从事教学科研多年，具有坚实的基础，但出国进修，接触学科前沿，进行学术交流和研究实践，掌握先进研究方法与手段，把握学科发展动态与趋势，无疑对其学术造诣起了催化作用。

南京工学院各学科的教授、学者积极参加国际学术活动，一方面借此学习、了解世界科技新成就、新进展，取他山之石为我所用；另一方面对外介绍南京工学院研究成果，提出自己的学术见解，扩大学校的影响。1978 年 10 月，机械系主任舒光冀教授参加了在匈牙利布达佩斯举行的第 45 届国际铸造年会，其宣读的论文《铸铁凝固期间电阻率变化》受到了与会代表的重视和好评。在与同行的交流中，他了解了国外铸造科学技术发展的新动态，深感"文革"后虽然我国科技水平与国际先进水平相比差距较大，但也并非远不可及。1978 年，南工计有 5 名教师出国参加国际学术会议。随着学校科研工作、研究生工作的发展，出国参加学术活动的人数与年俱增，从十数人增至数十人，活动内容也扩及出国讲学、合作科研、合作培养博士研究生等方面。如去日本爱知工大讲学的便有齐康、潘谷西、吴明伟、黄仁、沈永朝、邢熿承、单炳梓、宋启根等多位学者、教授。再如郭湖生于 1983 年去日本京都大学讲学；李嗣范于 1985 年去瑞士苏黎世高等工业技术学院、伯尔尼大学应用物理研究所和法国国立应用科学学院讲学；陈衍于 1985 年赴西德亚琛工业大学任客座教授。他们的讲学都得到了国外同行的赞赏。至于合作科研，多为出国进修教师以访问学者的名义直接参与所在学校相关学科的项目研究，留学生也在学习期间承担课题、撰写论文，有的作出了出色成果。有的系、所还与国外学校的对口单位进行合作研究。

合作培养博士研究生的工作也开始开展，如 1987 年与加拿大康戈迪尔大学达成了联合培养协议，第一期通信与电子系统、电子物理与器件、信号与信息处理等学科 17 名研究生在南工学完双方商定的课程后，赴加拿大从事论文工作。

上述多种国际学术交流、合作活动，不仅对本学科领域有所裨益，而且对开阔视野、拓宽思路、更新观念也有明显作用。凡与国外联系、交往较多的系、所，其学术思想多不墨守成规，学术活动较为活跃，教学、科研也有生气。

三、邀请外籍专家讲学，举办国际学术会议

南京工学院一方面"走出去"，向外部世界学习，另一方面"请进来"，邀请外籍专家来校讲学，并举办国际学术会议，学习先进科学技术，广泛汲取最新科技信息。随着国际交往日益增多，每年来校访问、参观、座谈、讲学、与会的外宾从数十人增至数百人。

与南工建立交流、合作关系的学校，其校（院）长基本上都曾来学校作过访问，如美国纽约市立大学的麦克杜摩副校长、社会科学院的麦考艾琳院长、市立学院的哈斯顿院长，日本

爱知工业大学的后藤淳校长、竹松英夫副总长，美国塞拉克斯大学工学院的维阿斯副院长，澳大利亚皇家墨尔本理工学院的伊恩安格斯副院长，法国雷恩国立应用科学学院的文考斯院长、联邦德国亚琛工业大学的伯恩特校长等。随团或单独来访的各校教授均对口进行学术交流或讲学。如美国塞拉克斯大学电气、无线电、计算机专家，原中央大学校友胡名桂教授，1980年来南京工学院举办微处理机学习班。当时我国微机应用尚处起步阶段，全国高校、科研机构、工厂企业180余人参加了学习，胡教授自购了微处理机教学实验必需的配套器件，亲自携带来校，指导焊接、装配、调试、应用，对帮助我国科技人员熟悉、应用微机起了积极推动的作用。还有日本爱知工业大学管理学科的工藤市兵卫教授，建筑学科的中岛一教授，瑞士苏黎世高工仿真专家、欧洲仿真学会副主席哈林博士、生物医学工程技术研究所所长安立克教授，联邦德国亚琛工业大学著名电子学家、前西德科研协会副主席施密特教授等，此类对口学科间所作交流、讲学为数甚多，均对南工的教学、研究工作有较大的启迪作用。

在外籍专家、学者中，华裔学者和前中央大学校友对祖国、母校的发展尤为关心。改革开放以来，他们纷纷回国来校访问。如美国麻省理工学院自动化专家、美航空学会主席、全美华人协会总会长李耀滋教授1979年即返母校探望、讲学；田纳西大学磁流体专家林颖珠教授来校参观了磁流体发电研究室，对此项新技术中的关键问题和试验工作中的有关问题提出了有益的建议；联邦钢铁公司研究所赵宏器博士介绍了美国材料科学发展动向，对当时南工筹建金属材料专业有所裨益；康奈尔大学注塑模专家美国制造工程师学会研究委员会主席王国金教授，纽约市立大学电力工程专家陈座明教授及亚洲学系主任、著名历史学家唐德刚教授，宇航、微电脑专家、美籍华人联合会会长陈仕元博士，美国无线电公司（RCA）高级研究员张可南博士，美著名宇航专家冯绥安教授，伊利诺伊大学电机与计算工程系主任陈惠开教授，国际著名物理学家吴健雄、袁家骝夫妇，原中央大学校长顾毓琇，以及联合国官员庞曾濂等均回国来校访问，有的还不止一次来校访问、讲学，对南工的建设和发展提出了许多宝贵的建议。

另外，世界各国一些著名大学和学者亦纷纷来南京工学院访问。如美国加州大学伯克利分校以马斯拉奇教授为团长的一行20人于1979年7月来校学术交流，分别作了"电子计算机理论的发展""集成电路辅助设计""非线性线路的综合和应用"等专题报告；美国威斯康星大学沈艾文校长，第兰塞尔大学史密斯副校长，旧金山州立大学吴家玮校长，联邦德国布伦瑞克工业大学莱培校长、西蒙兹副校长也均曾来校进行交流。各系科也邀请了多位外籍专家来校讲学，如法国动物技术中心生物声学实验室主任、国际声学会议主席布斯耐尔教授作了"动物声纳"报告；美国纽约工程公司黄盖主任工程师介绍了"大跨度悬索桥的设计与施工方面的研究"；密歇根大学尤索教授作了"动力学系统的模态分析控制""机器人的集成设计与制造"讲座；宾夕法尼亚大学盖勃哈特教授介绍了"传热学"方面的研究；英国伦敦大学计算中心计算机网络通信部主任罗恩那博士，对我国计算机网络组建、网络和通信技术发展，对南工计算中心的建设，均提出了宝贵的意见；英国爱丁堡大学微电子专家约翰·罗伯逊教授亦曾来校讲学；日本东京大学部电子物理工学科日野太郎教授作了"分子电子学"的讲学；西德斯图加特大学电机拖动研究所所长古特教授介绍了"高速小电机"的研究情况，网络系统研究所主任吕德教授作了"快速数学处理"讲座共4次，共计6000人次听讲；美国加州大学伯克利分校莱维斯教授作了"当代医学生物工程"的学术报告；波兰格但斯克大学水利工程系主任泰赫曼教授介绍了"地基承载力模型试验研究"等。诸如此类与各学科直接相关的学术交流活动，对活跃学术气氛和推动研究工作的开展均有促进作用。

南京工学院还接待了联合国教科文组织林考斯基教授等来校考察，他们对学校实验仪器、教学设备的添置提供了资料和咨询报告。学校又先后接待了澳大利亚联邦教育部长苏珊瑞安女士、瑞士联邦副主席皮埃尔·奥贝尔等贵宾，他（她）们对南京工学院的教学、科研工作都作了较高评价。

1980年以来，南工先后聘请了32位校外专家、学者担任名誉教授、名誉顾问和客座教授。其中，胡名桂、杜林、张可南、陈惠开、冯焕、安立克、冯绥安、林颖珠、浅野清等为名誉教授；陈仕元等为名誉顾问；王国金、张秋等为客座教授。

南京工学院还曾先后举办过一些国际学术会议。1986年9月1日，学校受国家教委、国际物理教育委员会委托，与北京大学、大连工学院联合举办"国际物理教育学术讨论会"，这是在南工首次召开的国际学术会议，有世界五大洲的95名代表（其中外宾29人）与会。联合国教科文组织总干事代表哈格丝女士和国际物理教育委员会执行主席杰逊教授分别在开幕式上致辞。会议历时5天，主要交流各国大学物理教育经验，包括物理教育研究成果、物理实验教学、实验方法和手段的现代化、物理教学评估等。会议期间展出了国内外部分大学物理教材和小型物理实验仪器50余种，并观看了南工物理教研组自制的实验仪器。同年9月18日，"钢筋混凝土及预应力混凝土基本理论国际学术讨论会"接着在南工举行，有五大洲156名代表（其中外宾53人）与会，着重就钢筋混凝土构件、结构和基本理论进行交流，录用了183篇论文，其中南工27篇。会议主席由南工土木工程系丁大钧教授担任。会议期间，学校向代表们赠送了由丁大钧教授等撰写的5部专著。代表们认为，这批论文和著作表明南京工学院在钢筋混凝土和预应力混凝土学科方面，尤其在构件的抗裂度、刚度方面的研究，成绩卓著，具有较高水平。1987年10月15日，南京工学院还举办了"城镇住宅规划设计国际学术讨论会"，有11国128名代表（其中外宾43人）与会，会议主席由南工鲍家声教授担任。国际学术会议的举办，扩大了学校的影响。

四、发展留学生教育

1978年，南京工学院首批招收了12名外国留学生，成员主要来自亚洲、非洲的发展中国家。以后逐年增加招生，至1987年共有34个国家和地区的160名留学生，其学习系科涉及建筑、土木、无线电、电子、电气、自动控制、计算机7个系8个专业，是江苏省接受发展中国家留学生最多的高校之一。

培养外国留学生面临着语言、生活方式、风俗习惯及意识形态等方面的差异，加之物质条件不足，教学和管理工作存在一定困难。学校根据周恩来总理生前提出的"政治上积极影响，不强加于人；学习上严格要求，认真帮助；生活上严肃管理，适当照顾"的原则，在教学与管理等方面的工作中作出了成绩，积累了经验，受到省领导的嘉奖。

学校选派造诣较深、经验丰富、认真负责的教师讲授有留学生班级的课程，并专门安排时间对留学生进行辅导，帮助他们克服困难，还配备了专职汉语教师，补充进行汉语教学。对学习和纪律松懈的学生则进行批评教育，促其改正进步。在留学生中，同样进行"三好学生"的评选，以端正学风、树立正气、激励上进，促进文明竞争。对留学生的思想工作则坚持正面教育，相机交流感情、促进友谊。课余组织他们参加文化活动、友谊比赛、中国武术班以及与中国学生联欢等活动，假日组织他们外出旅游、参观，增进他们对中国的了解。留学生在毕业前留言中写下了这样热情洋溢的话语：我忘不了南工，在这里度过的四年，是我生活中最重要的时期。有的派遣国的驻华使馆还专函表示致谢。

此外，南工建筑系还举办了外国留学生"中国建筑短期学习班"，1982年和1983年先后为美国明尼苏达大学举办两期，每期10人。1984年，接纳了15名瑞士苏黎世高等工业技术学院的学员、16名澳大利亚皇家墨尔本理工学院的学员。建筑系为他们开设了中国建筑史、中国古典园林、中国现代建筑、现代风景区及公园规划设计等专题讲座，并进行了中国建筑的课程设计，参观了一些中国建筑。这种学习班促进了中西文化交流，学员多表示以后有机会还要再来我国进一步学习和研究中国文化艺术。

第六节　事业蓬勃发展，办学条件改善

这一时期，各项事业均获长足进步，其中包括学校规模的扩大和各种设施、条件的改善。各类学生在数量上有了较大增长，学校已达万人规模。毕业生在建设、改革的大潮中，继往开来，奋担新旧世纪交替建设的重任。师资队伍跨越了断层，在职称、年龄、学历、学科结构方面均有较大改观，青黄相继，新一代学术骨干、领导人正在成长。基本建设规模空前，十年新增房舍近 15 万平方米；实验室仪器设备更新，为建设"两个中心"准备了条件；新图书馆落成；出版社成立；后勤工作亦步步紧跟。这一切保障了教学、科研的顺利进行，使师生员工的生活条件不断改善。南京工学院又步入了一个新的辉煌时期。

一、桃李芬芳，人才培养迈上新台阶

1977—1987 年，南京工学院招生人数、在校生数和毕业生数见表 5-10。

表 5-10　1977—1987 年南京工学院学生人数统计表 *

年份	本、专科生数 **			研究生数 **		
	招生数	在校生数	毕业生数	招生数	在校生数	毕业生数
1977	808	2200	982（为工农兵学员）	—	—	—
1978	1234	2758	1654（为工农兵学员）	58	58	—
1979	1243	4032	—	48	106	—
1980	1286	5016	717	28	132	—
1981	1293	5868	790	—	132	—
1982	1243	5067	2033	99	239	—
1983	1359	5215	1271	154	342	42
1984	1646	5531	1323	222	479	95
1985	2660	6900	1352	432	798	97
1986	1481	7123	1259	448	1084	156
1987	2258	7802	1501	433	1244	241

* 资料来源：主要依据历年高校学年初基层统计表。
** 本、专科生中，主要为本科，专科每年约 2~3 班，百人左右。研究生中，主要为硕士研究生，1982 年始招博士生。

由表 5-10 可看出，本、专科生及研究生规模的发展如下。

本、专科生：招生数中 1978 年为 1234 人，因尚处恢复时期，与"文革"前 1965 年的 1236 人相当。至 1987 年，招生数达 2258 人，约为 1978 年的 1.8 倍。在校生 1987 年为 7802 人，约为 1965 年 5581 人的 1.4 倍，亦已有相当发展。毕业生自 1953—1987 年的 35 年中，总计为 31 264 人，而 1980 届至 1987 届的 8 届毕业生即达 10 246 人，几及总数的三分之一。恢复、发展速度之快是显而易见的。

研究生：1978—1987 年的 10 年共招收研究生 1922 人，毕业 631 人，在校生数最多为 1244 人；"文革"前南京工学院共招收研究生 107 人，毕业 95 人，在校生最高人数为 41 人。这十年与"文革"前相比，前者分别是后者的 17.9 倍、6.6 倍、30.3 倍，且前者中已约有五分之一为博士研究生。毕业生数中本、专科生与研究生之比 1987 年为 1∶0.16，而 1965 年仅为 1∶0.063，且今后比例还将继续扩大。这说明研究生教育出现了突破性进展，我国高层次人才的培养将逐步成熟。

在成人教育方面，南工于 1980 年恢复夜大招生，至 1987 年，在校生达 1630 人，约为"文革"前最多年份 1958 年 788 人的两倍多；毕业学生 1050 人，与"文革"前约十年的毕业生 1030 人相当。这其中接受地方委托设点办班的相当于大专水平的培训班和多种形式的非学历成人教育培养的人数还不包括在内。

在人才培养质量上，南工的本科教育在"文革"前有良好声誉。"文革"后学校做了大量工作，如拓宽专业、打好基础、注意培养能力、因材施教等，思想政治教育也逐步有所加强。通过对毕业生的跟踪调查，以及对计算机技术及应用和机械制造工艺、设备及自动化两个专业的试点评估，回馈的信息是南工绝大多数学生的政治思想、工作态度、业务能力方面均获好评，在外语、计算机应用方面水平有明显提高。但因企业体制改革和学校经费不足等原因，工程实践训练则有所削弱，需继续加强。研究生教育则既重视基础理论学习，又重视课题研究工作，质量不逊国外。这时期培养的毕业生走向社会能迅速上岗，填补了人才断层，在建设和改革中发挥了积极作用，不少人作出了卓越的成绩。仅以留校的毕业生而言，许多人已晋升为教授、副教授，尤肖虎、陆祖宏、洪伟、王炜等现已分别成为通信与电子系统、生物电子学、电磁场与微波技术、公路城市道路及机场学科的博士生导师，先后被国家教委于 1993 年、1994 年命名为跨世纪人才。樊和平接连发表《中国特色的道德文明》《中国伦理精神的历史建构》等多部专著，成为伦理学领域颇有影响的青年学者。校友中如机械系 1982 届毕业生冯青，以其在建筑物抗震抗风自动系统研究方面的卓越才华和杰出成就，在美国获 1995 年度"总统学者奖"，成为全美获此殊荣的唯一华裔女学者。

二、青黄相继，师资队伍发生新变化

1976 年，南京工学院的教职工总数为 2496 人，其中专任教师 1075 人，以后逐年充实，见表 5-11。

表 5-11　1977—1987 年南京工学院教职工人数统计表

年份	教职工人数		年份	教职工人数	
	总数	专任教师数		总数	专任教师数
1977	2670	1191	1983	3427	1346
1978	2755	1230	1984	3505	1287
1979	2817	1243	1985	3812	1437
1980	2943	1273	1986	4038	1454
1981	3050	1237	1987	4100	1403
1982	3350	1366			

由表 5-11 可见，1977—1987 年 11 年间，南京工学院教职工总人数增加了 1430 人，1987 年为 1977 年的 1.54 倍；专任教师增加 212 人，1987 年为 1977 年的 1.17 倍。若将科研实验线的专职教师计入则增加幅度将更大。另外，以教师与学生的比例言，1977 年为 1:1.85，显然极不合理，1987 年为 1:5.56，若计入 1244 名研究生和 1630 名夜大生的教学任务，经折算达 1:7.27，教师的工作量渐趋饱满、合理。以上为数量上的变化。至于师资队伍群体结构及个体素质方面，11 年来也发生了明显的质的变化，简述如下。

十年浩劫使师资队伍出现许多严重的问题。首先是大批教师遭受冲击，精神压抑，需做大量工作，落实政策，包括学衔、职称的恢复评定等；其次是经过"文革"，原有教师均长了十岁，其间，只在后期留校了部分工农兵学员毕业生，教师队伍总的年龄偏高，且有"断层"；最后是教师业务荒疏，面对世界教育、科技飞速发展的形势，教师的知识结构与水平显得陈旧落后，远不能满足新时期社会主义建设对教育的要求。故学校做了大量工作，加速师资队伍的建设。

有关落实政策的情况已见本章第一节，不赘述。教师的职称晋升则于 1978 年正式恢复，5 月和 7 月，江苏省革委会分两批任命南工 55 名教师为正、副教授。之后，学校建立制度，逐年办理教师晋升事宜。至 1985 年，学校多数学科获得自行评审、授予教授、副教授职称之权，国家教委只下达控制指标，教师职称晋升工作步入常轨运行。其程序大体为个人申报，学术委员会讨论、提名，校评审委员会审议，投票决定是否通过。评审时要求坚持标准、保证质量、全面衡量、从实际出发的原则，基本上能做到公平合理。对作出突出成绩的中青年教师，45 岁以下晋升教授和 40 岁以下晋升副教授者，不受所在系、所职称指标限制，由学校特批。以 1983 年与 1987 年相比，学校教师队伍职称结构有了如下变化，见表 5-12。

表 5-12　1983 年、1987 年南京工学院教师职称结构变化

年份	人数及百分比	教授（含研究员、教授级高工）	副教授（含副研究员、高级工程师）	讲师（含助理研究员、工程师）	助教及未定职称	总数
1983	人数	48	247	840	342	1477
1983	百分比 /%	3.3	16.7	56.9	23.1	100
1987	人数	119	528	899	526	2072
1987	百分比 /%	5.7	25.5	43.4	25.4	100

注：南京工学院同时获得研究员系列、工程系列高级职称及编审系列、图书档案、高等教育管理研究、医师、会计师、政工师等 11 个中级职称的评审授予权。本表职称含研究员系列、工程师系列相应职称。

由表 5-12 可见，1983 年，教授、副教授还只占 20%，且主要是晋升了副教授，教授数与"文革"前大体相当；"文革"前的助教则几乎全部晋升了中级职称。师资队伍职称结构与重点大学要求尚有较大距离。至 1987 年，教授、副教授已达 31.2%，有了一定增长，但以 30% 的高级职称教师来承担 50% 本科生的教学任务及指导研究生，还要以大约三分之一的时间从事科学研究，这个比例显然仍不相称。不过，这已经达到南工历史上的最高比例了。应该说，学校教师的职称结构已有了较大改善，大体能适应教育、科研任务的需要。但要达到职称结构的理想模式，尚须作出持续的努力。

在教师年龄结构方面，1982 年后陆续选留了一批毕业生和研究生，1987 年开始实施老年教师退休制，年龄结构有了变化，见表 5-13。

表 5-13　1983 年、1987 年南京工学院教师年龄结构变化

年份	人数及百分比	30 岁及以下	31~40 岁	41~50 岁	51~60 岁	61 岁及以上	总数
1983	人数	213	132	738	327	67	1477
1983	百分比 /%	14.4	9	50	22.1	4.5	100
1987	人数	709	236	597	491	39	2072
1987	百分比 /%	34.2	11.4	28.9	23.8	1.7	100

由表 5-13 可见，在此期间，青年教师的比例有较大幅度增长，60 岁以上老年教师比例有所下降。但 31~40 岁的这个年龄段精力充沛、创造意识强，正是多出成果的大好时期，却由于"文革"造成断层，仍未有明显改观，不过已经有了较大的后备队伍。学校一方面充分发挥老教师的"传帮带"作用，另一方面大力在中年骨干教师中培养学术带头人，积极组织青年教师通过教学、科研、实践和进修得到提高，尽快成长，以弥补这一年龄断层带来的缺陷。

在教师学历结构方面，由于我国学位制度自 1980 年方始实行，以往教师中只有少量的早

年在欧美或苏联取得学位和在"文革"前攻读过研究生而未授予学位者。为改变这一状况，从1983年有较多硕士研究生毕业开始，学校选留或引进教师，除少数公共课教师仍为本科学历外，其他各学科教师均以硕士、博士研究生为主。对在职的无研究生学历的青年教师或选派出国攻读学位，或安排在职攻读研究生，或参加研究生班、助教进修班学习研究生课程。对不具本科学历的青年教师则适当分流另作安排。至1987年，南工教师的学历状况见表5-14。

表5-14　1987年南京工学院教师学历结构情况

年份	人数及百分比	博士	硕士	大学本科	大学专科	总数
1987	人数	13	480	1466	113	2072
	百分比/%	0.6	23.2	70.7	5.5	100

由表5-14可见，具有硕士、博士学位的教师比例合计23.8%，已近1/4。虽然这一比例仍远远偏低，但教师学历结构的合理化也要有个过程。事实上大批中老年教授、副教授最后学历固为大学本科，然其实际水平则高于硕士、博士，现在的大多数硕士、博士正是他们带出来的。随着时间推移，五六十年代的教师逐步退休，硕士、博士研究生不断补充，则高学历者必将占高比例。

在教师的学科结构方面，因南工30余年来是多科性工学院模式，尽管近年来发展了应用文科与应用理科，但刚建立不久，教师仍以工科为主，文、理、经管的教师将随着学科的发展而逐步增加，1987年教师的学科结构见表5-15。

表5-15　1987年南京工学院教师学科结构情况

年份	人数及百分比	文科	理科	工科	其他	总数
1987	人数	164	216	1630	62	2072
	百分比/%	7.9	10.4	78.7	3.0	100

另外，针对教师知识结构方面的缺陷，学校连年专门为教师开设了英语、德语、日语、计算机课和多门工程数学课；安排部分青年教师跟班学习数学、物理基础课；为提高教师掌握动态知识的能力，开设了情报检索课；为帮助青年教师熟悉和掌握教育基本规律，开设了高等教育学等。

综上所述，经过约十年努力，南京工学院教师队伍的结构有了很大变化，教师的水平也有了显著提高，除专职科研教师外，教学线上的教师多数也兼搞科研，总计取得了国家部委和省级科技成果奖246项；教学方面，1987年首次评选高等学校优秀教材，南工主编的教材获全国优秀教材特等奖1种、优秀奖4种，还有国家教委和其他部委评出一、二、三等奖19种，名列全国高校前茅。至1987年，南工计有14个博士点27名博士导师37个硕士点435名硕士导师，覆盖了多数学科。各学科除有老一辈学者牵头外、均有中年学者相继，并多已配备了具有硕士、博士学位的青年教师，有的已崭露头角，初步形成了学术梯队。许多教师热心教育、科学事业，业绩卓著，得到国家和各级领导部门的表彰，如1980年陈景尧教授获国务院授予的全国劳动模范荣誉称号；1986年单炳梓教授获国家教委授予的全国教育系统劳动模范称号；1983年韦钰教授获全国妇联授予的全国三八红旗手称号；齐康、韦钰、吕志涛、童勤义分别于1984年和1987年两批获得国家科委、人事部授予的国家级有突出贡献的中青年专家的荣誉称号；其他获得部委和江苏省表彰的教师不胜枚举。总的来讲，南京工学院教师队伍已发生很大变化，青黄相继的问题可望获得较好的解决。

三、新楼迭起，古老校园展新姿

"文革"期间，基建几无建树。1975年，因五六十年代进校的单身教职工如今皆已成家添丁，住房空前紧张，乃于文昌桥之南、太平北路122号内兴建了5栋教工宿舍，共8033 m²，其中有一幢因质量不合格，后拆除重建；另于校西新盖机械工厂大件车间976平方米。至1978年，全校共有建筑面积199 182平方米。

"文革"结束后，百业待举，各业都离不开房子。学校边兴建，边着手基本建设的长远、全面规划。这一时期，基建的两项主要任务是：第一，积极兴建教学、科研用房，逐步将大礼堂东西轴线以南的半个校园，建设成为绿树成荫、环境优美、楼群风格色彩较为和谐协调的主教学区；第二，安居而敬业、乐业，花大力气，又多又快地兴建教工、学生宿舍。

1978—1988年学校基建进展情况见表5-16、表5-17。

表5-16　1978—1988年南京工学院校本部落成建筑面积统计

年份	建筑名称	建筑面积/平方米
1978	留学生宿舍	2620
1981	电子管厂	4200
1982	扩建声学楼	1527
1983	拆建中山院（电教中心设此）	7433
1983	拆建东南院	2799
1984	扩建电子研究所	1000
1984	道桥实验室	3300
1984	中心大楼（计算中心设此）	12 850
1985	图书馆新馆	11 260
1986	拆建校友会堂	1950

（续表）

年份	建筑名称	建筑面积/平方米
1987	拆建前工院	10 718
	专家楼	1778
1988	无线电系微波实验室	2564
合计		63 999

校园南半部建设基本定局，以大礼堂、老图书馆、中大院三座欧洲文艺复兴时代形式建筑为中心，围以各式现代建筑，错落有致、浑然一体。区内道路宽广，绿草茵茵，栽培了半个多世纪的悬铃木，夏日浓荫密布，备感凉爽；冬日阳光透过万千树枝普洒大地，如诗如画。古老校园展新姿，形成环境优美的教学区。

表 5-17　1978—1988 年南京工学院落成的教工、学生宿舍建筑面积统计

年份	宿舍名称	建筑面积/平方米
1978—1981	太平北路 122 号教工宿舍共 6 栋	13 075
1979	沙塘园学生宿舍 1 栋	6070
	进香河路 33 号教工宿舍 1 栋	1008
1980	兰园教工宿舍第 10~13 栋共 4 栋	4041
	太平北路 138 号教工宿舍 1 栋	3661
	进香河路 33 号教工宿舍第 1~2 栋	5510
1980—1986	太平北路 130 号教工宿舍第 1~5 栋	6875
1981	进香河路 33 号教工宿舍第 3~9 栋	8155
1982	文昌桥扩建浴室	1156
1983	拆建文昌桥原南舍	3360
1984	太平北路 122 号教工宿舍 1 栋	1700
	进香河路 33 号教工宿舍第 10~12 栋	3333
	文昌桥学生宿舍第 11 舍	3100
1985	拆建文昌桥原北舍为学生宿舍第 12 舍	4800
	文昌桥建培训楼为学生宿舍第 13 舍	4920
1987	拆建文昌桥原学生宿舍 7 舍为第 14 舍	6015
	翻建原校东学生食堂为食堂兼招待所	5250
1988	校东文昌桥学生宿舍第 15 舍	6248
合　计		88 277

除校本部及宿舍区的建设，1982年在成贤街盖了医院门诊楼，共4层2137平方米。此外，11年中还先后在兰家庄、中贤村、南湖沿河二村、峨嵋路、九华山和锁金新村等地兴建或购置了一批商品房作为教工宿舍。其中仅锁金二村22栋即有10 835平方米。

1978年，校舍总面积为199 182平方米，经11年建设，总面积已达346 964平方米，净增147 782平方米，为原来的1.74倍，平均年增14 700余平方米，成为学校历史上建筑房舍最多、建筑速度最快的时期，基本上能满足当时教学、科研及生活的需要。各类建筑的构成及1978年与1988年的比较见表5-18。

表5-18　1978年、1988年南京工学院校舍及构成情况表 *　　　　　单位：平方米

年份		1978年	1988年
校舍总面积		199 182	346 964
教学、科研、行政用房	小　　计	86 097	138 031
	教　　室	16 329	26 878
	实验、科研	41 020	56 156
	图 书 馆	3812	12 141**
	行政用房	13 620	23 902
	体 育 馆	2311	2311
	工　　厂	9005	16 643
生活用房	小　　计	92 563	185 375
	教工住宅	48 463	127 870
	单身宿舍		4419
	教工食堂	1565	3250
	学生宿舍	33 448	42 495
	学生食堂	8272	6185
	浴　　室	815	1156
其他用房小计		20 522	23 558

注：* 按1989年上报国家教委计划建设司材料内容。
　　** 图书馆新老馆面积合计15 072平方米，其中现有2 931平方米暂由设计院、档案馆及行政单位使用。

学校的基建投资系由国家教委在事业费之外专项拨给。1985年以来，学校开展科技服务创收亦自筹了部分资金，见表5-19。

表5-19　1985—1988年南京工学院基建费用投资情况　　　　　单位：万元

项目	年份	1985	1986	1987	1988
国拨经费		518	700	823	700
自筹经费		30	195	180	145

综观这段时间基本建设的进展可见，学校包括基建部门的职工是尽了心力的。但由于学

校地处市中心,发展受制约,尚需另谋出路,这就成为学校需要解决的一个战略问题。

四、加强实验室、图书馆建设,改进后勤工作

1. 实验建设

南京工学院的实验室在"文革"中遭受严重破坏,在"学校办厂,厂带专业"的口号下,许多专业实验室被改为工厂,实验仪器设备损坏遗失,实验人员流散。1972年招收工农兵学员时,有的实验已属勉强开出,有的实验则被挤到工厂中去临时应付一下,实验的数量、质量均难保证。并且随着十年间科学技术的发展,学校实验测试手段更显得陈旧落后。校领导正视此情况,及时抓了实验室的建设。

1978年,学校即提出"要把我院实验室尽快建设成为现代化教学、科研的科学实验基地"。根据当时实验室状况,实验室建设分三类进行:第一类是新建或恢复,指因新设专业或"文革"中撤销、合并而须重建的实验室,计12个;第二类是扩建或提高,指因教学内容增加、更新,提出了实验要求,实验室须扩充、提高的,计22个;第三类是改建或调整,指因专业方向改变、课程变革,要求相应改建与调整的实验室,计2个。确定以基础课、技术基础课、有重点科研项目或教学科研相结合的、有留学生教学任务的实验室为院、系重点,前三年内首先抓好,其余陆续于1985年前建成。复提出了计算中心和电化教育中心的建设。因当时尚处"恢复、整顿"时期,主要侧重从实验装备方面保证开出必要的教学实验,对实验室的整体建设尚欠考虑。经三年努力,至1980年,基础课和基础技术课的实验大部分能按教学计划要求开出。全院实验装备近1.7万千台套,资产价值3000多万元。测试、分析仪器设备亦有所更新,从电子管发展到晶体管、指针显示发展到数字显示和自动测试频率低、中、高趋于配套,新添了电子计算机、电视摄像、光谱分析等较贵重的设备,管理工作也逐步正常化,实验室重建有了良好的开始。

1980年起,实验室工作进入有计划的发展阶段,学校提出了"巩固、提高"的方针,主要抓了三项工作:① 按教学大纲开出必做实验,想方设法增开新实验;② 更新增添实验仪器设备,以适应新要求;③ 普及和开发计算机应用。至1985年,三方面均取得显著成效。基础课和基础技术课的实验全部开出,专业课实验按教学大纲开出84%,并开出一大批选做实验,实验质量也普遍有所提高。在购置仪器设备方面,5年内共投入2500万元,又利用世界银行贷款500万美元,从国内外购置先进设备,陆续到货,总计拥有量达3万台套,总资产达4951万元。其中有能谱仪、光谱仪、热像仪、网络分析仪、扫描电镜、原子吸收分光光度计和图像处理系统等精密贵重设备83台套。科研设备资金超过了教学设备资金,实验室装备有了较大改观。计算机方面,1980年仅有3台国产130小型计算机,全校学生四年中平均上机只有6小时。五年来,学校首先在计算机系建立了微机中心实验室,面向全院服务,继而为各

系、各研究室和重点实验室配备了 222 台微机。于 1984 年引进 DPS-8/49 大型计算机系统，建立了计算中心。全院各专业均开设了计算机课程，并为教职工举办了微机培训班，开设语言课。学生四年人均上机时间由原来的 6 小时增至 30~40 小时。1985 年，本科生中会计算机[①]的比例从过去的 19.5% 增至 78.6%，教师和实验技术人员会计算机的从过去的 15% 增至 60%，基本上保证了教学和科研的有效开展。实验室管理方面，实行定任务、定设备、定经费等，积累了经验。

1984 年，学校即着手制订实验室"七五"发展规划，明确以"改革、发展"为方针，在改革中加快发展；按照"三个面向"的要求，以提高实验质量为中心；以加速学科实验室和实验中心的建设为重点，同时继续提高基础实验室。专业实验室要求实现教学、科研的结合，建设一批高水平、现代化实验室，并结合重点学科的建设，建立几个国家级重点实验室、工程研究中心。微机的普及与应用还有较大发展空间。由于思想明确、措施落实，实验室建设进展迅速。至 1987 年，全院实验室达 79 个，见表 5-20；2 万元以上的仪器设备总价值增至 3911 万元，增添了小型计算机工作站和较多数量的微机；实验质量提高，增开了设计型和综合性的实验，普通物理、热工片子技术等实验进行了独立设课的尝试，使实验理论学习与技能训练更加系统化；建立了一批水平较高的科学实验室，如热能工程实验室、分子电子学实验室、CIMS 实验中心等，并着重致力于毫米波、无线电通讯、建筑 CAD 等拟议中的国家重点实验室的建设，为发展科学研究技术开发创造了有利条件。实验室管理亦逐步实现了制度化、规范化。由于学校事业费日益紧缺，影响了实验室的进一步建设，有些系所学科通过争取科研项目、技术开发，进行自我武装，改善了实验条件。这虽不失为一种可行渠道，但对作为"两个中心"的重要支柱——现代化的教学、科学实验基地而言，则需要多方面的，特别是国家教委的支持。

表 5-20　1987 年南京工学院实验室设置一览表

系别	实验室数	实验室名称
建筑学系	4	建筑物理、建筑造型、建筑摄影、计算机辅助设计
机械工程系	11	机械零件、机械原理、金属工艺、计算机绘图、计算机、公差与技术测量、金属切削、铸造、电子精密机械、电子设备结构设计、液压与控制
动力工程系	5	热工、热能动力工程、热物理、热能工程、生产过程自动化
无线电工程系	9	电路基础、电子线路、数字线路、计算机、智能图形学、通信与电视、电子仪器与测量、微波与天线、水声

---

① 当时会计算机的本科生指学过计算机课程，一年上机 10 学时以上，会使用一种以上的计算机语言。

（续表）

系别	实验室数	实验室名称
土木工程	8	水力学、测量、土工、计算机、结构、道桥、建筑材料、环境工程
电子工程系	15	电子技术、电子物理、微波毫米波技术及应用、测试分析中心、电子光学、激光物理与技术、半导体物理与器件、真空与表面物理技术、光纤技术、电子材料与元器件、微波毫米波电子学、电子器件阴极与工艺、电子束技术、集成电路与系统、集成电路CAD与制版
数学力学系	2	数学、力学
自动控制工程系	6	电路与电子技术、自控原理及应用、电气自动化、计算机应用、检测技术、精密仪器
计算机与科学工程系	3	系统结构、微机、计算中心
物理化学系	3	普通物理、中级物理、化学
生物医学工程系	4	微机系统与应用、图像信息工程、微波成像、超声波成像
材料科学与工程系	2	金属材料、材料测试分析中心
外国语言系	1	外文
管理科学与工程系	1	计算机管理
电气工程系	3	电工基础、电力系统及自动化、电气技术
自动化研究所	2	仿真中心、系统理论

2. 图书馆建设

沿用了60余年的老图书馆虽建筑造型有特色，建筑质量堪称一流，但面积仅3813平方米，远不敷用。1985年新图书馆落成，除划出部分楼层供其他部门使用外，图书馆实际使用面积达12 141平方米，拥有阅览座位1100个。1988年前，图书馆年均经费90余万元，总计累积图书、期刊为1 147 018册（期刊计入装订成册者，不计散本），其中中文图书923 091册，外文图书148 767册，合计1 071 858册；中文期刊14 300册，外文期刊60 860册，合计75 160册。

1979年，教育部在全国8所高校及人民出版社设立了9个外国教材中心图书室，南京工学院是其中之一，向江苏、安徽、山东等省开放。以后为避免重复购书，各中心图书室作了分工，南京工学院侧重土建、力学类教材，向全国开放。至1984年，已有原版图书万余册，均系国外较好、较新图书。1984年，复利用世界银行贷款16万美元，购置了4400多册原版书刊。

教育、科技的发展对图书馆也提出了更高的要求。图书馆明确以"图书情报一体化和服务手段现代化"为目标，将图书馆建设成为学校图书、情报信息的中心。在此期间，充实了专业人员，吸收了20余名大专毕业生；加强基础工作，添置了计算机、复印、缩微、传真等设备；培养了图书馆计算机应用人才。1984年，建成了国际联机检索终端，通过国际通信卫星与美国戴洛克情报检索系统联机，成为教育部直属高校中首先建立该终端的学校。该检索系统拥有80多个国家和地区的各种情报资料，通过它可迅速、准确地找到和索取所需资料。联机开通后，为全院及院外单位在教学、科研、专利文献索引等方面提供了有效的服务。在组织上，建立了情报服务部和技术服务部。经学校批准，将科研处所属系、所资料室与图书馆所属系、所图书室合并，由图书馆统一管理，负责收集、整理、分类编目、借阅非正式内部资料，并通过订购、交流的方式与有关高校、企业和研究机构等1000多个单位建立了情报资料联系。图书馆在实现现代化上迈出了可喜的步伐。

3. 成立出版社

为了能及时出版教学用书和学术著作，南京工学院积极筹建出版社，经国家教委和国家新闻出版署批准于1985年3月21日正式成立。出版社设办公室、编辑部及出版发行部。

出版社坚持社会主义出版方针和大学出版社的办社宗旨，把出版教材、著作放在首位，摆正社会效益和经济效益的关系，当年出版的第一本书就是作为全校必修课开出的《情报检索》教材，该书许多学校也纷纷采用。以后出书数量逐年增加，至1987年，年出书种数达63种，印数855万册，其中教材著作、教学参考书、工具书数量达2/3以上。另外，还承担了电子工业部等部委"七五"规划教材、重点图书和高科技图书的出版任务，还为其他兄弟院校出版了教材著作。出版社成立短短三年内，出版了不少学术水平较高和社会反响较大的图书，如《近百年西方建筑史》《建筑工程定额与预算》《智能仪器》等，还有一些高品位的图书，如著名画家与美术教育家李剑晨的画集等。结合南工优势学科，图书出版亦逐渐以土建、电子为自己的特色与强项。1987年9月，经新闻出版总署批准，设立音像出版部，开始音像制品的出版。尽管出版社成立时间不长，但它已经为教学、科研服务，也对社会作出了贡献。

4. 改进后勤服务

学校事业兴旺，师生员工剧增，给后勤工作带来压力。近万名学生和单身教职工的食宿问题，几千户教职工的住房调配、水电煤气供应问题，全部教学、生活用房及门窗等的修缮问题，校园的清洁、卫生、绿化问题，几万名师生员工及家属的医疗和孩子的入园入托问题，以及送往迎来、人员接待、物资运输等问题全都得管，形成了"学校办社会"的局面。加之后勤队伍新职工迅增，自身建设任务也重。

学校首先对后勤职工进行全心全意为教学、科研服务的教育，又充实了人员、调整了机构，加强职工的培训与管理，开展了优质服务活动。同时，在运行机制上进行改革，1980年对食堂进行半企业化管理，1982年先后在招待所、汽车队、维修组等单位推行岗位责任经费包干制，促进了工作的计划性、成本核算和管理的科学化。调动了职工的积极性，主动增设服务项目，不断改进服务质量。如食堂努力增加早点、菜肴的花色品种，提高伙食质量；宿舍设管理员，开展文明宿舍活动；扩建浴室，解决洗澡难的问题；为教工宿舍安装了煤气管道或配备了液化石油气，改造了老化电线，增设了电话，改装了陈旧的上下水道等；利用寒暑假修缮教室门窗桌椅；冬季安装火炉，为宿舍区做好供水防冻工作；校区卫生、绿化实行包干制，保持校容整洁；为会议提供食宿、订票、接送的一条龙服务；在保证公派用车前提下，也为教工提供急需用车服务；医院增设了病床，安排了出诊；幼儿园、托儿所扩大招生，减少教工的后顾之忧。广大后勤职工以主人翁态度，埋头苦干，任劳任怨，在平凡的岗位上作出了可贵的奉献，展现了闪光的精神风貌，涌现了"好管家"朱月贵、"老黄牛"朱永春和一大批优秀的幼儿教师、医护人员、驾驶员和炊事员，其中周翠娟、葛治平等多人获省教育战线先进工作者称号。膳食科四食堂于1985年获国家教委、全国总工会和共青团中央授予的"文明食堂"光荣称号，行政科、动力科、医院、幼儿园均连年被评为南京市先进单位。

  后勤部门在搞好服务、扩大社会效益的同时，还增长了经济效益。在管理改革后的1987年和1988年，分别创收64.4万元和120万元，为当年院拨经费的23%和44.4%，全部奖金自行支付，减轻了学校的财务支出。

  后勤工作艰苦繁重，难尽如人意；后勤职工勤奋劳动、锐意改革，有此成绩，实属不易。

第七节　加强党的建设，改进思想政治工作

"文革"时期的动乱，使党受到了严重的损害，思想政治工作也遭到削弱、歪曲和颠倒。"文革"结束后，南京工学院党组织持续加强党的自身建设，不断改进思想政治工作，取得较好成效。

一、加强党的建设

党的十一届三中全会重新确立了马克思主义的思想路线、政治路线和组织路线。南京工学院党组织做了大量工作，组织党员和群众学习、宣传、贯彻三中全会精神，进一步分清思想、路线、理论是非。如在什么是检验真理的标准、怎样看待"十七年"和"文化大革命"、怎样看待毛泽东和认识毛泽东思想科学体系、为什么要转移全党工作重点等重大问题上有了较明确的认识。"解放思想，实事求是，团结一致向前看"的方针日益深入人心；同心同德，加快步伐建设四化，已成为广大群众的心愿；林彪、"四人帮"极"左"路线的流毒影响有所消除；干部中思想僵化、半僵化的状况有所改变。这一切都有利于党的路线、方针、政策的贯彻，使南京工学院党的建设有了正确的方向。

1980年2月，党的十一届五中全会召开后，南工党委重视党的思想建设，抓了党的基本知识教育和对《关于党内政治生活的若干准则》的学习，以提高党员的党性。组织上调整了系、组党政班子，改选了党总支和党支部，选举产生教研组主任。发扬了民主，增强了团结，加强了基层领导力量。

1980年5月，中共南京工学院第三次代表大会召开，这次代表大会距1963年11月第二次代表大会已有16年余，这说明经历了"文化大革命"，党的政治生活重新步入正轨。这次会议由党委书记吴觉作"同心同德，加快步伐，为培养又红又专的建设人才而努力奋斗"的工作报告，副书记孙卜菁对学校《1980—1985年发展规划（草案）》作了说明，明确今后党的工作着重点必须紧紧围绕为实现四化培养人才这一根本任务，坚持以教学为主，狠抓教学、科研，把学校办成两个中心。这具体体现了党的政治路线在学校的贯彻。为实现上述任务，提出了加强和改善党的领导，坚持党的民主集中制，加强党的思想建设和组织建设，整顿党风党纪等要求。党委举办党员干部轮训班，突出强调端正党的思想路线，克服"左"倾思想影响，对新党员和党的积极分子开设党课，进行党的基础教育和传统教育。同时抓紧物色、培养和选拔接班人，进一步搞好各级领导班子建设。到南工第三次党代表大会止，几年中发展新党员156名，全院党员计1033名。

1981年6月，党的十一届六中全会通过了《关于建国以来党的若干历史问题的决议》，

院党委认真组织党员学习,要求吸取历史经验,统一思想,加强团结,同心同德搞四化。1982年9月,党的第十二次代表大会提出了全面开创社会主义现代化建设的新局面,院党委带头学习,联系实际,调查研究组织力量,修订了学校发展的"六五"规划和"七五"设想,以努力开创南京工学院的新局面。1983年11月,全面调整中层领导班子,新提拔中青年干部58人,干部人数比原来减少10%,平均年龄比原来下降4岁多,具有大专学历的由原来占总数的66.44%上升为83.66%。较多老同志光荣离休。12月,经中央批准,南京工学院新党、政领导班子成立,一方面加快开创新局面的步伐,另一方面为来年的整党作准备。

1984年6月,中共南京工学院第四次代表大会召开,党委书记刘忠德作了"振奋精神,坚持改革,为把我院建设成有特色的、走在前列的重点大学而奋斗"的工作报告,提出学校事业奋斗目标和精神文明建设的要求,进一步落实事业发展规划,以培养德智体全面发展的高质量人才为中心,进行全面系统的改革,加强领导班子的建设和思想政治工作,认真搞好整党,用整党推动各项工作。报告着重强调了改革和整党问题,对教学、科研、管理、思想政治工作等方面的改革和整党均作出了部署。

根据中共中央1983年10月作出的《关于整党的决定》,这次整党的目的是实现党风的根本好转,提高全党的思想水平和工作水平,更加密切党和人民群众的联系,努力把党建设成为领导社会主义现代化事业的坚强核心。整党的任务是统一思想,整顿作风,加强纪律,纯洁组织。南京工学院的整党从1984年4月开始,分学习文件、对照检查、集中整改和党员登记四个阶段进行。至1985年6月,基本完成,取得了较好的效果。通过整党,进一步加深了对十一届三中全会以来党的路线、方针、政策的认识和理解,增强了同党中央在政治上、思想上保持一致的自觉性;进一步端正了业务工作的指导思想,认识到高校必须按照"三个面向"的要求,服从于党的总任务、总目标,要多出人才、快出人才、出好人才、出更多的科研成果,各部门的工作都应更紧密地围绕学校中心任务开展;在整党中,反复进行了彻底否定"文化大革命"的教育,认真清除"左"的影响,开展谈心活动和批评与自我批评,清除派性,增加团结,强化党的观念,党风有了较大好转;加强了各级领导班子的革命化建设,改进了院系机关作风,使之努力为教学、科研服务,办事效率和服务质量均有所提高。对于清理"三种人"①的工作,做了大量深入细致的调查核实,基本查清了南工"文革"期间发生的一些重大问题和有关人员的情况,提出了处理意见。此时南工共有党员1319人,其中正式党员1162人,除少数党员外出学习工作和病假,个别待处理外,第一批1128人办理了登记手续。整党期间,全院发展新党员296人(过去在整党期间一般均暂不发展新党员)。

1985年10月,南京工学院试行院长负责制,党委一方面积极支持学校行政工作,另一方面集中精力抓党的建设和思想政治工作。1986年3月,全院开展了党风教育,学习文件、对

---

① "三种人"指"文化大革命"中造反起家的人、帮派思想严重的人和"打砸抢"分子。

照检查，开展批评与自我批评，坚决纠正不正之风。与此同时，党委要求各级党组织认真贯彻执行《关于实行党政领导干部抓党风责任制的规定》，一级抓一级，层层负责，出现全党抓党风的局面。

发展新党员的工作持续进行。1986年7月1日，在纪念中国共产党成立65周年的大会上，586名新党员在大礼堂举行入党宣誓仪式，他们中有86岁高龄的无线电系名誉系主任陈章教授和年逾古稀的博士生导师舒光冀、吴伯修教授等，而多数则为青年教职工及学生。人心向党，反映了人们对理想的追求和党的事业的迅速发展。

对党员的教育也在加强，除开设党员轮训班外，1986年11月，院业余党校开学第一期有256名新党员参加学习，较系统地学习党的基本知识，以坚定共产主义信念，增强党性，从而自觉地发挥先锋模范作用。

1987年1月，南京工学院新党政领导班子联合召开"南工发展战略讨论会"，着重就如何把南工办成国内第一流、国际有影响的，以工为主、理工文管综合发展的新型大学，纳百家之言、集众人之智慧。6月，中共南京工学院第五次代表大会召开，党委书记陈万年作"全面贯彻党的教育方针，加快改革步伐，为把我院建设成第一流大学而奋斗"的工作报告，提出了学校事业建设的目标和任务，强调要大力加强和改进思想政治工作，推进社会主义精神文明建设，坚持四项基本原则，坚持改革开放，全面加强党的思想作风、纪律组织建设，进一步改善和加强党的领导。大会讨论并原则通过了《南京工学院1990年前事业发展规划的修改、补充意见》。

同年10月，党的第十三次代表大会提出了社会主义初级阶段的理论，党委组织党员认真学习，结合实际，统一认识，增强了贯彻党的基本路线的自觉性，坚定改革的步伐，沿着建设有中国特色的社会主义道路前进。

纵观南京工学院自"文革"结束以来，十年四届党委会，前后相继，端正了思想路线、政治路线和组织路线，加强了党的思想建设和组织建设，坚持了党对学校工作的政治领导，保证了党的路线、方针、政策在学校的贯彻，学校事业有了空前的发展，党的领导也得到了改善与加强。

二、加强和改进思想政治工作

"文革"期间，极"左"路线肆虐，搞乱了人们的思想，破坏了党的优良传统，也损害了思想政治工作的声誉。党的十一届三中全会以来，学校一方面组织师生员工深入批判林彪、"四人帮"的极"左"路线，分清思想上、政治上的大是大非，另一方面也看到社会上"左"的或右的错误思潮对学校有着不容忽视的影响，思想上存在的问题还比较多，师生中有的厌倦政治，有的怀疑现行的方针、政策，还有人存在一种误解——学校工作重点既已转到教学、科研上面，思想政治工作似乎就可有可无了,从事思想政治工作,也不那么理直气壮了。而当时学校的现状,恰恰是思想政治工作仍较薄弱。针对上述情况,1979年4月,党委及时作出了坚持四项基本原则、加强思想政治工作的部署,包括建立和健全政工队伍;搞好政治学习,上好马列主义课;上好党课,健全组织生活,发挥支部及党员作用;发挥共青团、工会、学生会作用,开展群众性思想政治工作等,恢复党抓思想政治工作的优良传统。

此后,南京工学院领导体制虽历经党委领导下的院长分工负责制到试行校长负责制的改革,但党委作为学校思想政治工作核心及领导地位则一以贯之。历届党委为不断改善与加强学校的思想政治工作,做了大量工作。

首先是澄清对思想政治工作的模糊认识。重点转移,实现"四化"是全党的总任务,但不能替代思想政治工作。思想政治工作是完成经济工作的保证,在学校则是完成教学科研工作的保证,不仅不能削弱,而且必须加强。其具体运行则要求紧密围绕学校中心任务,渗透到教学、科研的全过程,联系实际,正确处理好政治与业务、红与专、教学与科研、教书与育人、德智体之间、新老教师之间、师生之间等方方面面的关系,把思想政治工作与解决实际问题结合起来。

在教职工中,除组织时政学习、系统理论学习、普法教育等以外,根据高校特点,加强了师德教育和职业道德教育,制订了各类人员的工作规范,提出了"教书育人、管理育人、服务育人"的要求,使教师干部职工均挑起育人的职责,在各自的岗位上言传身教,为培养下一代作出奉献。学校每年评选一次先进集体、优秀教师和先进工作者,树立榜样,表彰先进,交流经验,以先进的典型事迹教育群众。

在此期间,学校还先后推荐下列人士为全国、江苏省人民代表大会代表及政协委员。

全国人民代表大会代表:杨廷宝、刘树勋、杨咏沂、韦钰、唐念慈。

全国政协委员:钱钟韩、管致中、郭湖生。

江苏省人大代表:杨廷宝、姚璡、童寯、陆钟祚、查礼冠、江勇、陈家澍、陶永德、唐念慈、杨咏沂、韦钰、萧焜焘、陈来九、周泽存、管致中、刘先觉。杨廷宝被选为第五届副省长;刘树勋被选为省人大第五、第六届副主任;杨咏沂被选为第六届副省长;唐念慈被选为省人大第七届副主任。

江苏省政协委员:钱钟韩、吴大榕、王守泰、杨廷宝、陈昌贤、刘树勋、李汝骅、舒光冀、吴觉、陈章、陈景尧、陆仲熹、王能斌、范从振、吴伯修、曹祖庆、王佩纶、钱昆润、吴慈生、钟史明、秦保尊、傅达银、许尚贤。刘树勋、吴觉被选为第四届副主席;钱钟韩被选为第五、第六届主席。

在学生中,八十年代的大学生(1977级、1978级的学生由于经历的特殊性与以后的学生颇有差异)都是在"文革"动乱中长大的,历经风雨,面临改革开放的新形势,有其明显的时代特征。他们对"四人帮"的倒行逆施深恶痛绝,拥护十一届三中全会后确立的党的基本路线，向往祖国实现四个现代化；他们较少受传统的束缚，思想解放，易于接受新鲜事物；他们珍惜上大学的机会，立志成才，积极向上。从总的方面看，其主流是好的。但也存在一些弱点，他们对马克思主义懂得不多，对党的历史和革命的优良传统不大了解，对社会主义的优越性缺乏实际体会，对资本主义的本质缺乏认识。因此，对社会上的一些错误思潮往往缺少辨识能力，认识上容易以偏概全，感情易于偏激，有的人组织纪律性差，自由主义、个人主义比较严重，学习动机存在问题。鉴于此情况，思想政治工作如何扬其所长、补其不足，已成为80年代学生工作中的一个重要课题。1980年4月，教育部共青团中央发出了《关于加强高等学校学生思想政治工作的意见》，学校参照《意见》，结合南工实际，多年来锲而不舍，做了许多工作。

首先，建立和健全思想政治工作的组织与队伍。一方面，校、系两级均设一名副书记主管学生工作，继而在党委设立学生工作部，分别指导团委、系分团委和年级团总支工作。系党总支设学生工作办公室，按年级设立辅导员，负责年级思想政治工作。另一方面，行政系统则由分管教学副院长和副系主任抓，各班班主任负责班级的学习、生活和思想工作。实行校长负责制后，院、系主管学生工作的副书记则分别兼任副院长、副系主任。为克服思想政治工作与教学业务"两张皮"的现象，又以院、系两级分管学生工作和教学工作的副院长、副系主任为首组成学生工作领导小组，统一领导、研究组织、协调学生的全面工作。从事思想政治工作的人员，按在校学生数的比例逐步配齐。为提高思想政治工作队伍的素质和保持队伍稳定，除加强思想教育外，还安排他们进修学习，或兼读马列主义社会科学的课程、专业，或免试攻读在职研究生，并在待遇、职称等问题上予以关心。十年来，南京工学院在思想政治工作岗位上的这支队伍，安心工作，探索前进，作出了可贵的贡献。

其次，在思想政治工作的内容和途径方面也有所发展，积累了新经验，概括起来有如下几点：

（1）开设马列主义课程和人文社会科学课程，对学生进行系统的马克思主义、毛泽东思想基本原理的教育，培养学生运用马列主义的立场、观点、方法认识和处理问题，帮助学生逐步确立辩证唯物主义、历史唯物主义的世界观，革命的人生观，共产主义道德观，坚定正确的政治方向。恢复了中共党史、哲学和政治经济学三门课，之后改为中国革命史、马克思主义原理和中国社会主义建设三门课。另外还增设了人生哲理和法律知识等课程。1984年后，又增设了政、经、法、文、史、哲等多门选课，如国际共产主义运动史、科学方法论、心理学、伦理学、美学等课，以扩大学生视野，提高其文化素质。在教学方法上，也力求联系社会实际、联系学生思想实际，提高教学质量。

（2）进行形势、政策及革命传统教育。学校每周安排一个单元时间，适时对学生进行国内外形势和党的方针政策教育，以及人生理想、组织纪律、文明礼貌等专题教育。如组织关于实践是检验真理标准的学习、解放思想与坚持四项基本原则的学习、党的若干历史问题决议的学习、民主与法制的学习、反对资产阶级自由化的学习等；开展"学雷锋""创三好""创先进集体""五讲四美、文明礼貌"及整顿校风校纪校容等活动；结合五四、七一、国庆等重大节日，进行革命传统教育；开展学习张志新、张华、朱伯儒、张海迪等英雄模范人物的活动；邀请乒坛健儿蔡振华、戍边英雄韦昌进等来校联欢做报告。这类活动灵活多样，生动形象，富感染力，有现实性，利于提高学生的思想觉悟。

（3）开展日常思想工作和党、团、班级活动。辅导员、班主任和学生党团组织经常深入学生中去，了解、关心他们的学习、生活、思想情况，个别谈心，帮助解决实际问题，建立感情和信任，是思想政治工作的有效途径。不同年级有不同的问题，如一年级新生有能否端正学习动机、热爱专业、适应新的学习生活的问题；四年级有面临分配择业、能否树立社会责任感的问题；各年级又均有建立良好班风、评选文明宿舍、开展文体活动、建党建团以及恋爱等方面的问题。这些问题均要求思想政治工作人员循循善诱，动之以情、晓之以理，使之自觉自律。另外，一年一度的评比先进团支部、优秀团干部、优秀团员，评比三好班级、三好标兵、三好生，分别在五四青年节和国庆进行表彰，也是青年学生自我教育的一种形式。

（4）开展第二课堂和社会实践活动。课余时，按各人志趣，将学生组织起来，开展各种有益身心的社团活动，对丰富生活，增进友谊，扩大知识面，陶冶情操，锻炼能力，皆有其特殊作用。对较早成立的大学生科协及数十个社团，学校均给予必要的支持和引导，视其为培养全面发展人才的新途径，作为课堂教学的补充，称之为"第二课堂"。党委书记刘忠德亲自参加、亲自总结经验，并撰写成论文在大会上宣读。

1983年"一二·九"运动48周年之际，南京工学院团委组织开展"社会实践周"活动，团员、青年有组织地走出校门，开展多项社会服务，如数、理、化、英语专业知识咨询，无线电器件和家用电器修理，还有理发、修自行车等；建筑系学生去玄武湖公园接受了长廊、喷泉、拱桥等20余项设计任务。以此为开端，利用节假日开展社会实践便成为学生接触社会，了解国情，为社会服务，从中接受群众教育，提高觉悟和实际工作能力的又一重要途径，有人称之为"第三课堂"。学校加强了组织领导，规定学生在校期间参加社会实践的时间，由各系负责组织分团委辅导员协助开展，教师参与。学生参加社会实践后，需提交考核社会调查报告，社会服务成果录入成绩档案。至1985年底，全校参加社会实践的学生达1万余人次，遍及25省、76市、120个县，并在江苏省建立了12个活动基地，两年中为开发苏北贡献成果20余项，为社会培训各类人员1140名，为群众修理家用电器740件，在"江苏大学生社会实践成果展览会"上，南京工学院有7项展品获奖，在全省高校名列前茅。1987年暑假，开展"百点播火"活动，由院系组织471名以研究生、三年级本科生为主体的科技扶贫服务队，分赴淮安、灌南、镇江、扬州等22个县市，以课题攻关、工程设计、技术改造、科技咨询和办短训班等形式开展科技服务，另外有2000余名学生就近深入工厂、农村进行社会调查、考察。一个暑假的实践大有收获，完成了76项智力服务项目，为这些地区发展注入新的动力。嗣后，淮安县在赠予的锦旗上绣了"走实践之路,育四有新人;播科技之火,促经济腾飞",为大学生社会实践作了高度概括。

（5）通过业务课教学过程进行教书育人。专职思想政治工作人员毕竟是少数,广大业务课教师与学生接触最多,影响也大,在教学中授业解惑,结合晓以明理做人之义,全面关心、引导学生成长,是培养合格人才的重要保证。南京工学院十分重视发挥这支队伍的作用,要求教师克尽师道,为人师表,每年评选一次优秀教师;工会每年一次组织优秀教师先进工作者去避暑胜地交流教书育人的经验。十年来涌现了大批教书育人的优秀教师,他们或阐述所学专业课程在经济建设中的作用,激励学生学习热情,奋发有为;或指引治学之道帮助学生逐步养成科学的态度和严谨的学风;或主动接近学生、了解学生,关心他们学习、生活、思想中的困难和问题,提出解决的方法。言传身教,润物细无声,起到了专职思想政治工作人员无法取代的作用。

以上数端可以说明,新时期思想政治工作的内容是丰富的,途径是多种多样的,思想政治工作是可以不断有所作为的。

本章参考资料

［1］东南大学档案，1977 年 1 卷。

［2］东南大学档案，1982 年 3 卷。

［3］东南大学档案，1984 年 249 卷。

［4］东南大学档案馆郑姚铭：《东南大学党政组织机构沿革（1977—1987）》，1993 年。

［5］江苏省教育志编纂委员会：《江苏省当代教育人名录》，河海大学出版社，1992 年。

［6］东南大学档案 1985 年（7）卷。

［7］东南大学档案馆郑姚铭：《东南大学教学科研工作主要文件选编续集（1967—1989）》。

［8］陈笃信、章未、李延保：《明确目标、把握规律、加强管理、协调关系——东南大学教学改革回顾》，刊于《东南大学高等教育学报》1992 年第 1 期。

［9］邱成悌、刘郎、叶明：《我校研究生教育发展简史》，刊于《东南大学校史研究（第二辑）》，东南大学出版社，1992 年。

［10］东南大学档案，1988 年 91 卷。

［11］刘一凡：《中国当代高等教育史略》，华中理工大学出版社，1991 年。

［12］东南大学成人教育学院：《我校成人高等教育 35 年》，刊于《东南大学校史研究（第二辑）》，东南大学出版社，1992 年。

［13］东南大学：《成人高等教育》30 周年纪念专刊，1986 年 10 月。

［14］东南大学档案馆郑姚铭、徐之遏、卜小秋：《我校教学工作与科学研究获奖成果综录》，1993 年。

［15］东南大学档案馆郑姚铭：《我校历年教职工人数和学生人数》，刊于《东南大学校史研究（第二辑）》，东南大学出版社，1992 年。

［16］朱斐、吴人雄、黄一鸢、章未：《关于高等工程教育师资队伍建设及学科带头人成长因素的探讨》，刊于《南京工学院高等工程教育学报》，1988 年第 1 期。

［17］东南大学校产科：《现有校舍使用情况一览表》，1994 年。

［18］《人民南工》，第 315~331 期。

［19］《南京工学院院报》，第 332~522 期。

第六章

东南大学谱新篇（1988—1992年）

1988年5月，国家教委批准南京工学院更名为东南大学，学校发展进入新的阶段。1992年系学校创建九十周年，学校举行隆重庆典，老校友吕叔湘题词"行百里者半九十"，表明东南大学任重道远，创业无尽期。本章是《东南大学校史》第二卷的最后一章，明天更加辉煌的史篇将留待后人来谱写。

四年多来，东南大学高速高效建设浦口新校区，为学校争取了发展空间；全面规划了专业学科，发展深化了教学过程改革，稳步提高人才培养质量；重点学科和重点实验室建设有了新的突破；积极、稳妥地探索了校内管理体制及校办产业和后勤服务的改革，提高了办学活力；弘扬了东大精神，各项事业获得了新进展。东大人正奋发昂扬，阔步迈向新的世纪。

第一节　梅开二度，重又更名为东南大学

一、更名经过

南京工学院更名"大学"一事，在校内酝酿已久，主要基于下述一些缘由。

首先，南工当时实际上已向综合大学方向发展，具备一定基础，"工学院"已名不副实。自从1952年学习苏联、院系调整以来，南京工学院一直是一所单一的工科院校。"文革"后，根据国家现代化建设的要求，以及国际上科技教育发展的趋势，学校领导层和许多教师均深感单一学科的办学模式对人才的全面发展、知识素质结构的综合优化不利，对学科的交叉渗透、科研水平的提高是个束缚。从1978年开始，学校多次制订、修订事业发展规划，提出了"以工为主、理工结合""向理工文结合方向发展"等作为办学方向。到1986年更加明确地提出了把南工建设成"工、理、文、管相结合的综合大学"的目标。认为举凡世界著名大学无一不是综合性大学，要提高办学水平，培养高层次、高素质人才，必须走综合发展的道路。在实践中，南工也陆续增设了文、理、管的系科与专业，初步形成了综合发展的雏形；在办学规模上有了长足发展，各类学生已达万人；成立了研究生院、成人教育学院，构成了多层次、多种形式办高等教育的完整序列。在这种情况下，学校仍冠以"工学院"已名不副实，更名"大学"便成为历史的必然要求。

再者，在学校的实际活动中，也因校名为"学院"而蒙受不利影响。1952年高校院系调整时，按当时苏联的教育体制，一般文理科学校称"大学"，工、农、医、师等专门学科学校称"学院"，但在等次上二者原无差别。但在国际上，除少数学校如美国的麻省理工学院、加州理工学院和瑞士苏黎世高工等历史悠久的著名大学仍保留原用校名外，通常的惯例是大学与学院为两个层次，学院只是大学下的一部分，或是一种层次较低的独立学校。由于国外人士对我国情

况了解不多，易生误解，在南京工学院当时的外事活动中，如出访或外宾来访、参加国际学术会议、签订校际交流协定时，常需为此多费唇舌作解释。在国内，社会上也逐渐形成学院比大学低一个层次的认识，对南京工学院招生、分配乃至引进人才，亦有不利影响。在学校内部管理体制上，也有诸多不便，校名如仍以"学院"相冠，则设置文、理、管学院，研究生院，成人教育学院等便成了"学院内设学院"，实属不顺。更名"大学"也成了现实的需要。

另外，1983—1985年，我国高等教育事业大发展，两年内高校增加近200所，一些新建院校名实不符称作大学者有之；一些部委、地方院校相继升格更名大学者有之。而国家教委直属重点的13所工科院校中，却还有四五所学校（包括南京工学院）尽管这几年均已不约而同发展了理、文、管等学科，然仍沿用"学院"名称。国家教委为理顺关系、规范高等学校设置，于1986年12月，以国务院名义下发了《关于普通高等学校设置暂行条例》，在学校名称一章中明确规定了大学和学院必须具备的不同条件，明确了大学和学院的差别，这已不同于50年代时对大学和学院的概念。据此，南京工学院以其历史和现实的条件更名为"大学"更加名正言顺了。

1986年10月20日，南工即以（86）政字第404号文向国家教委上报《关于南京工学院更名为东南大学的请示报告》。

在校名问题上，学校内部也经过反复酝酿、讨论和斟酌。对"学院"改"大学"一致赞同。取何名称，则有几种意见。许多人希望恢复"中央大学"名称，海外中大校友尤为积极，理由是学校前身就是中央大学，校址未变，且知名度高，在海内外有影响。然而考虑到中央大学在解放后业经调整为南京大学、南京工学院等多所院校，它是这些院校共同的前身，估计实现难度较大。也有人认为南京工学院已有30余年历史，在国内已有较高名声，建议在大学前冠以"理工"或"工业"两字，称为"南京理工大学"或"南京工业大学"，则可显示其延续性，便于人们识别和接受。然而，考虑到学校既已明确走综合发展学科的道路，则不宜再加"理工"或"工业"一类限制词以制约自己。后经广泛征求意见，反复权衡，并经校务委员会讨论，决定申请更名为"东南大学"。理由是，学校地处祖国东南，反映出地理概念；历史上20年代就曾是"国立东南大学"，现复更名为"东南大学"易为海内外校友接受；更重要的是，更名为百年大计，需从长远考虑，体现综合发展的办学思想。学校在上报更名时，还在多种场合向国家教委领导反复说明了这些理由。

1988年5月7日。国家教委以（88）教计字076号文正式批复："同意将南京工学院改名为东南大学。"希望学校进一步努力，"办出特色，培养高质量人才"。

至此，筹划、申报更名的工作，终于水到渠成，得到了圆满的结果，学校的历史揭开了新的一页。喜讯传开，全校师生员工及海内外校友无不欢欣鼓舞。

自1952年南京工学院建院，校庆日一直定为每年的10月15日。为纪念学校更名，经校务会议决定，即将20年代东南大学成立之时的6月6日定为更名为东南大学后的校庆纪念日，并决定于1988年6月6日举行东南大学建校86周年校庆，更名庆典与新校牌揭幕仪式同时举行。

二、更名庆典盛况

校庆日既定,学校即着手筹划校庆,明确此次校庆活动的指导思想为:宣传学校的历史、现状和发展前景,进行一次生动的校史教育,激发全校师生员工爱校热情,使之成为推动学校发展的动力;进一步明确办学方向,加强学科和学风建设,提高办学水平与质量;对外扩大学校影响,增进与兄弟学校和社会各界的合作;通过校庆活动,进一步号召全体师生员工为把东南大学办成国内第一流、国际有影响的大学而同心同德,艰苦奋斗,创造出无愧于先辈的辉煌业绩。

学校广泛邀请各地校友会和海内外知名校友返回母校参加庆典活动。1988年6月4日,举行了在宁报社、电台、电视台记者招待会,发布了消息,介绍了学校情况。

6月6日下午,新校名揭幕仪式在校本部南大门隆重举行,师生员工近千名代表集会于兹,身着节日盛装、手持花束的幼儿园小朋友站在最前排,天空中两个红色大气球悬挂着巨幅标语——"庆祝南京工学院更名为东南大学""庆祝东南大学校庆八十六周年",大门横梁上原来镌刻"南京工学院"校名处由两幅红绸遮挡着,整个会场一派节日气氛。下午2点半,在一片掌声中,全国人大常委会副委员长严济慈,中共江苏省委书记、省人大常委会主任韩培信,省政协主席、东南大学名誉校长钱钟韩,省委、省政府其他领导人,旅美校友代表周以耕,国内校友代表吕叔湘,原中央大学校长顾毓琇教授等,在韦钰校长、陈万年书记陪同下步入会场。陈笃信副校长主持揭幕仪式,韦钰校长致辞,表明学校历史揭开新的一页,决心继往开来,开拓前进。接着,由严济慈、韩培信为新校名揭幕,刻在黑色大理石上的"东南大学"四个金光熠熠的大字显露出来,全场欢声四起,鞭炮齐鸣,整个会场沸腾了起来。

6月7日下午,在演讲厅隆重举行聘请严济慈教授担任东南大学校务委员会名誉主任的仪式。严济慈于1923年毕业于南高师,同时也是当年东南大学首届毕业生,他是我国著名的物理学家、教育家、社会活动家和国家领导人。88岁高龄的严济慈教授这天精神格外振奋,在长达100分钟的致词中,他讲述了自己的成长过程,感激母校培养了他,衷心祝愿东南大学愈办愈好,成为一所国内外享有盛誉的高等学府,他赠给韦钰校长一本亲笔题词的《严济慈科学论文集》,并和物理化学系学生合影,激励青年自强不息、有所作为。

6月8日下午,在礼堂二楼会议室举行校庆86周年庆祝会,来宾有严济慈、韩培信和其他江苏省党政领导人,有老院长汪海粟、何冰皓、盛华,海内外校友和大企业集团代表、在宁高校代表等。韦钰作了"继往开来,任重道远"的讲话,接着严济慈讲话,希望东南大学师生员工一定要把学校"严谨治学、求实探索、团结兴教、奋进建国"的优良传统和校风继续发扬光大,要以比前人做出更辉煌的成就走向未来。随后大企业集团代表朱成学、教师代表程时昕、南京医学院院长尹立乔也在会上致了祝词。

庆祝活动期间,各地校友会代表、海外校友代表及香港理工学院的代表到校祝贺。参加活动的还有来自省内大型企业、企业集团、兄弟院校等代表百余人。学校收到了来自各地的贺电、贺函、题词 70 多件，其中有全国政协副主席钱学森，以及著名科学家茅以升、中国农业科学院名誉院长金善宝、大连理工大学名誉校长屈百川、南工老院长刘雪初、国防科工委主任丁衡高等的祝贺，还有来自美国、日本、伊拉克的校友会、友好学校和校友的祝贺。

庆祝活动期间，一些返校的校友还为师生们作了学术报告和座谈。5 月 18 日，前中央大学校长顾毓琇教授作了"关于非线性系统的分析"学术报告，当天上午，学校授予顾毓琇教授东南大学名誉教授的证书；6 月 9 日，著名语言学家吕叔湘先生与社科系师生亲切座谈；6 月 14 日，中大校友美籍历史学家和传记文学家唐德刚先生向学校师生作了"中国现代化发展模式"的学术报告，引起听众浓厚兴趣。

庆祝活动期间，学校举办了科学报告会，提交论文 260 多篇。南京医学院也有论文参加报告会。江苏省公路学会与东南大学运输工程研究所联合举办道路与交通工程专题报告。校庆中充满了学术气氛。

另外，庆祝活动期间，校友会堂一楼展出了校史；图书馆大厅举办了"东南精萃——校庆书展"，展出了近十年学校教师编写的获国家和部委优秀教材奖的著作 24 种及出版社成立三年多来出版的 100 多种图书中的代表作，还有东南大学历史上校董会董事蔡元培，以及师生中的著名教育家、科学家陶行知、竺可桢、李四光、茅以升、严济慈、吕叔湘、徐悲鸿、傅抱石、杨廷宝、刘敦桢等人的著作，吸引了广大校友和师生；宣传橱窗内则分别陈列了"校友剪影"和与东南大学结成紧密联合体的"南京医学院简介"。所有这些，从各个方面展示了东南大学漫长岁月中的变迁改革、所作贡献和近十年的巨大发展。庆祝更名、庆祝东南大学 86 周年校庆，赋予东大人的将是为学校的发展、为我国的高等教育事业、为社会主义现代化承担的更重大的责任。

第二节 越江北上，创建浦口新校区

一、高速高效建设新校区

南京工学院在酝酿更名为东南大学的同时，即着手规划学校发展。当时学校发展首先面临的一个问题便是学校发展空间受到严重制约。南京工学院地处南京市中心四牌楼地区，包括校本部和校东、校南、校西的生活区及工厂区，不计市内散在的一些零星飞地，仅有531亩土地，是当时国家教委直属高校中占地面积最少的一家，教学、科研、生活用房与活动场地全面紧张。历届校领导都曾想方设法谋求扩大校园面积，突破困境，但在学校周边或市区征地可能性极小。而南京高校多集中于市区，难以发展，这也是南京市一个亟须解决的问题。80年代中期，张耀华市长曾约请各校领导去江浦县（现浦口区）开会，商讨在江浦办分部的可能，终因交通、设施等问题不尽相宜而作罢。

1987年，为贯彻中央关于加快沿海地区经济发展战略，组织好高新技术的开发、运用和推广，寻找较快发展生产力的途径，江苏省、南京市领导利用南京地区大专院校和科研院所集中，高新技术与经济结构具有较强潜力等优势，在南京浦口区建立高新科技外向型开发区。韦钰院长抓住这一契机，多次与省、市和浦口区磋商，由南京工学院与浦口区在开发区共建"科学—工业园"，征地建立南京工学院分部（即新校区），并于1988年2月正式向国家教委申报。4月，国家科委、国家教委分别批准了开发区、科工园和南京工学院新校区的建立，南京工学院获准在科工园南部征地650亩[①]。另外，原南京能源工程学院于1987年已由南京工学院代管，1988年10月，复经省政府批准，正式并入东南大学，为东南大学南湖分部。为集中力量建设浦口新区，经与南京建筑工程学校达成协议，学校将东南大学南湖分部土地1257亩交建工学校使用，换取该校浦口桃园教学基地213亩，作为东南大学浦口新区的一部分。如此，则东南大学新校区可有土地863亩。除去丘陵，即可使用的土地约为610亩，加上四牌楼本部等531亩，共计1300多亩，则对万人规模的东南大学而言，当可实现按规定生均一分地的标准了。

新校区位于浦口三河乡境内，东邻航务专科学校，西濒滁河，南依东门镇，北接浦口高新技术开发区，近千亩土地连成一片，距长江大桥仅3公里，从校本部乘汽车30分钟可达，新校区定在这里，虽不十分理想，但在现实条件下亦已差强人意，特别是多年来困扰南京工学院发展的土地问题终获较好解决。

有了土地，就要考虑如何加速开发利用，使其尽快发挥效益。东南大学领导根据国家教委批准的学校发展规模有全日制学生10 000人，计划在四牌楼老校区安排6000人，而将除建筑系外各系一、二年级学生及部分系的三、四年级学生共4000人安排在浦口新区，并从实际

---

① 此段使用非法定计量单位"亩"是考虑到更贴切地反映历史情况，一亩 $=666.7m^2$。

出发，提出了"全面规划，分步实施，加快建设步伐，1990年9月，1500名新生首批于新校区入学"的近期目标。同时，确定由毛恒才副校长分管新校区工作；组建了浦口新区筹建处，负责征地、三通（水电道路）及基建等事宜；指定东大建筑设计院尽快制订浦口新校区的规划、设计方案；要求全校动员，支持新校区建设。

1989年2月始，建筑设计院集中人力，抢时间、赶设计，群策群力，殚精竭虑，力求尽快拿出最好的规划设计图纸，并多次随毛恒才副校长进京向国家教委汇报，以期早日审定、早日施工。规划将新校区分为功能齐全的四个区域，即教学实验区（含体育活动区）、学生生活区、工厂及后勤区、教职工生活区。预计总建筑面积为175 000平方米，投资总额8000多万元。全部工程分三期进行，第一期工程20余个项目，共65 000平方米，预算2453万元。近期目标则是保证完成1990年1500名新生入学的教学大楼9500平方米，三幢学生宿舍12 000平方米，以及食堂、浴室、锅炉房和配电房等多项建筑。近期目标实现后，接着兴建实验大楼、图书馆、体育馆、医务室等。

1989年4月，东南大学浦口新校区的规划设计方案经国家教委基建局、省教委计财处、南京市规划局领导和专家评审通过，国家教委在全国压缩基建的形势下，仍然批准东大新校区的建设，并为它拨了专款，给予支持。

新校区建设时间紧、任务重、条件艰苦。新区筹建处采取征地、房屋建筑、水电及道路建设三条线交叉作业。1988年12月30日，举行浦口校区奠基式。1989年3月，第一幢学生宿舍楼破土动工，拉开了浦口校区建设的序幕。施工现场，机器轰鸣，唤醒了沉寂多年的荒山坡。经过18个月的拼搏创业，原来沟塘遍布、丘陵起伏的荒芜之地顿然改貌，一幢幢具有现代风格的高楼拔地而起，宽阔的大道将教学楼、宿舍楼、食堂、田径场连成一片。新校区建设近期目标25 000平方米建筑和另外3000平方米临时建筑如期完成，各项设备、设施亦均配置完备，如此高效高速，实属来之不易。两年来，新校区筹建处的干部职工最为辛苦。他们全身心投入，从编制总体规划设计任务书、勘测征地工程招标、建材采购供应，到工期和工程质量监督等，每项工作均一丝不苟、严密组织、精心管理。他们不顾工作繁重、生活艰辛，任劳任怨，奔波忙碌，为新校区的建设付出了辛勤的汗水，做出了卓越的成绩。

新校区建设也离不开全校各部门的支持。基建处作为后盾自不待言。财务处在学校经费十分拮据的情况下，本着"钱少也要把新区的事情办好"的精神，采取有力措施，控制经费的流量、流向，统筹安排，专款专用，确保新校区建设所需资金及时到位。总务后勤部门成立了"新校区后勤（筹建）工作领导小组"，保证新校区运行要求，如汽车运输科完成了大量物资的运输任务，并为今后需要，一次培训了8名驾驶员；校产科赶置了教学楼固定课桌椅及学生自修桌，宿舍管理科调集和突击自制了所需铁床；医院配齐了新校区医务所的设备并及时开展服务；中心配电房为新校区专门培训了上岗人员。另外，教务处配合教学楼设计，及早提出了教室类型布局要求；实验室设备处采购齐全了语音室、微机室所需教学设备；电教中心进行了电教教室和音频发射系统等设备的安装；图书馆则为新校区分馆准备了图书流通计算机条形码管理和图书防盗监测仪等设备，采购了 45 万册图书和 400 种期刊，形成了上下同心、全校办新校区的局面。1990 年 6 月，学校从各部门选派 160 名人员到新校区工作，提出"苦战三个月，迎接新生到新校区上课"的口号，终使新校区具备了为师生教学及食、住、行和文体活动等提供服务的多种功能，顺利地接纳 1990 级新生入学，取得了新校区建设第一阶段的胜利，实现了多年来广大师生梦寐以求、历任领导为之奋斗的建立新校区的夙愿。

1990 年 9 月 7 日，浦口新校区以崭新的风貌，迎来了第一批 1990 级新生，呈现一片热烈欢庆的气氛。对新校区的学习、生活环境，学生和家长均表示满意。9 月 10 日，东南大学在新校区隆重举行新校区落成仪式暨 1990 级新生开学典礼，江苏省副省长吴锡军和东大名誉校长钱钟韩为新校区校牌揭幕，省人大常委会副主任张耀华、国家教委直属高校司司长陶遵谦等领导为新校区落成剪彩，中央及省、市新闻单位与会采访，并发布了消息。1990 级本科生 1308 人，专科生 182 人，欣然在新校区开始了他们的学习生活。新生在浦口新校区读完一年后，即到本部修读二年级。以后，每年新生均在新校区报到入学，人数逐年有所增加，计 1991 年为 1680 名，1992 年为 1900 名。

新校区落成，筹建处完成历史使命，以后基建改由基建处负责。1992 年，第 4 幢学生宿舍 4020 平方米落成；由爱知工业大学捐款 5000 万日元与东南大学共建的新区体育馆 2983 平方米亦于 1992 年交付使用，内有 1500 个座位，并附设训练馆，可以进行各种球类比赛及训练，体育馆被命名为"后藤体育馆"；在国家教委和省有关部门、企业集团与香港理工学院工业中心支持下，东南工业新技术培训中心亦于 1991 年 6 月 6 日奠基，于 1993 年完工，面积 3716 平方米，新校区又添了新的建筑。

后期建设，当视经费筹措情况，力争早日实现工程规划，使二年级进入新校区学习。

拓建新校区，扩大校园面积，摆脱了长期束缚学校发展的桎梏，这是东南大学历史上的大事。艰苦奋斗的东大人所创建的业绩将永留于校史。

二、新区管理探索新经验

新校区落成，新生入学，新校区的管理也在实践中摸索出了一套自己的做法，积累了下列经验。

1. 行政管理

新校区筹建之初，学校决定将低年级安排在新校区而不是将某一个或几个科系安排到新校区。这样新校区不是学校一个独立的"分部"，而是整个学校中一个有机的组成部分。相应地，在管理上实行"全校办新区"的方针，采取"以条为主，条块结合"的运行机制，新校区的各项工作被当作是本部各职能部门工作的延伸，新校区各方面的工作人员以本部各职能部门选派为主，这就确保了新校区工作得到全校的支持。

在具体管理体制上，学校制定了《东南大学浦口校区近期机构设置及人员配备方案》和《关于有关部门在浦口校区延伸职能的试行意见》。除确定一名副校长和一名党委副书记分管新校区工作外，于1990年2月成立了浦口校区分党委，并组建了行政领导班子，配备一名校长助理任管委会主任，作为新校区行政负责人；下设浦口校区党委办公室、行政办公室、后勤办公室和团委办公室，负责新校区各项事宜。各职能部门派驻人员受本部和新校区双重领导。

1990年4月，学校召开浦口校区工作会议，提出配备人员要求。会后各部门分头进行动员，广大教职工认识到搞好新校区工作事关学校发展大局，纷纷表示愿去新校区工作，确定名单后，学校组织了学习、参观，发动各部门根据自身工作范围、职责，并考虑到新校区的特殊性，制订出配套工作制度，如《浦口校区工作人员暂行管理办法》《学生工作岗位设置及其职责》《值班网络和制度》《校园环境卫生管理条例》《汽车班车运行管理暂行规范》等，使各项工作有章可循。

浦口校区党政领导每周举行一次例会，交流情况并分析研究，解决运行中有关问题，同时部署工作，对紧急问题及时进行研究处理，并加强向分管校领导请示汇报及与本部各职能部门的联系合作。他们兢兢业业，努力工作，为保证浦口校区工作正常运行，秩序良好，人心稳定，作出了成绩。

2. 教学管理

一方面，浦口新校区地处郊区，环境幽静，较少受到干扰，且为新教室、新宿舍（2~4人一间），学习条件较好，客观上有利于学生安心学习。另一方面，新校区接纳的是一年级新生，学习思想比较朦胧，对大学学习比较陌生，学习方法有适应过程。要搞好教学，必须首先将学生学习自觉性调动起来，明确学习目的，遵守校风校纪，掌握学习方法。新校区领导狠抓了入学教育、军训，帮助学生熟悉大学学习方法，让学生入学伊始便打下良好的基础。

入学教育采用报告、介绍、参观等多种形式，让学生了解学校、了解专业，从而产生热爱学校的感情，坚定学好专业的决心；侧重进行"严谨求实、团结奋进"的校风教育，要求在学习、生活中继承发扬；不断端正学习态度，刻苦钻研科学知识，相互帮助，共同进步；组织学习《大学生守则》和学籍管理条例等，要求严格遵守学习纪律，养成良好学风、班风。

军训为期3周，是新生入学后的第一课，由党委武装部和军事教研室负责组织实施，解放军官兵进驻新校区担任教官，按规定要求进行队列训练、射击训练，上军事理论课和解放军光荣传统教育课，新校区领导和干部全力配合，做好思想工作和后勤保障工作。几年来，东南大学军训均获好成绩，学生思想觉悟有所提高，国防观念有所增强，锻炼了意志和毅力，加强了组织性和纪律性，对今后学习、生活有积极的影响。

学生入学之始，学习的多为基础课与公共课，教务处组织骨干教师和高年级学生中的优秀生给新生介绍学习方法和经验；任课教师高标准、严要求，身教言传；有条件的系主任经常到新校区跟班听课，关心教学情况，帮助解决教学工作中的问题；有的教师住在浦口，晚上给学生答疑，有的教师给因病缺课的学生补课，帮助学生克服学习中的困难；外语系教师自编听力节目，供宿舍区音频系统发播，方便学生增加听力训练；数力系组织数学系列讲座，提高学生学习兴趣；新校区还会同党委统战部，约请老教授作精湛的学术讲演，激发学生的学习热情；图书馆阅览室晚上和星期天也对学生开放；电教中心周末给学生放录像，丰富学生学习生活。

各方面的努力为浦口新校区教学创造了一个良好的教学环境，各届学生的学风总体情况良好，教学秩序稳定，教学质量有保证。

3. 学生管理

一年级新生从高中迈入大学，是其人生历程中一个重要的新时期，必须对其加强思想教育与管理工作，琢玉成器。新校区除上述入学教育、军训外，十分注重日常思想政治教育工作，在学生中以多种形式进行爱国主义、集体主义、社会主义和精神文明的教育。

为了让学生在各方面经受锻炼，新校区对学生实行"自我教育、自我管理、自我服务"的"三自"方针，首先建立共青团、学生会、班委会的各级组织，举办团干部、班干部的培训班，提高学生干部的光荣感和责任感，帮助他们初步掌握工作方法，而后在辅导员和班主任的指导与协助下，充分发挥他们的作用，组织开展各项活动。

如共青团建立定期的团日活动制度，开展"在学习参与和奉献中为团徽添光辉""我为新校区、为下届同学留下什么"等主题会；如每年五四青年节举行"继承革命传统、致力振兴中华"的火炬接力赛；如组织党章及马列主义学习小组等。至1992年，已先后成立150多个小组，2000余人参加，不少人提出了入党申请。

又如社会实践，新校区与扬子石化公司、南京钢铁厂、南京浦镇车辆厂、南京汽车制造厂、南京钟表材料厂等建立了联系，几年来有2000余名学生分批到这些企业参加社会实践，增进了对国情的了解和社会主义信念；还组织到郊区农村参加夏收义务劳动，增强劳动观念。

根据新校区文化生活条件较差的情况，学生组织了丰富多彩的第二课堂活动，如成立了大学生新闻社、无线电爱好者协会、国防教育协会等社团；开展"小制作、小发明"竞赛；一年一度举行包括朗诵会、辩论会、文艺表演、游艺节目等活动的"校园文化月"等。

学生积极参与新校区的许多工作，如广播站在教师指导下学生自办节目，宣传形势、方针、政策，介绍学校和新校区信息，推出自演文艺节目等；如在学生中成立宿舍管理委员会，做好宿舍黑板报宣传、检查卫生、评比文明宿舍等，新校区的楼梯、走廊全由学生负责打扫；成立伙食管理委员会，及时收集学生对伙食的意见，与食堂沟通，进行饭菜质量评比等；又如根据浦口地处城乡接合部，为做好治安保卫工作，成立了60余人的纠察队，各班干部中设一名治保委员，负责班上治保工作，组织轮流参加晚间巡逻等。

学生在"三自"活动中得到了锻炼，树立了主人翁思想，使浦口新校区工作充满生气活力。1990年、1991年，浦口校区团委连续被评为学校先进集体。三年来共评出三好学生558名、优秀学生干部 10 名、先进团支部 18 个、优秀团员 168 名、优秀团干部 26 名。每次评比，对学生均有很大促进，学生们均表示要将新校区培养的好作风带到校本部去，继续争创先进。

4. 职工管理

新校区干部、职工来自各部门，要整合成一支队伍，承担新校区全部管理工作，任务较重。而且新校区尽管作了许多努力，但毕竟初创，远在郊区，物质生活条件总有这样那样的不便。另外，人员相对不稳定，一定时期后要进行轮换。对此，干部职工难免有各种思想问题和实际问题。因此，对这 200 余人（包括临时工）的教育和管理便不容忽视。学校和新校区领导一开始就注意到这些问题，故着意在新校区建立一个好队伍，保证各项工作有效展开。

根据新校区特点，首先结合时政学习，通过党、团、工会组织和职工大会，反复宣传建设浦口新校区的意义及发展远景；发动大家讨论要建设怎样的优良作风，搞好新校区工作，最后归纳为"遵守纪律，勤奋工作，互相尊重，互相理解，互相支持，做好服务育人，管理育人"。常抓不懈，要求党组织起保证作用，党员发挥先锋模范作用，要求群众做到的，党员、干部首先要做到。通过全体干部职工的努力，取得明显成效，新校区工作指挥灵、行动快、效率高、管理严，获得广大师生的肯定和赞扬。

如后勤工作，要管师生吃、住、行，任务最为繁重。膳食科精心调剂花色品种，提高饭菜质量，每天供应副食品种达 20 余种，严格控制价格，使质量相符，开展"满意用膳者"服务活动；宿舍管理科实行公寓化管理，聘请文化程度高、素质好的退休人员担任管理员，他们严格执行管理办法，开展 9 项免费服务和 5 项有偿服务，保持宿舍整齐清洁，井井有条；班车往来频繁，通过大车队精心调度，满足教职工上班、学生实习和行政用车需要。此外，浦口校区的财务管理、电话通信、医疗防疫、卫生绿化、物资供应、房屋水电维修、会议接待和住宿等各项工作岗位上的职工，无不任劳任怨、克尽其职，把平凡的工作做得有声有色。

在外部关系上，学校和新校区领导注意与当地政府建立友好联系，争取他们的支持与协助。浦口区委、区政府十分支持学校工作，在新校区建设过程中，两次到现场召开办公会议，并派一名联络员驻校帮助解决问题，学校也选派一名教师担任泰山镇科技副镇长，协助发展科技工作。新校区与当地村民未发生纠纷事宜，校区治安秩序也一直良好，屡获浦口区社会治安综合治理先进集体称号。

浦口校区的建设和运行还得到国家教委、省市各级领导的关心与支持，迄 1992 年，国家教委副主任何东昌、滕藤、朱开轩，国家科委副主任李绪鄂，中宣部副部长刘忠德，江苏省省长陈焕友、副省长吴锡军等均先后到校区视察指导工作。

浦口校区还接待了美国、英国、日本等国和我国台湾、香港地区来宾，以及许多老校友的参观访问，均得到好评。

老树绽新花，浦口校区成为东南大学的一个窗口，展示了学校的精神风貌，也展现了东大继续发展的前景。

第三节　加强本科教学基本建设，发展研究生教育、成人教育

一、全面规划，发展专业、学科

南京工学院更名为东南大学，作为一个新的起点，标志着学校经过30多年的发展，办学规模和学科结构发生变化，结束了单纯工科的办学模式，走上了工理文管综合发展的道路；它更意味着学校必须为我国高等教育事业、为社会主义现代化建设承担更重大的责任。东南大学领导清醒地意识到，衡量一所学校的发展与水平，至关重要的是其专业、学科的发展与水平。1988年6月，学校筹组成立了"专业建设咨询委员会"，由各系、所推荐一名教授专家组成，前院长管致中任主任委员。要求在认真调查研究的基础上，对学校专业、学科建设制订较为科学和合理的规划，同时从学校总体和全局着眼，对相应的院系设置提出较为优化的方案。

该委员会在明确任务、掌握信息、分析校情及统一认识的基础上，认真听取了各系、所通过调研对专业改革、发展所作的汇报，进行反复讨论，归纳出初步方案，再在广泛的范围内征集意见，最后综合写成《关于东南大学专业建设与院系设置的建议方案》，提供给校领导决策参考。《方案》的制订历时半年，是群众研讨、专家咨询和领导决策相结合的一项实践，体现了决策民主化、科学化的精神。《方案》根据学校奋斗目标，专业的调整、改革、建设与发展，以及以此为基础考虑的院、系设置，提出了5~7年的构想。

从近代高等教育发展与自然科学、技术科学和人文社会科学相结合的总趋势，以及学校由历史形成的现实情况出发，《方案》明确东大专业、学科建设的指导思想为"在保证重点学科的基础上，调整、提高工科，加强理科，发展文科，支持新兴、边缘学科"，以此统一认识、协调行动。

——调整、提高工科，在提高中求发展。鉴于东大已经发展了较强的工科专业，且在建筑、电子、热能等重点学科方面，专业已配套完善，传统学科于机电土建外，补充了所缺化工学科，又发展了生物医学工程、材料科学与工程等新兴学科，故《方案》提出近期内工科应着重提高，在提高中发展，不再在数量及规模上进一步扩大。

针对工科专业面仍然偏窄、人才培养模式单一的问题，提出应作适当调整，主要为拓宽专业方向，并进一步归并同类专业，以增强适应性，建议将现有的37个工科专业，逐步归并为20个左右的专业类。

——加强理科建设，致力于理科与应用技术科学相结合。东大理科由于历史原因，未得到应有发展。《方案》认为自然科学和工业技术加速相互结合、相互渗透是现代社会生产发展和科学进步的特点。亟须加强理科建设，并与应用技术科学相结合，不仅为工程教育奠定坚实

基石，且为科学与工程结合提供条件，有利于开展前沿科学课题的研究，促进新兴、边缘学科的建立与发展。《方案》建议在已有应用数学、应用物理专业基础上，增设应用化学专业，并以生物医学工程专业为基础，逐步发展生命科学学科，归属理学院，如此则理科将有4个专业，以应用理科为特色。

——发展文科，全面提高人才培养素质。《方案》提出，东南大学发展文科，建立工、理、文、管相结合的专业体系，有利于创造一种各个知识领域能够相互沟通的学术环境，学生在此环境中不仅能学到专业知识与技能，还能得到科学思维方法训练和文化的熏陶，因而有利于培养适应现代化建设所需全面发展的人才。发展文科，包括人文、社会学科和经济、管理等学科，从学校现状出发，既要积极，又要适度，致力于办出特色、办出水平。专业建设上以发展应用文科为方向，力量配备上注意基础文科的建设。文科在自身发展的同时，要面向全校开设更多课程。在进行教学工作的同时，要开展科研工作。人文学科、社会学科、经济管理学科近期内可在原有2~3个专业的基础上，各发展至4~5个专业。

若以上目标实现，则东南大学近期内将以工为主，理、文、管学科初具规模，加上与南京医学院联合办学的医科，便建成了具有自己特色的新型综合大学。

——关于院系设置。鉴于学校发展迅速，系、所级业务单位已达30余个，且业务面颇多交叠，头绪繁多，校长难以直接面向系、所实施有效领导，规划、协调发展。咨询委员会建议有必要按相近学科设置学院，由学术地位较高的教师担任学院院长，作为校长助手，在学科范围内多作宏观发展考虑，规划方向、协调关系。这样做既有利于减少校领导头绪，使系、所工作得到经常、及时指导，提高管理效能；又有利于各相关系和专业间的协调合作，互补短长，发展新兴、边缘学科，对外统一力量，承接重大科研项目，促进学科发展。

关于学院性质，为减少层次、提高效率，建议学院暂不作为一级行政机构，而作为校一级的派出机构，是在校、系两级行政工作运转的基础上所增设的，对于学科范围内的教学、科研等业务工作具有统筹、协调和指导职能的机构。学校行政机构仍为校、系两级，系为基础，系主任按学校规定对本系实施全面领导。

《方案》在学院的具体设置上，建议文科、理科分别将有关系组组建为人文社会科学学院、理学院和经济管理学院。工科规模太大，设置一个学院不便管理，可按建筑与土木、机械与动力、电气与电子组建3个学院。视条件成熟与否，分先后实施。

至于系的设置，原则上按学科设系，专业则视学科性质归属于相应的系。据此，对现有系和专业作适当调整，增设少量新系和新专业，提出了6个学院、24个系和51个专业（分属30个左右的专业类）的具体方案。

《方案》也对实施步骤与所需政策措施，以及促进学科交叉与联合发展的问题提出了建议。

专业建设咨询委员会活动的全过程，副校长陈笃信与有关职能处、所始终参与，掌握情况、分析研究，建议方案通过后，即着手组织贯彻，每年在学校工作计划中确定若干项目标、付诸实施。

1988年12月，成立化学化工系，除承担全校化学方面课程外，在现有化学师范班（本科）和精细化工专修科基础上，筹办化学、化工有关专业。

1989年1月，成立经济贸易系，从培养"工程技术—国际经济贸易"交叉学科人才入手，再办专业。学校事实上是从1988年6月即开始筹备，当年9月，即从工科三年级学生中采取自愿报名，原所在系推荐和批准，经考核，挑选一部分外语基础好、专业成绩优良、有一定社会工作能力的学生转学有关国际经济贸易业务课程，同时接受外语强化训练，经过两年或一年的培养，成为从事对外经济贸易工作中较为全面的人才，这种培养模式简称3+2或3+1模式。当时暂归教务处领导，后独立成系。现已并入经济管理学院。

1990年12月，成立交通运输工程系，将原土木系所属公路与城市道路、交通工程和环境保护3个专业分出独立建系，以加强学科建设。

1992年5月，成立仪器科学与工程系，将原归自动控制系的检测技术及仪器、精密仪器两个专业分出独立建系。

《方案》拟建24个系，除情报科学与管理和文史学科外，至此，已实现了22个系的建制。

在学院设置方面，则于1990年9月28日正式宣告东南大学文学院和东南大学理学院的成立。文学院下设社会科学系、哲学与科学系、外国语言系，理学院下设数学力学系、物理系、化学化工系、生物科学与医学工程系。刘道镛教授和王元明教授分别担任文学院和理学院的院长。成立文学院和理学院是学校向综合化方向上发展的一项重要抉择。

在专业、学科做相应的调整、发展之后，学校即在招生、毕业生分配制度上作进一步改革。逐步实施按专业类招生和组织学生参加"双向选择"就业。即实行相近专业按专业类招生、宽口径培养，学生入学后暂不分专业，经两年半到三年的大学基础课程和部分专业类基础课的学习后，再根据社会需求状况、就业制度及个人择业志愿，在所学专业类范围内，选择专业方向，或根据用人单位需要，经"双向选择"达成协议后，确定专业方向，继续接受专业化培养。这样做，学生可具备基础扎实、专业面宽、适应性好、应变能力强的特点，择业具有灵活性和竞争力。毕业前，学校根据社会需求信息，对学生进行就业指导教育，组织学生参加"双向选择"应聘活动，对品学兼优的学生则按志愿优先推荐。无线电系率先实行按系招生，将本系所属5个专业，以无线电技术专业类统一招生，到高年级再择定专业或方向学习。截至1992年，东南大学各系专业状况见表6-1。

表 6-1　1992 年东南大学系科专业设置

系编号	系名称	专业类	专业名称
1	建筑学系	建筑学	建筑学、城市规划、风景园林
2	机械工程系	机械设计与制造	机械制造工艺及设备、电子精密机械、电子设备结构
2	机械工程系	—	铸造
3	动力工程系	热能工程	热能工程、工程热物理
3	动力工程系	—	电厂热能动力工程
3	动力工程系	—	生产过程自动化
4	无线电工程系	无线电技术	无线电技术、电子仪器及测量技术、电磁场与微波、水声电子工程、信息工程
5	土木工程系	—	工业与民用建筑
5	土木工程系	—	建筑材料与制品
6	电子工程系	物理电子技术	物理电子技术、光电子技术
6	电子工程系	—	半导体物理与器件（微电子技术）
6	电子工程系	—	真空技术及设备
6	电子工程系	—	电子材料与元器件
7	数学力学系	—	应用数学
8	自动控制系	工业自动化	自动控制、工业电气自动化
9	计算机科学与工程系	计算机科学与技术	计算机及应用、计算机软件
10	物理系	—	应用物理
11	生物医学工程系	—	生物医学工程及仪器
12	材料科学与工程系	—	金属材料工程
13	社会科学系	—	马克思主义基础
14	管理学院	—	工业管理工程
14	管理学院	—	建筑管理工程
15	哲学与科学系	—	—
16	电气工程系	—	电力系统及自动化
16	电气工程系	—	电气技术
17	外国语言系	—	专门用途英语（科技）
18	体育系	—	—
19	化学化工系	—	精细化工
20	经济贸易系	—	—
21	交通运输工程系	—	公路与城市道路工程
21	交通运输工程系	—	交通工程
21	交通运输工程系	—	环境工程
22	仪器科学工程系	精密仪器	检测技术及仪器、精密仪器

由表 6-1 可见，至 1992 年，东南大学已有 22 个系、43 个本科专业。此外，当年还根据需要招收了机械制造工程、土木建筑工程、电气工程、电厂集控运行、旅游文化与经济管理、科技情报等 6 个专修科，后两者是为筹办文科类和情报科学类专业作准备的。虽然院、系、专业的设置与调整尚在继续进行中，但根据《方案》的建议，总体框架业已构成，学校的专业、学科建设，又迈出了重要的一步。

二、深化改革，加强教学过程建设

专业、学科既定，按专业类招生的教学计划随之确定。欲进一步提高教学水平、教学质量，关键在"苦练内功"，加强教学过程的改革与建设。

教学过程的改革与建设主要是课程的改革与建设。南京工学院时期对此一贯比较重视，1987 年更拨出专款，建立课程建设基金，先确定高等数学、大学物理、外文、中国革命史 4 门课程为第一批重点建设课程，要求在教材、教学文件、师资队伍结构、实践环节和授课质量等五个方面取得长足进展。1988 年，通过检查，总结经验，进一步扩展至全校基础课和技术基础课范围，通过公平竞争、择优资助，确定重点建设 10 门课程，要求建成具有一定特色的校优秀课程，并力争达到国内高校同类课程的先进水平。另外，还择定若干门课程，进行单项或综合的改革。这些课程均需由课程教学组提出申请，系主任审核推荐，公开陈述建设和改革的目标与构想，经专家组评审、教务处核定，报校长批准。当年给予 1000 元至 8000 元不等的教学基金，资助开展工作，并享有实验投资优先权，以后据情调整。这样，引进了竞争机制，调动了教师搞课程建设和改革的积极性，取得了较好效果。如外语教学质量连年提高，1990 年 1 月，全国英语四级统考中 1987 级学生通过率为 70%（全国重点高校平均通过率为 53.9%）。至 1992 年 3 月，首次评选出机械原理、工程流体力学和混凝土结构学 3 门课为校级优秀课程，并给予奖励。同时，展示成果、组织观摩，进一步推动搞好课程建设这项直接关系人才培养质量的基础工作。

1993 年，在第二届全国高校优秀教学成果评奖中，东南大学获二等奖 6 项，包括建筑系的《建筑师职业素质基础培养的有效模式——建筑设计基础教学改革的研究与探索》、动力系的《工程流体力学教学的新模式》、土木系的《建立激励机制，加强能力培养——混凝土结构学课程改革重点》、交通运输系的《公路与城市道路的专业建设》、无线电系何振亚等的《博士生培养方法和研究与实践》、教务处的《教学管理机制建设的研究与实践》。此外，还有更多门课程获江苏省优秀教学成果奖。

课程建设的核心在教材建设，南京工学院素来重视这一环节，投入较多较强人力，并给予政策性支持。在《1986—1990 年教材建设规划》中，计新编、修编教材、讲义 832 种，择优推荐出版。为加强对教材工作的指导，1988 年 12 月，东南大学教材建设委员会成立，其任务为指导与检查全校教材和出版规划,指导外国教材的引进,以及指导教材研究与评价工作,促进新建专业和改造老专业的教材建设工作,以不断提高学校的教学质量。教材建设的指导思想明确为"发挥优势、体现特色、保证重点,提高质量"。如无线电技术专业进行全面教改,建立新的课程结构,形成了一些新的课程,其相应的教材《电路学引论》即被列入校重点教材。此外,《工程流体力学》改革旧的体系,增加计算机辅助教学内容;《大学物理》采取文字、声像相结合的形式,这些也均为教材建设的重点。另外,充分利用东大外国教材中心的优势条件,组织有关课程(如力学)对外国教材的结构体系、内容方法作系统研究,推进教材改革的深化。学校对重点教材从教学编制、调研经费和出版渠道等方面予以支持,保证落实。在组织编写队伍时,既注意发挥老教师的作用,又考虑吸收中青年教师的参加,期望于新老交替关键时刻,在编写出高质量教材的同时,逐步建设一支高水平的教材编写队伍。

东南大学出版社作为大学出版社,则明确坚持把教材出版放在首位的方针,集中人力、物力和财力,出版反映学校优势专业学科的教材和学术专著,把教材出版与学校的学科建设、课程建设结合起来,如出版著名学者钱钟韩教授主编的《系统科学丛书》、中青年学者黄可鸣的《专家系统导论》等;也积极出版一些有水平、有特色,适合教学需要的教材和教学参考书,如《物理实验》等;对各部委规划中分配给东南大学出版社出版发行的教材,也实行优先安排,圆满地完成了国家教委、机械电子部和中国船舶总公司等35种"七五"规划教材的出版任务,对教材建设作出了贡献。

经过这几年努力,在1992年第二届全国优秀教材评奖中,东南大学又有28种教材获国优和部优奖励。其中《工程结构可靠性设计》《物理电子技术中的材料与工艺》《理论力学》《电力系统稳态分析》4种获全国优秀奖,童寯著《近百年西方建筑史》获建设部特别荣誉奖,另有23种分获国家教委、机电部、能源部、建设部、交通部、建材总局和中船总公司一至三等奖,一等奖占半数以上,获奖教材数名列全国工科院校第二名。

教学过程中,教师起主导作用。课程的改革与建设、教学质量的提高,均要求有一支高水平、高素质的教师队伍,在教学工作第一线作无私奉献。东南大学在建设各学科学术梯队的同时,也十分关注教学队伍的建设。历年来采取了一系列措施,如制订了《教师手册》,明确教师工作规范;重视教师思想建设,要求教师言传身教,为人师表;每年举行教书育人经验交流会,表彰先进;设置多种奖励制度,激励教师为教学工作作出优秀成绩;晋升职称,对长期从事教学工作的教师与科研线上的教师要求有所区别,各有侧重;要求教研室抓教学队伍建设,各门课程要有带头人,以老带青,建立结构合理的教学队伍;要开展教学法活动,抓课程改革与建设、抓教学规范、抓教学质量检查;安排有经验的老教师上教学第一线,科研线上教师要承担一定的教学工作,将学科前沿知识、科学研究成果引进教学,提高教学水平;对青年教师实行传帮带,帮助青年教师过好教学关和树立从教的职业道德,发扬"重视教育、重视教学、重视教师"的传统;对首次开课的青年教师进行岗前培训,实行试讲制度、检查听课;专门设立优秀青年教师奖励基金,发现和培养年轻一代骨干教师,促使青年教师迅速成长。由于有了以上措施,故尽管近年来社会上追求名利等某些倾向也影响着学校,教师在教学上投入的精力与时间较少,教学管理的难度增加,但东南大学的教师队伍与教学工作总体上还是稳定的,多数教师仍然全身心扑在教学上,精心育人,默默奉献,上述优秀教学成果、优秀教材无一不是教师的心血凝铸而成的。与此同时,东南大学涌现出数百名教书育人积极分子、优秀教师。1989年,自动控制系丁康源荣获国务院授予的全国先进工作者称号。正是由于有着大批忠于教育事业的教师坚韧不拔地辛勤耕耘,才保证了东南大学的教学水平与质量。

然教学过程要取得良好效果,光有教师努力仍是不够,还必须要有作为教育对象的学生发挥主观能动性,自觉努力地学习。东南大学始终重视学风的建设。首先,从招生开始,即注意选好苗子,坚持贯彻德智体全面考核、择优录取的原则。如1991年录取的本科生中,地市级以上三好学生干部有139名,占新生数的8.6%;新生入学,即进行校史、校情、校风教育,使学生了解和热爱专业,明确学习任务和方向;1988年,东大即提出较为系统的《德育大纲》,随后,逐步完善建立《德育体系》,全面培养和提高学生的政治、思想、道德、心理与审美素质,这对树立良好学风起着保证作用,东大《德育体系》经几年实践取得显著效果,体现较高水平和自己的特色,在省内和全国均有较大影响。在管理上,则一方面有《大学生守则》《学籍管理条例》和严格的课堂纪律、考试纪律等约束机制,另一方面又有三好生、三好班级、学习优秀生、单项竞赛等激励机制;学校每年举行运动会、"金色年华"文化月活动,多种形式的"第二课堂"和社会实践活动等组成多彩的学习生活;还开展"文明宿舍"等基础文明建设,创建文明的学习环境。所有这些,均围绕树立良好学风进行,促进学生能自觉地沿着全面发展的方向修业成才。

最后,加强教学信息反馈,实行科学管理,使学校对教学过程得以有效地监控,从而推动教学改革、课程建设与学风建设,稳定教学秩序,提高教学质量。东南大学的做法是:①在全校建立起多方位、多渠道的教学信息反馈网络。这包括校、系领导听课,专家听课,向任课教师、班主任和学生分别调查授课情况、教学情况和班级学风、考风,以及教学管理人员提供开课情况、抽查自修情况等。②建立教学信息反馈制度。以上调查均以制度形式固定下来,并有内容规范的报表便于统计。③研制教学信息计算机处理系统软件,保证信息处理的及时准确与高效。东南大学每学期有500多名教师,对120多个班级6000多名学生开出近400门课程,要迅速统计处理各门课程教师、学生的教学情况和各个班级的班风情况,显然只有依靠先进的方法和现代化的手段。东南大学研制的这套软件,已在几十所高校中推广使用。④分析反馈信息,实行科学决策,完善管理措施。经过对信息的综合与分析,及时发现教学过程存在的问题,定期向各系教学系主任反馈,采取相应措施。教师教学质量评定的情况,既作为评选优秀教师、优秀教学奖的参考,也有助于对教学质量差的课程进行帮助和改进;参照授课教师、班主任的提名,能较准确地选拔学习优秀生和免试推荐攻读硕士研究生;参照对班风、考风的调查，可以在薄弱环节改进工作，完善管理。

综上所述，东南大学在以往工作的基础上，这几年深入到教学过程中抓了改革与建设，包括课程、教材的改革与建设，教学队伍的建设，校风、学风的建设，教学信息反馈系统的建设。在各项教学基本建设中，如果说专业建设的职责主要在系，则课程建设的职责主要在教研组，而学风建设的职责主要在班级。东南大学动员有关各方，团结协作、各司其职，推动了教学工作不断前进，教学质量稳步提高。

三、研究生教育、成人教育的改革与发展

在此期间，东南大学的研究生教育与成人教育也有了新的改革与发展。

在研究生教育方面，首先是更加重视博士生的培养，在校博士生由1989年的43名发展到1992年的169名。在管理与培养方面，采取了多种措施，以保证和提高培养质量。如研究生招生实行师生互选制，研究生入学后第一学期，了解有关指导教师的研究方向、学术水平、课题经费等情况；导师则了解学生的学习思维能力、发展潜力等情况。在此基础上，进行互选，有利于调动师生的积极性和有效的合作。又如"中期筛选"制，研究生经过一年学习，在对其学业成绩、思想品德等方面综合考核后，确认不宜继续培养者，对其取消学籍，不再进行论文工作，1989年以来，已有7名研究生（其中攻读博士者3名）被取消学籍。再如"论文抽查"制，1989年以来，实行对每届硕士生的论文在答辩前进行抽查，由研究生院送专家审阅，达不到水平的，须经修改后才允许答辩，5年来共抽查132篇，有6篇质量较差，推迟答辩。对博士生论文，则要求在答辩前在国内外核心期刊和重大学术会议上至少各发表一篇作为论文工作阶段成果的文章。其次，在培养模式方面，为适应经济建设和国际交往需要，本着"立足东大、面向全国、放眼世界"的精神，与国内外企业、研究所和大学合作，变单一类型模式为多种类型模式进行研究生培养。如以委托、定向方式为华晶电子集团公司、南京汽车制造厂等企业培养了多届硕士生，采用在校学习课程、到企业完成研究论文的方式，深受企业赞同。又如1986年以来（主要在更名东南大学以来）已与英、美、法、德、日、加拿大、比利时、瑞士、瑞典、澳大利亚等国20余所大学，合作培养了36名博士生，他们在国外结合论文工作、进行科研，充分利用国外先进仪器设备，掌握最新信息资料、学习科学实验方法，有效地得到了培养，同时也作出了成绩。东南大学还接受外国留学生来校攻读硕士学位，已有8人获得学位。

成人高等教育的发展也颇迅速。1988年对夜大本科教学计划作了较大调整与修订，使基础课、技术基础课与专业课的比例更符合培养应用型人才的目标，加强了实践性教学环节。开始对符合要求的本科毕业生授予学士学位的工作，1988—1992年的5年间计授予学士学位396人，占毕业生总数的33.88%。1989年，经国家教委批准，开办了专科起点的本科班，并采取联合办学形式，在省内苏州、常州、扬州、淮阴、徐州、连云港等地设立培训中心和办学点，

逐步建立成人高教网络。为了适应经济建设和社会发展需要，在专业设置上除机、电、土、建等工程型专业外，还根据社会急需开设了机电一体化、计算机应用、建筑工程、财会、金融保险、工业管理、旅游文化、外贸英语等专业，由50年代的4个专业发展到90年代的36个专业。另外，1988年还恢复了高等函授教育招生。东南大学主考工业与民用建筑专业，还有与南京大学联合主考的微机专业自学考试，1988—1992年合计有435名毕业生，几年来编写自考教材9本，另参编教材8本、试卷20门，每年举办助学班20余门课程，学员逾千人次，社会效益显著。在非学历教育方面，有重点地开展继续工程教育，如对无锡华晶电子集团公司的技术人员，派遣专家教授进行新知识、新技术讲学，并举办了数字电路与系统、高压功率MOS管和智能功率集成电路讲习班；为南京汽车制造厂举办车间主任、科长以上干部岗位培训班，以及外文、财会等短期培训班（3个月到半年）；为扬子石化公司和仪征化纤公司举办涉外经营管理培训班，学员有大专以上水平，培训一年后，主要到国外从事外企工作。1988年，机械电子工业部还将"机械电子工程师进修大学电子学院江苏分院"设在东大，作为其继续工程教育基地，东南大学承担部分课程教学和教学管理工作。根据国家教委和劳动人事部有关文件精神，东大从1988年开始接受有关部、委、厅、局委托举办成人高等教育专业证书班，招生对象是本行业、本系统内在岗多年，具有高中毕业文化水平的在职职工。几年来，东大已举办过无线电技术、锅炉技术、计量管理、图书情报、旅游文化、财会、高校教学管理等十几个专业的专业证书班，毕业生1200余人。此外，1990年6月，经省教委批准，东南大学成立江苏省职业技术师资培训中心，国家教委同意筹办职业技术教育学院，进行职教师资和职教管理干部的培训，经积极筹备和开展工作，于1994年正式成立。东南大学多层次、多种形式的成人高等教育适应了社会对人才多方面的需求，对地方经济建设、社会发展作出了新的贡献。

第四节　科研先导，建设重点学科、重点实验室

80年代中期，南京工学院的科研与学科建设在实践中找到了"以科研为先导、以任务带学科、以联合求发展"的路子并取得长足进展。1988年7月，全国首次重点学科评审中，东南大学有建筑设计、通信与电子系统（含信号与信息处理）、电磁场与微波技术、自动控制理论及应用4个学科被国务院学科委员会评定为国家级重点学科。更名为东南大学后，校领导清醒地意识到肩负的重任，学校要更上一层楼，提高学术水平，重点学科建设是"命根子"，没有一批一流的学科，就谈不上一流的学校。1988年9月10日，在庆祝教师节大会上，韦钰校长强调统一认识、齐心协力，从人力、财力、物力三方面保证重点学科的建设。随后，在校长、系主任联席办公会议上，共同分析了学校重点学科面临的形势，认为存在的主要问题是学科带头人数量不足、年龄老化，中年人中"帅才"缺乏，青年人中"冒尖"的不多；有的学科方向缺乏特色，高水平、有重大意义的项目少，组织队伍困难；有的学科科研实验室缺乏先进设备，用房紧张，难以支撑工作。针对这些情况，顾冠群副校长提出一定要改变战线拉得太长、摊子铺得过大的做法，要对现行学科分析评估，确定重点支持对象。对已经确定为重点学科的要"保"，即各方面提供保证措施，使其不断发展优势；对有希望的学科要"促"，即促其不断开拓局面，增强优势；对新兴学科要"抢"，即采取扶持措施，帮其抢先占领制高点。另外，全校要集中力量建设几个重点实验室，开辟科研试验区，支撑科研工作开展和重点学科建设，提出"面对现实，奋起直追，拼搏七年，改变面貌"的要求。嗣后，于1989年，学校成立了科研和重点学科规划建设委员会，由李嗣范教授任主任委员，负责组织制订规划，加强措施，推进科研工作、重点学科和重点实验室的建设。经过多年努力，学校科研工作有了很大进步。

一、争取科研项目，充实研究队伍

科研先导，首先要奋力争取更多、更有分量的项目到手，包括国家、部委、省市的攻关项目，"863"高技术项目，国家自然科学基金项目等。东南大学一方面通过广泛渠道掌握信息，并在校内深入动员，认真细致组织好申报工作；另一方面努力完成"七五"任务的实际行动，取得部门领导和专家权威的信赖和认可。必要时校领导亲自出面，力陈学科的优势条件与基础，以及学校对项目的支持，锲而不舍，务求必得。经过多方努力，这几年东大科研项目和经费迅速增长。

1990年，全校纵横向科研经费为2243万元，是1986年794万元的2.8倍；

1991年，经校内管理体制改革，增加了科研人员的压力与动力，积极争取科研经费，到款2596万元；

1992年，仅与国家和部、省级攻关项目签订合同的经费已超过5500万元，还有其他项目，使当年实际到款5554万元。

科研项目和经费的增加不仅需要相应人力的投入，而且需要相应的政策措施，激励广大科技人员的责任感与积极性，以保证任务的完成。

校内管理体制改革后，东南大学建立了600名专职科研队伍和600余名科技开发队伍，另外还有教师兼职研究，大量博士、硕士研究生以及本科应届毕业生参与，组成了一支庞大的科研力量。在600名科研人员中，半数以上为青年教师，普遍具有较高学历、思想活跃、精力充沛，在重大项目研究的实践中，得到锻炼成长，于各自领域内逐步挑起重担，不少人已崭露头角。这批新生力量充实到科研队伍中，不仅对科研任务的完成是个重要保证，而且从中产生了新一代学术带头人，使东南大学科研后继有人、前景乐观。

在充实科研队伍的同时，东南大学在科研管理方面再次调整政策，制订了工作量聘任制、课题组长负责制，按项目来源与性质分别计算编制，采取严格考核、浮动待遇等一系列措施，鼓励和促进科研人员认真负责，主动积极地投入到项目的研究工作中去。

东南大学这几年的科研项目和经费情况见表6-2、表6-3。

表6-2 1989—1992年东南大学科研项目情况表[①]

年份	课题总数	基础研究课题数	应用研究课题数	试验发展课题数
1989	634	74	255	305
1990	662	114	259	289
1991	663	98	285	280
1992	820	115	421	284

表6-3 1989—1992年东南大学科研究经费情况表[②] 单位：万元

年份	总计	科研事业费	国家教委专项费	国家计经科委专项费	自然科学基金	其他部门专项费	省（市）地方专项费	企事业委托费	其他
1989	2506	930	54	319	133	361	198	438	73
1990	2242	146	57	270	167	251	192	901	258
1991	2597	189	42	519	132	277	149	967	322
1992	5304	196	20	2058	127	465	356	1701	381

① 按全国普通高等学校科技统计年报表上报材料。
② 按全国普通高等学校科技统计年报表上报材料。

二、突破优势领域，集中力量攻关

继"七五"项目的实践、"八五"项目的争取，东南大学对自身科研实力和研究特色已逐步明朗。鉴于东南大学在电子信息、能源、交通、土建等学科领域具有明显的优势，领导下决心在优势领域突破，集中力量，抓好攻关项目，占领制高点。

1990年4月，在全校科研工作会议上，顾冠群副校长作出以"3255"为主体，带动学科发展的部署。所谓"3255"，即三项攻坚任务——燃煤增压流化床燃烧燃气／蒸气联合循环发电，国产20万千瓦汽轮发电机组稳定可靠运行，新型显像管、显示器研究；二项新技术——末端制导技术和水下测验技术；五项高新技术开发应用——微电子技术、复合材料、节能灯制造设备及系统、交通运输工程及其计算机辅助技术、自动化仪表传感器及系统；五个科学实验室和基地——移动通信国家重点实验室、毫米波技术国家重点分验室、建筑CAD重点实验室、分子电子学重点实验室和CIMS网络／数据库技术开放实验室。这些项目的完成和实现，可带动学校除文科外的各学科的发展，要求跨系所、多学科组织起来联合攻关。

首先集中力量抓好国家"八五"攻关任务。如燃煤增压流化床燃烧燃气／蒸汽联合循环发电是国家计委下达国家教委的"八五"攻关重大项目，总经费4140万元。该项目是研究一种新型的高效率、低污染燃煤发电技术，对于能源节省、环境保护有重大意义。世界许多发达国家均竞相研究，东南大学是国内唯一开展这项研究的单位，具有技术优势。"八五"任务是以江苏贾旺电厂作为中试基地，开展总功率为1.5万千瓦的联合循环试验研究，学校对此项目高度重视，集中105名科技人员，全力以赴，协同攻关。又如"国产20万千瓦汽轮发电机组稳定可靠运行"项目，总经费402万，"七五"期间东南大学完成江苏省电力局下达的"徐州电厂6号机组综合治理消除油膜振荡"的重大项目，将该厂一台准备报废的国产20万千瓦汽轮发电机组变成主机组，获得经济效益4500万元，增加产值22.5亿元。"八五"攻关任务是将这一成果进一步完善化并推广应用。上述两个项目属国家教委牵头的六大攻关项目，东南大学与清华大学各占两项。另外，"875改良型高分辨率显示器件"项目也已列入国家"八五"攻关计划，在美籍科学家张可南博士指导与合作下，第一阶段内偏转单色1000线高分辨率显示器已于1991年通过部级鉴定，正向纵深发展。为国防建设服务，也是东南大学科研特色之一。"七五"期间共承担国防任务24项，总经费680万元，获国家科技进步奖2项。1989年，有李嗣范、万德钧、孙忠良、陆佶人4名教师获国防科工委颁发的"献身国防事业"荣誉奖章。在毫米波集成前端、鱼雷轨迹测量系统、捷联式航向基准系统以及军用计算机网络应用服务系统、保密通信、电磁兼容和电磁屏蔽方面均具有特色与优势。"八五"国防科研项目也有较大增长，并从国防"预研"项目到逐步开始接受"型号"项目，能直接为实践服务，为我国国防现代化作出更大的贡献。

东南大学在着重抓好科技攻关"主体"的同时，也十分重视基础和应用基础研究，具有较高水平。李嗣范教授主持的"三毫米波段的技术基础研究"重大项目获经费190万元,已于1991年11月圆满完成,通过专家组验收。韦钰教授主持的"分子器件基础研究"总经费160万元,于1992年2月通过国家自然科学基金委员会中期检查。另外,国家科委重大基础研究"攀登"计划项目"认知科学中的若干问题"总经费500万元,东南大学亦为牵头单位之一,何振亚教授被聘为首席科学家。东南大学近年来获国家自然科学基金资助的面上项目,年均经费100余万元;获江苏省应用基础研究项目,1991年为36项,经费98万元,居省内高校之首。

三、高新技术产业化,为经济建设服务

科研工作必须面向经济建设主战场,科技成果必须尽快转化为生产力,为经济建设服务。东南大学近年来致力于推动高新技术产业化,冀求取得实际社会效益和经济效益。如超大规模集成电路及系统工程技术中心为赶超国际最新高技术电子产品的水平,用最快速度研制、生产出符合世界潮流"短小轻薄"的国产产品,采取逆向剖析,从整机与芯片入手,在消化、吸收的基础上,自行创新,设计出超大规模集成电路,由国外加工芯片,在国内配套组装样机和中试投产。通过这一技术路线,迄今已研制出中/英双向电子词典、俄/英双向电子词典、电子笔记本、测速计程器、数字型无线寻呼机、中文传真无线寻呼机等10余种产品。每种产品均有可能形成一种产业,为振兴电子工业服务。又如东南大学研制的LED电子显示屏,集计算机、微电子、现代光电技术于一体,1990年首先用于南京机场候机厅,效果良好,备受用户欢迎,由于市场需求量大,校内建立了生产基地,并逐步向社会扩大供应。再如年产100万支的H型无芯柱高效节能荧光灯生产线于1991年在常熟建成并通过轻工部鉴定,被列为全国重点推广项目"12条龙"之一,现正与南京曙光机械厂、南京第二灯泡厂等单位联合研制具有国际先进水平的成套专用设备,以形成高速自动生产线,为我国新型电光源产业化作贡献。另如"CIMS"是"863"高技术研究项目,由东南大学作为技术依靠单位,在北京第一机床厂开展应用工程的设计和实施,进展良好。

对于一些较为长远的研究项目,东南大学也努力使其阶段成果能及时有效地转化成产品或在生产中应用。如由东大牵头的省科委任务"江苏省域计算机网络"要求20世纪末建成,其第一阶段成果"南京市域OSI计算机网络"业已完成,正逐步完善并投入应用。前述"分子器件"尚处研究过程,但其阶段成果已与无锡华晶电子集团合作,用于提高微电子光刻分辨率。"磁流体发电"要至21世纪才能真正使用,但现在已将细粉煤燃烧新技术用于南京钢铁厂高炉煤粉喷吹以代替焦炭,取得良好效果。"七五"任务"徐州电厂6号机组综合治理消除油膜振荡"的完成过程中,研制出多种测试仪器与装备,除向校外转让产品外,还选择了6种仪表在校办测振仪器厂进行生产,已有2000多台销往全国各地。

另外,东南大学开发的一些新产品、新技术,或由校办企业生产,或转让给地方、企业生产,

均有明显效益。如在浦口高新技术开发区建立的陶瓷放电管厂，年创利润 50 万～70 万元；"高强度、耐腐蚀、可焊接铝合金材料"为无锡车圈厂采用，其所生产的强度高、重量轻、带色彩的自行车车圈已出口日本、美国等地，1989 年获轻工业部"金龙奖"；"渗铝技术"被靖江县（今靖江市）采用，生产的复合铝铁锅传热快，性能优良，可节能 25%，1991 年获世界博览会银奖。

通过科技开发与校办产业，学校取得了较好的经济效益和社会效益。1991 年，东大科技开发与校办产业创收超过 700 万元。与 1986 年相比较，科技服务费由 216 万元上升至 1800 万元；校办总厂实现年利润由 110 万元上升至 316 万元，年均增长超过 30%。科技成果向社会辐射的形式包括开发转让、咨询、服务等，1990—1992 年，三年来共签订合同 639 项，发展了与省内外数十个市、县的合作，建立了十多个各种类型的技工贸联合体。

总之，推动高新技术产业化，为经济建设服务，加强了学校与社会的横向联合，争取和改善了办学的外部支撑条件，逐步形成相互促进的良性循环机制。

四、内联外合，建设科研试验基地

科研项目、经费的增加，科研队伍的加强，科研试验条件的充实，科研成果的推广应用，科研内外部环境的改善，使学校有可能扩大内联外合，集中力量建设几个国家级的或有实力、有影响的科学研究试验基地，为今后承接重大科研任务，开发高新技术，培养高层次人才，发展重点学科创造物质基础。东大经反复研究、严格审查，综合考虑学科方向、项目任务、经费、人员、条件、成果等情况，从众多科研机构中遴选出 9 个"重中之重"，作为学校重点科研试验基地，它们既是东大教师在科技战线多年辛勤劳动的结晶，又是新形势下继续攀登科技高峰的支撑。

1. 毫米波国家重点实验室

它是在学校电磁场与微波技术重点学科多年研究工作的基础上，于 1991 年经国家计委和国家教委批准正式开始建设的。主要研究方向为：① 毫米波电路与网络；② 毫米波传输与辐射；③ 毫米波的应用；④ 毫米波新型元器件。多年来，东大在毫米波噪声锁相信号源、功率源、低噪声集成前端、毫米波电路 CAD 软件及各种无源元件等方面，取得国家科技进步奖、国家自然科学奖和部省级奖多项，为我国毫米波研究赶超国际先进水平作出了贡献。"3 毫米波段的技术研究"成果引人瞩目；经费为 200 万元的国防项目研制成功，标志着我国毫米波技术已从传统的波导分立电路进入到集成化阶段；8 毫米微带混合集成电路设计和工艺技术取得了重大突破，进入实用阶段。

2. 移动与多点无线通信网技术国家重点开放实验室

它是 1989 年国家计委和国家教委批准的世界银行贷款资助的项目。其从事的基础研究及关键技术研究主要内容有：① 语音编码技术；② 安全通信技术；③ 无线入网技术；④ 数字移动及多点无线通信网的优化设计；⑤复合电磁波噪声特性的测量与研究；⑥移动及多点无线通信设备中专用集成电路芯片；⑦个人通信网关键技术；⑧分组无线通信网；⑨宽带交换技术的研究等。"七五"期间，承担国家攻关项目"一点对多点微波通信技术及其装备""分布式多道数控地震仪""ISDN 用户网络接口及多功能终端"，自然科学基金项目"制模与仿真理论及其在通信中的应用""自适应干扰抑制理论与技术""自适应信号检测与识别""声表面波记忆意识器的研究"等 18 项研究，总经费约 100 万元，许多成果业已转化生产。

3. 计算机辅助建筑设计（CAAD）国家专业实验室

CAAD 是建筑设计实现现代化的必由之路。东南大学 CAAD 实验室始建于 1984 年。1989 年经国家计委和国家教委批准，由世界银行贷款，在原有基础上建立国家 CAAD 专业实验室，开展 CAAD 教学与实验，开发符合我国国情的 CAAD 应用技术。几年来，承担国家及省部级重大 CAAD 科研项目 5 项，开发 CAAD 应用软件 7 件，其中"计算机辅助住宅方案设计系统"获建设部优秀软件奖。

4. 分子与生物分子电子学实验室

它是国家教委开放实验室，成立于 1985 年，以分子电子学为主攻方向，以探索和研制新一代电子器件和计算机为长远目标，在功能分子纳米组装技术、分子层次上能量和信息传递规律、分子存贮和光开关、分子传感器件、分子设计以及计算机原理和系统等方面，开展了多层次深入的研究。发表论文 200 多篇，完成多项科研项目，如"大面积 LB 膜的制备及刻蚀研究""高耐热性聚酰亚胺绝缘膜"等，并正从事国家"八五"攻关项目"超薄有序抗蚀层及刻蚀技术""863"高技术项目"基于分子器件神经网络的研究"以及国家重大自然科学基金项目"分子器件基础研究"。此实验室的工作在国际上也受到同行的重视。

5. CIMS 研究中心即东大计算机集成制造系统研究中心

它于 1988 年成立，为跨学科的科研联合机构，接受国家"863"高技术计划自动化领域 CIMS 主题专家组所下达的科研任务。"七五"期间承担 8 项"863"—CIMS 主题项目，取得优秀成果。如顾冠群教授负责的"CIMS 计算机网络技术研究"课题，以及"北京第一机床厂 CIMS 工程初步设计"等。"八五"期间又承担了 11 项"863"—CIMS 主题项目，并继续作为"北京第一机床厂 CIMS 详细工程设计和实施"的依托单位，为我国发展高技术及其产业化作贡献。

6. 燃煤联合循环发电技术实验室

它是在东大热能工程研究所长期研究工作基础上发展起来的一个重点科研基地。研究方向为高效率、低污染发电与能源新技术、节能新技术和测试技术、热工自动控制技术。基础理论涉及流化床燃烧、粉煤燃烧、高温燃烧、传热、两相流体力学、固硫等诸多领域。"七五"期间承担项目经费 450 万元，"磁流体发电""燃煤增压流化床技术"等多项获奖。"八五"期间承担国家攻关项目"燃煤增压流化床燃烧燃气—蒸汽联合循环"，在江苏徐州贾汪电厂进行 PFBC 中试电站建设，总经费 4140 万元，还承担了"863"高技术项目"燃煤磁流体发电"项目。

此实验室在国内外均有一定影响及地位。

7. 振动工程研究中心

它是以东南大学动力系振动工程研究所为基础建立起来的跨学科、跨行业、跨地区联合组建的产、学、研联合体，于1992年正式成立。它以东南大学为技术依托，成员有中国电力企业联合会、北京电力科学研究所、徐州发电厂、谏壁发电厂、哈尔滨汽轮电机厂、南京汽轮电机厂、江苏省电力局等10余个单位。以研究解决大型和重要旋转机械振动的重大工程技术问题为主攻方向，实行"工程性基础研究—应用开发—试验生产"一条龙运行机制，具有综合解决重大振动工程技术问题的能力和及时将科研成果化为产品的优势。"七五"期间，承担国家部省级科研项目21项，总经费220万元，在转子轴系运行稳定性试验研究、轴系扭振试验研究、汽轮机叶片动态特性试验研究以及振动监测、监控保护、故障诊断仪表和系统的研制开发方向取得一系列成果。"八五"期间，承担国家攻关项目"提高20万千瓦汽轮发电机组支持稳定可靠性综合研究"，总经费402万元。中心自行研究生产的ZXP系列7种振动测试分析、故障诊断仪表广泛应用于电力、石油、化工等部门。

8. 改良型高分辨率显示器件实验室

它是东南大学专门从事新型高分辨率显示器件基础研究、应用技术研究的科研基地。设有改良型高分辨率显示器件设计、CAD、工艺、测试技术和显示器5个研究组，并建立一条工艺试验线。实验室开发的新型器件提供东大电子管厂作产品，如1991年经机电部鉴定的"内偏转单色1000线高分辨率显示器"科技成果，即由电子管厂向产品转化。"八五"期间，实验室承担国家攻关项目"改良型高分辨率彩管的开发研究"，正全力投入研制中。

9. 国家专用集成电路系统工程技术研究中心

它是经国家科委批准，以东南大学为依托单位成立的，以赶超国际高科技电子产品的水平，将成果转化为产品，实现产业化为宗旨。主要任务是进行超大规模集成（VLSI）电路及其系统的逆向工程，剖析以VLSI为核心的各类电子产品系统的芯片，研究、开发创新的微电子产品；VLSI正向设计软件开发和VLSI的设计；以VLSI为核心的微电子产品中试和小批量生产，将科研成果转化实现产业化，迄今已经实现10余种。现正投入国家"863"项目"超数字信号处理芯片"和"个人电话网PCN的无线电话CTZ"的研究和开发中。

五、科学研究出成果、学科建设获发展

东南大学一方面依靠自身的学科优势，积极争取重大科研项目，推进高新技术产业化；另一方面在完成科研任务，实现成果转化过程中组建队伍、锻炼队伍、装备科研试验基地，改善内外支撑条件，从而促进学科建设。几年来，科研取得丰硕成果。学科建设获新发展。

在科研成果方面，四年来计获国家科委三大奖9项，国务院部委和省（市）级奖145项，

获奖数超过前10年。获国家科委三大奖的9项成果为：

1990年，"轻积灰高传热鳍片省煤器"获国家发明奖三等奖；1991年，"毫米波无源电路的分析与应用""系统建模方法及自适应控制系统设计的研究"获国家自然科学奖四等奖；

1992年，"钢纤混凝土路面性能设计与施工技术"获国家发明奖三等奖，"一种流化表面干燥制粉装置""节能复合铝铁锅"获国家发明奖四等奖，"大城市综合交通体系规划模式研究"获国家进步奖二等奖，"微机数据采集和处理专用装置的研究""H/SQC—552型侦察声纳"获国家进步奖三等奖。

获国务院部、委及省、市奖励的成果，见表6-4。

表6-4　1989—1992年东南大学获国务院部、委和省、市奖的科技成果统计表

年份	获国务院部、委奖的科技成果					获省、市级奖的科技成果				
	一等	二等	三等	四等	总计	一等	二等	三等	四等	总计
1989		6	6		12	4	6	8		18
1990	1	6			7			7	9	16
1991	2	9	21		32	3	7	10		20
1992	3	6	13	1	23	2	11	4		17
总计	6	27	40	1	74	9	31	31		71

另外，在省、市以上哲学、社会科学奖方面，东南大学在此期间计有11项成果获奖，反映了文科建设方面也有一定进展。

再如专利申报和获准数、国内外发表的科技论文数，也有较大幅度的增长，也反映了东南大学科研工作和学术方面的进展。

经过这几年的努力，东南大学学科建设又向前迈出了一大步。1990年10月，获国务院学位委员会批准，东南大学第四批新增博士学位授予点6个、博生指导教师15名，硕士学位授予点14个。至1992年，东南大学拥有博士点20个、博士导师40名、硕士点52个。

新增博士点为：城市规划与设计、机械学、精密仪器及机械、计算机应用、公路城市道路及机场工程、生物电子学。

新增博士导师为：

吴明伟（城市规划与设计）、单渊达（电力系统及其自动化）、许尚贤（机械学）、毕光国（通信与电子系统）、万德钧（精密仪器及机械）、杨祥林（物理电子学和光电子学）、王能斌（计算机应用）、魏同立（半导体器件与微电子学）、邓学钧（公路城市道路及机场工程）、宋文忠（自动控制理论及应用）、孙国雄（铸造）、刘先觉（建筑历史与理论）、施明恒（热能工程）、鲍家声（建筑设计及其理论）、周强泰（电厂热能动力工程）。

新增硕士点为：概率论与数理统计，超导技术及磁流体发电，马克思主义理论教育，生物电子学，实验力学，电子材料与元件，振动、冲击、噪声，工业自动化，机电控制及自动化，模式识别与智能控制，电磁测量技术及仪器，风景园林规划与设计，金属材料与热处理，土木、水利工程施工。

这一时期东南大学有以下教授于1992年被聘为国务院学位委员会第三届学科评议组成员：韦钰、童勤义、齐康、郭湖生、冯纯伯、邓学钧、徐益谦。

还有以下教授分别于1989年、1990年、1992年被国家科委、人事部授予国家级有突出贡献的中青年专家：孙忠良、顾冠群、童林夙、邓学钧、章名耀、陆佶人。

长江后浪推前浪，东南大学经过十数年拼搏，新时期一代学术领导人已成批涌现，他们将继往开来，勇攀科技新高峰，作出新贡献。

第五节　改革管理体制，提高办学活力

80年代中期以来，高等教育事业有很大发展，学校功能发生很大变化，管理幅度与外界联系均与过去不同，原来的一套管理体制与高校面临的形势和任务不相适应的矛盾日渐暴露；与此同时，由于教育经费的投入单靠政府拨款已远不能满足学校需求，投资渠道也在变化，学校教职工收入偏低，分配上的平均主义、"大锅饭"现象比较严重，教职工住房、医疗及退休养老等问题上遇到的困难也日益突出。如何通过管理体制改革，调动广大教职工的积极性，提高工作效率，增强办学活力，推动学校事业发展，就成为东南大学领导必须面对和亟待解决的重要议题。

从1988—1992年，东南大学的管理体制改革大体经历了三个阶段：第一阶段是1988年进行的机关改革，对机构和人员进行调整和精简，对机关实行定任务、定岗、定编；第二阶段是1991年，作为国家教委确定的校内管理体制改革的试点学校，在全国高校中率先进行校内管理体制改革，重点是人事分配制度改革；第三阶段是1992年，学校提出按"三大块"深化学校综合改革的思路，将学校工作分为教学科研、校办产业和后勤服务三大块，对不同性质的工作采取不同的管理方式。这三阶段的改革，各有侧重，同时又构成了学校管理体制改革一个比较完整的体系，形成了有东大特色的比较系统全面的改革思路，取得了较好成效，在全国高校产生了较大反响。

一、校内管理体制改革

1. 机关改革

随着学校事业发展，学校管理部门的机构和人员增加较快，到1988年，校机关行政系统计有368人，其中处级机构19个，科级机构51个；正副校长6人，处级干部50人，科级干部103人。党委系统为106人，其中处级机构16个（无科级），正副书记3人，处级干部23人，科级干部33人。机关总人数474人，约占当时全校教职工总数4100人的11.56%。造成机构、人员急剧膨胀的原因，一是学校事业发展较快，出现了许多新的工作，或一些工作原来在学校中所占比重较小，随事业发展而需要成立专门部门来承担，如先后成立的研究生院、成人教育学院、科技开发研究院、学生处、纪委、监察审计处等，这是正常的；二是某一时期为某项特殊任务而成立的临时性机构，在完成主要任务后未及时撤并，如落实政策办公室、考查干部办公室、党委调研室等；三是一些部门缺少科学管理的机制，总认为人多好办事，校领导和主管部门控制不严，遂致机构、人员不断增加，产生了人浮于事、劳逸不均、相互扯皮、效率不高等现象。基层广大教师对此意见较多，引起了学校重视。1988年3月，学校成立机关改革领导小组，院党政领导亲自动手抓，人事处、组织部、院办、党办、工会参与组成工作班子。通过调查摸底，弄清现状，听取各部门意见，4月中旬提出了改革的初步方案。主要内容为：① 理顺关系，明确原本不具备党政管理职能的业务部门，如学报、高教研究所、档案馆、电教中心、分析测试中心等不属机关序列，改为院直属单位或挂靠有关部门。② 明确职能，进一步确定各部门任务；撤销一些临时机构，如落实政策办公室、考查干部办公室；合并一些交叉重复的机构，如将党委学生工作部原学生管理的职能划归学生处，学生思想教育的职能划归宣传部；又人武部归并军事教研室，划归教学序列，实行两块牌子一套班子，部长兼军教室主任。③ 重新定岗、定编，根据部门的任务和所承担的职责，对部、处、科室重新核定岗位干部职数和人员编制，一律从紧，只减不增。④ 清退1983年6月以后机关内以工代干人员，减少临时工。不过，在具体贯彻时，开始进展并不顺利。学校遂决定采取果断措施：院办、党办、人事处、组织部先行，人员一律精简三分之一，再逐一确定其他部门人员编制；各单位自报公议，一经院务会议讨论决定，必须执行。定编多余人员有四个去向：原从事业务工作的可回系所继续搞教学、科研；充实基层组织；到经济实体、后勤服务部门工作；年龄偏大、临近退休、确难安排者，可仍留本单位作过渡编制，退休后编制自行取消。

由于领导决心大、措施得力，到7月底，整个机构调整和人员精减工作即基本结束。计撤并处级机构4个，校党政机关人员定编数为：行政系统274人，减少94人；党委系统64人，减少42人。总计精减机关干部28.69%，有的单位还留有缺额。各直属单位人员也相应减少。机关通过改革机构，人员更加精干，工作效率有所提高，且为下一步校内体制改革奠定了基础。

2. 人事、分配制度改革

1991年3月全国人代会期间，当时任国务委员兼国家教委主任的李铁映到江苏代表团参加讨论，谈及深化高校内部改革问题，示意拟找两所高校试点，打破"大锅饭"，拉开分配差距，使学校中真正干事、贡献大的教师收入有较大提高。东南大学校长韦钰、南京大学校长曲钦岳当即表示愿意承担试点任务，在座江苏省领导沈达人、陈焕友、孙家正等表示支持两校搞好此项改革。韦钰返校后，即行传达部署，由分管副校长、副书记牵头，成立几个小组，开展调研，制订方案。开始侧重分配制度改革，还寄希望于教委给些特殊政策。后经多方听取意见，反复研讨，逐渐理清思路，形成统一认识。即此次校内管理体制改革，主要为劳动、人事分配制度改革，通过严格的定岗、定编和聘任制，调整、优化和组建队伍，根据工作实绩和承担的工作量拉开分配差距，并从学校实际出发，推进住房、医疗和退休养老制度改革，据此拟订了初步方案。4月29日，国家教委副主任朱开轩、直属司司长陶遵谦和江苏省委副书记孙家正听取了两校改革情况的汇报。朱开轩指出：管理体制改革不是孤立的，必须与整个高等教育改革和国家的改革联系起来，高校的改革包含两个方面，一是教学科研改革，核心是提高人才培养质量，提高办学水平；一是管理体制改革，核心是调动广大教职工积极性。一定要理清改革的思路，起点要高。要把为什么改革、改什么向干部群众讲清楚；要认真研究具体政策和措施，把握好改革的力度，谨慎操作；要考虑群众的承受能力，体现知识分子政策，为大多数人接受；也要考虑整个外部环境和学校的财力支持条件。两校改革先走一步，为教委和国家提供一个思路，不给特殊政策，改革才有普遍意义和推广作用。根据这些意见，学校组织力量，重新修订方案，具体制定了各项细则，分教学、科研、党政管理、教辅实验、校办产业、后勤六条线进行定岗定编、定职、定责，核定工作量和聘任工作，并在此基础上提出了以浮动的"校内岗位实绩津贴"为主要内容的分配改革方案。

1991年5月28日，学校正式向国家教委递交了《关于在我校进行深化校内管理体制改革的请示》，改革的指导思想是：通过深化改革，解决目前学校管理体制中一些深层次问题，运用政策导向、思想教育和物质激励手段，充分调动广大教职工的积极性，逐步建立起主动适应经济建设和社会发展的运行机制，建设一支又红又专、精干高效、结构合理、充满活力的教职工队伍，推动学校各项事业发展，提高办学水平和办学效益。改革的基本思路是：首先深化人事制度改革，根据学校"八五"计划，严格定岗、定编、定职、定责，完善聘任和考核，积极调整、优化和组织队伍，努力创造新的工作岗位，充实和加强校办产业队伍，所有受聘人员须满80%工作量；在此基础上，通过分配制度改革，打破平均主义和"大锅饭"，逐步将校内奖酬金等工资外收入纳入校内分配制度，根据工作实绩，实行浮动的岗位实绩津贴；改革住房、医疗、退休养老保险制度，把原来完全由学校包下来的做法，改为由学校、职工所在单位和个人三方面合理负担；同时，加快校办产业发展，为学校提供比较稳定的财源补充。

国家教委肯定了东南大学改革的指导思想和基本思路，同意试行。7月，在天津召开有教委部分高校的校长、党委书记参加的咨询会议，讨论了东大、南大两校改革方案，并增加了清华大学、南开大学、天津大学、上海交大为校内管理体制改革的试点学校。9月27日，国家教委正式批复同意南大、东大两校按所报方案，进行校内管理体制改革试点工作。

实际上，东南大学在7月底即已基本完成聘任工作。9月初，解决了少数单位聘任中遇到的疑难问题。至9月20日，即正式兑现了校内岗位实绩津贴，至此，改革第一阶段任务基本完成。定编后，学校教职工总人数按国家教委规定为4250人，各条线上的人数及占比为：教学及教辅人员1607人，占37.8%；科研600人，占14.1%；党政管理（其中党群学生工作线200人）521人，占12.3%；校办产业（含工厂、经济实体、科技开发）669人，占15.7%；后勤服务510人，占12%。实际缺编343人，在第一轮聘任中，因工作量不满80%、无岗或表现不好而缓聘的有89人。聘任后，教师及各类人员实际收入平均在原来工资收入基础上提高了50%~60%，津贴经费来源主要是学校创收的福利基金部分。由于工作较细致，思想认识比较统一，方案经过反复研究测算，较为切实可行。因此，整个改革进行较为平稳，未出现大的波动，基本达到了预期的目标。

1992年1月，国家教委在南京召开第三届咨询委员会全体会议，教委主要领导和有关司局长、委属36所高校的校长、党委书记均与会听取了东大、南大两校改革的汇报，给予了充分的肯定，并决定校内管理体制改革在委属高校中全面展开。

3. 医疗、退休、养老保险制度改革

这三项制度改革也是校内管理体制改革的组成部分。由于长期以来高校在教职工住房、医疗及退休养老保险等问题上，采取国家（学校）包下来的做法，存在种种弊端，使学校负担沉重，经费紧缺，供需矛盾尖锐，从某种意义上讲也是制约学校发展，造成办学效益不高，导致群众不满的重要原因。学校针对存在的问题，采取以下改革措施：

住房制度改革。学校教职工住房面临的主要问题是国家下拨的基建经费和学校自筹的建房经费投入不敷需求。教职工住房十分困难，中青年教职工尤紧。而长期采取无偿分配、低租金的做法，不仅使大量资金投入不见效益，连日常维修费用也难以保证。近十余年来，尽管东大基建已向教职工住房倾斜，然缺口仍很大。学校采取从实际出发，逐步推进的方针，着手改革。一是适当提高租金，给予一定补贴；二是建立住房公积金制度，逐步推进住房商品化和社会化，以积累资金，加快住房建设，改善教职工住房条件，优先解决无房户、特困户的住房困难。

医疗制度改革。医疗方面存在的问题是医药费涨价幅度过大，检测手段日趋先进，检查费用剧增，而公费医疗费长期没有增加，加之教职工中小病大看、乱开药、开好药的现象比较普遍，医疗费难以控制，超支严重。改革的做法是实行医疗费用由学校和个人共同负担，将公费医疗定额经费按一定比例划给教职工，试行医疗定额结算制度，职工看病医疗费登记入卡，超出部分按一定比例自付；对重病患者，及自负医药费过多确已对生活造成困难者，由学校和所在部门给予适当补贴或减免。

退休养老保险制度改革。东南大学退休人员日益增加，90年代中后期将达高峰。由于退休人员与在职期间收入出现差距和物价上涨等因素，实际生活水平有所下降。退休教职工为学校事业作出过很大贡献，退休后理应安享晚年，但如果生活补贴和各种福利待遇全由学校包下来又势难承担。改革的做法是由学校、教职工所在部门和个人三方共同建立退休养老基金，长期存入银行，用作退休人员生活福利的补贴。具体投入是从学校、部门福利基金中各提2%，从校办产业上交学校利润中提取5%，和教职工交纳的养老金（分年龄段从校内岗位津贴中按比例提取）一起进入基金，待退休后按规定每月领取一定数额的生活补贴。

改革实施后，收到一定成效，如医疗费超支幅度得到一定程度的控制，住房公积金和退休养老基金也为积累建房资金、补贴退休人员生活起到一定作用。但以上三项改革均与国家的社会保障体制改革相联系，改革的深度受国家和社会保障体制改革的进展所制约，今后也还将随着国家社会保障制度的逐步建立而不断完善。

二、校办产业的改革

80年代中期，南京工学院校办工厂有机械工厂、实习工厂、理化工厂、测振仪器厂等，主要生产少量教学、科研仪器设备。电子管厂虽不断开发一些新产品，生产规模亦不大。在科

技开发方面，开展了合作科研、成果转让、科技咨询等活动。两者组织上统归科技生产开发处管理。1988年，成立了"东大浦口科学工业园"，建立了陶瓷放电管厂等实体。另外，还组建了江苏省经纬生物医学工程研究开发联合公司、江苏南方电脑设计联合公司等公司，加上原来的建筑设计院和东南动力工程开发公司，东南大学校办产业有了一定发展，初步形成一些有自己特点的产品和服务方向，产值利润逐年有所增加，但总的状况是管理体制不顺、效益不大。

1992年，学校经过认真研究，提出按"三大块"的思路，深化学校综合改革，其中对校办产业（科技服务及开发、校办工厂、公司等）一块，经分析存在以下主要问题：① 沿用事业单位的方法管企业，干预多、效率低，校办产业缺乏一个比较宽松的环境；② 队伍结构不合理，人员素质偏低，缺乏灵活有效的用工制度；③ 用于产品开发和产业发展的投入偏少，缺乏二次产品开发和科研成果转化的能力，在市场竞争中缺乏"拳头"产品和技术；④ 没有形成一支精干的营销和市场服务队伍，市场观念比较薄弱，缺乏营销手段，市场竞争能力差；⑤ 收益分配政策及从事校办产业人员的职称、住房、奖励等方面的政策需进一步调整，建立一种有效机制，调动校办产业开发的积极性。据此，学校提出校办产业这一块要统一实行企业化管理，以经济效益为核心，大力发展科技产业，促进科技成果转化，积极参与市场竞争。

具体改革从理顺管理体制、转换运行机制、调整分配制度入手，采取以下措施：① 改革校办产业管理体制，组建南京东大科技实业（集团）总公司（简称"东大集团"）对校办产业实行统一领导，与校科技开发研究院实行两块牌子一套班子；② "东大集团"实行董事会领导下的总经理负责制，根据产权与经营分离原则，对学校实行"四包一挂"的全员总承包，即包上缴利润，包教学实习和科研协作任务，包管理、建设和技术改造任务，包重点产品开发和产业发展指标，实行工资总额、奖金与经济效益挂钩，建立自主经营、自负盈亏的运行机制；③ 总公司对下属企业，从原来的过程管理转变为目标管理，逐步放权，以增强企业活力，积极参与市场竞争；④ 加强校办产业队伍建设，在人事、用工、分配等方面给集团以更大自主权；⑤ 依托学校优势学科，加快产业基地建设，推动二次开发，促进科技成果转化；⑥ 大力发展科技第三产业，扩大学校科技服务范围和高新技术辐射能力。

根据以上改革思路和制订的措施，1992年暑假，全校校办产业进行了调整和重组，制订了一系列规章制度。10月，南京东大科技实业（集团）总公司正式成立。1992年底，全校校办产业实现产值3000多万元，利润近千万元，东南大学校办产业发展进入新阶段。

三、后勤服务的改革

多年来，高校后勤采取的是一种福利服务型和事业型的管理方式，举凡教职工住房、医疗、子女入托、学生的食宿及水电维修等统统由学校包下来，形成了学校办社会的局面。随着学校事业的发展，师生员工日趋增长的物质需求与学校后勤资源和经费的有限性产生了很大的矛盾。

学校投入少，后勤本身缺少自我积累、自我发展的能力，服务范围难以扩大，服务质量难以提高；后勤职工收入偏低，也不利于发挥积极性；事业型的管理缺乏竞争，不讲效益，往往花了钱服务没搞。虽近年作了些改革，如实行经费任务大包干，对车队、招待所实行独立核算，以及将总务处划分为行政管理处和生活服务中心，取得一些成效，但改革力度还不大。

1992年，按照"三大块"改革的思路，对后勤改革提出了实行事业单位企业化管理和由福利服务型向服务经营型转化的做法，核心是转换机制，从传统的"学校办社会"中走出来。具体从机构设置、职能划分、运行方式、制约手段四个方面入手，实行"小机关、多实体、大服务"。

首先，将行政管理处和生活服务中心两个处级单位重新合并为总务处，下属科室全部撤销，干部保留原职级待遇。总务处作为学校行政机关的性质不变，机关人员由原来的22人减为12人。在取消科室的同时，按各自工作性质和类别组建12个相对独立的经济实体，它们是：饮食服务中心、房地产服务部、水电服务部、行政服务部、维修服务部、集体宿舍服务部、汽车运输服务部、电讯服务部、医院、招待所、幼儿园（含托儿所）、新校区后勤服务部。这些实体不属机关性质，没有行政级别。这样"小机关、多实体"的组织体系，减少了中间环节，体现了服务为中心、精干高效的原则。各实体在原来服务、管理、育人职能的基础上，增加经营、开发的职能。总务处则主要代表学校对各实体行使协调、监控、规划职能，签订承包方案等，统筹组织第三产业的开发。经过改革，各经济实体有较大自主权，可独立核算、分级承包、自主经营。12个实体又根据工作性质和任务不同，在管理上分为两类，一类如车队、招待所、维修服务部等，基本上实行企业化管理，实行全成本核算、全员承包、有偿服务、工资返还、上缴利润；另一类按企业化方式运行，但在人头费中，国家工资这一块仍由学校承担，其余校内津贴、奖金、福利由自己承担。在劳动用工制度上实行严格定岗、定编、定工作量，实体干部实行聘任制，竞争上岗，工人实行劳动合同制。在分配制度上，各实体可自行按岗、按绩定酬，使利益与贡献直接挂钩。学校在推进后勤改革时，强调后勤服务社会化，走发展第三产业的道路，在保证学校需要的前提下，积极挖掘潜力为社会服务增加收入。同时，实行开放和竞争，允许社会服务"化"到校内来，用户可根据服务质量、价格、态度等，自行作出选择，打破原先后勤事业型管理独家"垄断"服务的局面。

后勤服务改革经较长时间准备，至1992年暑假开始施行，10月完成机构调整、运行机制转变，到年底已初见成效，服务态度、服务质量和经济效益有所提高，职工收入也有较大增长。

东南大学的管理体制改革在全国高校中较早开展，也较深入，逐步形成了自己的特色和比较系统的思路，即在改革中始终坚持从学校实际出发，运用政策导向、思想教育和物质激励的手段，重视新的运行机制的建立，充分调动广大群众的积极性和创造性。通过改革，促进了学校事业的发展，学校综合实力上了一个新台阶，在全国高校引起较大反响。全国多家有影响的报刊介绍了东南大学的改革经验，几百所高校先后来校访问交流，给予了肯定的评价。虽然，东南大学管理体制改革取得一定成效，但还是按照当前的实际所采取的措施，处于边实践、边总结、边改进的阶段，随着国家经济体制、教育体制、科技体制改革的深入，学校管理体制改革必将相应调整，进一步完善。

第六节　行百里者半九十，创业无尽期

一、东南大学四年新进展

东南大学自 1988 年更名，至 1992 年建校九十周年，各项工作取得显著的成绩，如前述浦口新校区的建设、专业学科的发展、教学改革的深化、科研与重点学科和重点实验室建设的突破等。这里将对东南大学规模现状和其他有关方面的演变进展作简要补充叙述。

1. 东南大学规模现状

东南大学自 1902 年三江优级师范学堂创立始，迄今九十春秋。除衍生发展了多所院校外，自身也越江拓展了浦口新校区，总计土地校本部（含全部生活区）531 亩，新校区 901 亩，合计 1432 亩，校舍总面积达 44 万平方米。

东南大学现有学科以工为主，工理文管综合发展，还与南京医学院合作办学，学科较为齐全。理学院、文学院、经济管理学院已单独建院，工科设系较多，尚待将相近系科组建成几个学院。东南大学已经成为多学科综合发展的新型大学。

东南大学培养人才，以本科以上高层次人才为主，多层次、多种形式发展教育。1986 年以来，成立了研究生院和成人教育学院，并在无锡与中国华晶电子集团公司建立了教学、科研、生产联合体——东南大学无锡分校。到 1992 年，全校共有 22 个系、43 个本科专业（含 108 个专业方向）、6 个专修科，有 20 个博士生专业、52 个硕士生专业和 1 个博士后流动站。

全校教职工近 4000 人，其中专任教师 1401 人，全校总计有教授及其他正高职称人员 154 人、副教授及其他副高职称人员 634 人。全校各类在校生为 1 万余人。详见表 6-5、表 6-6。

表 6-5　1988—1992 年东南大学教职工人数表

年　份	教职工总数	专任教师数
1988	4284	1488
1989	4162	1449
1990	3987	1366
1991	3922	1413
1992	3966	1401

表 6-6　1988—1992 年东南大学学生人数表

年份	本专科生数			研究生数			夜大函授生数		
	招生数	在校生数	毕业生数	招生数	在校生数	毕业生数	招生数	在校生数	毕业生数
1988	2245	7983	2158	379	1249	366	629	1962	311
1989	1688	7600	2084	348	1183	401	893	2549	537
1990	1817	7657	1735	350	1079	428	821	2709	487
1991	1850	6903	2514	368	1087	333	544	2583	752
1992	2030	7149	1767	399	1156	291	699	2247	979

2. 基本设施

东南大学作为教学、科研两个中心的全国重点大学，全校设有 11 个研究所、11 个研究中心、51 个研究室、88 个实验室和 6 个校办工厂。全校有 4 个国家重点学科、2 个国家重点实验室、1 个国家专业重点实验室，拥有各类教学、科研仪器设备 27 800 台（件），总资产 8557 万元。计算中心的 DPS-8 大型计算机运行多年，即将更新；DPX-2 小型计算机 2 台已投入使用；全校教学科研微机有近千台。教学、科研设施与手段的不断完善满足了基本要求，为学校的进一步发展、提高，提供了物质基础。

东南大学图书馆藏书 140 余万册。东南大学出版社成立以来，出书 600 余种，教材与学术著作占 70%。《东南大学学报》于 1955 年创刊起，迄今已近 40 年，现已由季刊改为双月刊，数量、质量均有较大发展和提高，并出版了外文版。电教中心多年来制作了 500 余学时的电视教材，每年教学播放 22 万人时数，每年为教学制作幻灯片 7000 张左右，在主要教学大楼均配备了投影仪、幻灯机等常规设备，教师可随时使用。

3. 党政领导和组织机构

这一时期，党政组织主要领导人延续未变，只有个别调动。南京工学院更名为东南大学时，学校党政领导班子为：

党委书记陈万年，副书记柏国柱；

校长韦钰，副校长陈笃信、朱万福、毛恒才、顾冠群、钱一呈。

1991 年 1 月，中共东南大学第六次代表大会改选党委。4 月，经上级党委批准名单如下：

党委书记陈万年，副书记柏国柱、吴明英、胡凌云，纪律检查委员会副书记潘瑞民。

至 1992 年东大九十周年校庆时，党委班子未变，行政领导为：

校长韦钰，副校长陈笃信、朱万福、毛恒才、何立权、胡凌云（兼）。

学校领导体制继续试行校长负责制。

学校组织机构设置如下：

党群系统包括纪律检查委员会、党委办公室、组织部、宣传部、统战部、人武部（与军事教研室合署办公）和老干部处。另外，为对党员和申请入党积极分子进行有计划的培训，成立了东南大学党校；为加强马克思主义理论教育和思想政治教育工作的研究，成立了相应的研究所、室。

行政系统则主要是按"三大块"思路，改革了校办产业和后勤部门。将原科技开发和校办产业归口组建科技开发研究院，统一领导管理；将一度分为行政管理处和生活服务中心的总务处重新恢复，实行"小机关、多实体"的体制；另外一度根据新校区建设需要成立的新区开发处，在新校区落成后即行撤并。至1992年，总计为二办、三院、十处，即校长办公室、外事办公室、研究生院、成人教育学院、科技开发研究院、教务处、科研处、人事处、学生处、保卫处、实验室与设备处、财务处、监察审计处、基建处与总务处。还有一些专门业务的管理、经营和研究机构，包括图书馆、档案馆、出版社、学报编辑部、电教中心、高教研究所等单位，也直属学校领导，但其性质不同于行政机关组织。

4. 基本建设

东南大学更名四年，事业发展，基建规模及速度也是空前的。主要在校本部兴建实验、研究用房，建设浦口新校区，而后在文昌桥宿舍区，将原二层楼的学生宿舍 1~7 舍逐个改建为六层楼的教工宿舍等，总计新建校舍 77 410 平方米，见表 6-7。

表 6-7　1989—1992 年东南大学新建房舍

地区	房屋名称	建筑面积 / 平方米	建筑年份	小计 / 平方米
校本部	热能研究所办公楼	658	1989	6192
	测振中心	2970	1989	
	无线电子微波实验室	2564	1989	
浦口新区	新区建校时移交楼房	2600	1990	34 694
	教学楼 1~2 幢	9570	1990	
	学生宿舍楼 1~4 幢	15900	1990	
	食堂	2784	1992	
	浴室、锅炉房	857	1990	
	体育馆	2983	1992	
校东区	太平北路 130 号 6 幢	1498	1989	22 221
	文昌桥 2 号新 1、4、5、6 舍	18 575	1990—1992	
	浴室	1600	1989	
	劳动服务公司综合商店	548	1991	
校西区	进香河路 33 号 14 幢	4275	1990	8550
	15 幢	4275	1990	
校外	小营西大影壁商品房 2 幢及 6 幢	4528	1988	5753
	蓁巷 6 号之一	1235	1990	

这几年的基建得到了国家教委的较大支持，学校也自行筹措了部分经费，见表6-8。

表6-8　1989—1992年东南大学基建费用投资情况　　　　　　　　　单位：万元

年份	1989	1990	1991	1992
国拨经费	1428	1247	1034	1555.5
自筹经费	148	30	—	380

另外，还得到了外援，如新校区体育馆的建设即获日本爱知工业大学后藤淳校长5000万日元的捐助。

在此期间，还完成了计划兴建的校本部留学生楼（榴园）、邵逸夫科技馆和新校区工业培训中心的前期准备工作。这些建筑的建成，将使校园大为增辉。

5. 校际合作

东南大学按"以联合求发展"的思路，积极与社会加强联系的同时，也注意校际合作，以期学科互补，资源共享，提高办学效益。

东南大学与南京医学院于1987年9月签订教学科研合作协议书，随后成立合作委员会及其办事机构——合作中心。至1992年，业经携手走过5年，5年来合作卓有成效，两校联合创办了7年制工医双学位班，已连续招生5届，16位学子取得工学学士学位后进入南医学习，尚未毕业，已有众多科研机构、企业、高校和医院来要人了。两校还相互举办讲座，开设选修课，合办青年夜大。在科研方面，有近40个合作项目，属国家和省市级项目计15项，已有8项通过鉴定，其中3项获省科技进步奖。如"人类染色体自动分析"课题已在计划生育、优生优育工作中发挥了重大作用；"电脑控制下截瘫病人的康复系统"的研究成果已被推广应用。在合作研究中，两校科研人员密切配合、学科互补，加速了研究进程，同时也结下了深厚的友谊。在出版方面，以多种方式合作，出版了20种教材、论著等图书。两校还互通信息，并以对方的学科为自己的后盾，拓宽了各自对外交往的渠道，对提高学术水平、扩大国际影响起了积极作用。两校合作取得成效的原因，一方面固然是学科综合发展的趋势所促成，另一方面也与两校领导的决心，有具体的办事机构起组织协调作用，以及系所部处广大教师、医护员工的热情支持与自觉行动分不开。合作5周年，两校还对在合作中作出成绩的集体与个人作了表彰奖励。

另外，1988年无锡轻工业学院校庆30周年，东南大学、江苏工学院、南京化工学院等院校领导前往祝贺。四所院校原本均由南京工学院分出发展而成，有紧密的兄弟情谊和合作基础。经过30年的发展，四校在各自领域均形成了优势与特色，四校建立校际合作关系，将可互补优势，促进学科间的交叉融合，提高竞争活力。1989年10月27日，四校领导在东南大学正式签订了校际合作协议，决定在教学、科研、人才培养、信息交流、学校管理及社会服务等方面建立长期的合作关系。根据协议，四校每年交流一次学校改革发展情况，共同探讨重大问题；业务对口部门每年商谈落实年度合作项目和内容，同时总结上年执行情况。以后几年，轮流在江苏工学院、南京化工学院进行。1990年，四校共同承担了江苏省教委教育科研"八五"课题——"部委高校为地方经济建设社会发展服务的研究"，获江苏省高教学会高教科研优秀成果一等奖。

6. 国际交往

东南大学与国外的合作与交流莫过于与日本爱知工业大学的关系。自1980年11月两校正式签署校际友好协议书以来，至1990年11月整整十年。十年中，两校交往愈益广泛与深入，除爱知工业大学校长后藤淳先后9度来访，钱钟韩、管致中、韦钰等领导也均不止一次去过爱知工业大学；日方教授中品一等18人先后来东大讲学，齐康教授等14人也曾去爱知工业大学讲学；十年中，南工（东大）共派出汪乃钰、陈荣生、刘京南等24人赴爱知工业大学进修。这些活动为中日两国友好和两校教育、科技的发展作出了贡献。在1991年11月后藤淳校长捐助东大兴建的新校区体育馆落成仪式举行、1992年6月东南大学九十华诞时，后藤淳校长又两次专程前来参加。1991年11月，江苏省人民政府授予后藤淳以"江苏省荣誉公民"称号。

东南大学更名四年来，派出人员留学进修、参加学术活动、接待外国专家来访、作讲座，已属日常事务，不予赘述。四年中，东大又与巴西圣卡特琳娜联邦大学、美国州立旧金山大学、苏联列宁格勒电讯工程学院、香港理工大学、坦桑尼亚达累斯萨拉姆大学、肯尼亚美伊大学、赞比亚共和国赞比亚大学、津巴布韦共和国津巴布韦大学、美国伊隆工学院、美国西北理工大学、英国沃瑞克大学、乌克兰基辅工学院等10余所学校签订了校际交流、合作协议书，开展合作交流活动。

四年来，还聘请了知名学者顾毓琇、吴健雄、袁家骝、杨振宁、丁肇中等为名誉教授，唐德刚、刘永龄等为名誉顾问，陈熙明、成中英等为客座教授，在国内也聘请了中国华晶电子集团公司许居衍等多位专家担任兼职教授。

四年中，东南大学主办了多次国际学术会议，计有1990年8月的"中日物理教育研讨会"；1991年9月的"混凝土塑性国际讨论会"；1992年3月的"第二届高层建筑国际会议"，5月的"大学基础物理教学国际研讨会"，9月的"第20届国际声成像会议""亚太地区等离子体科学技术讨论会"以及10月举行的"中俄惯性技术双边学术研讨会"等。主办国际会议，增进了学术交流，也扩大了东南大学的影响。

二、弘扬东大精神，迎接世纪交替

东南大学更名于1988年，时值80年代末，即将跨入90年代，国家要积极完成"七五"计划，东南大学制订的《1990年前事业规划》亦将届期。另外，1988年也是我国经济经历了一个加速发展的飞跃时期后，需用一段时间治理经济环境、整顿经济秩序之际，东南大学也存在经费不足等困难。在此背景下，有必要对如何进一步办好学校、明确办学指导思想统一认识，以便全校一致，同心同德，开拓前进。就此议题，学校于1989年1月底，在江都举行了系主任工作研讨会，学校党政领导、院系及有关行政部门主要负责人出席了会议。会议讨论十分热烈，认为目前学校处在一个重要历史发展阶段。新旧体制转换过程中，矛盾交织，在激烈的竞争中，挑战与机会并存，困难中孕育希望。因此，全校师生都要有一种强烈的危机感、紧迫感、责任感，要进一步解放思想、振奋精神、树立信心、努力拼搏，争取学校奋斗目标的早日实现。会议除明确学校今后一段时间内，工作重点放在扎扎实实抓教学、科研和管理，提高人才的培养质量以及深化管理体制改革、完善运行机制，着重讨论了要创办第一流学校，培养第一流人才，必须确立第一流意识，要形成与发扬和奋斗目标相适应的"东大精神"。与会者深感人是要有一点精神的，一个国家、一个民族、一个学校都要有自己的精神。过去几年，在排除"左"的干扰、重视物质激励机制的同时，一定程度上忽视了精神作用，而目前工作中遇到的部分干部、教师和学生出现的缺乏责任感、事业心和奋斗精神以及在物质利益上的攀比现象，又绝非只靠物质刺激便能解决的。一个学校要有凝聚力，必须要有它的精神追求和价值取向，学校应该理直气壮地倡导。东南大学历来有优良的传统，80年代初，归纳为"严谨、求实、团结、奋进"的校风。今天，在继续发扬优良传统的同时，要赋予新的时代内容，应该倡导责任、奋斗和奉献精神，每人均应意识到自己对国家、对民族、对学校的责任，为国家富强、民族昌盛、学校振兴而努力奋斗和奉献自己的力量。会议建议在学校开展一次"东大精神"的讨论，把讨论过程作为进行思想教育、团结广大群众、实现奋斗目标的过程。会后，学校领导邀请部分专家和机关干部座谈，校团委和部分学生代表进行了讨论，社科系、哲学系联合举行了讨论会，校报连续刊载对"东大精神"见仁见智的看法，前后历时两年。在议论中，干部、教师和学生从各个角度提出了东南大学具有哪些精神或要倡导哪些精神。如有人认为东大应有"爱国、爱校、奋发向上"的精神，有人认为应有"革命精神、科学精神、民主精神和奋斗精神"，有人认为东南大学的校风"严谨、求实、团结、奋进"体现了东大精神，有人认为还要有"创新"和"奉献"。91岁高龄的陈章老教授举史实说明爱国主义是东大精神的集中体现。管致中教授根据治校的历史经验并放眼未来，认为东大精神可以用"严谨的治学风尚，求实的科学态度，团结的协作关系和奋进的拼搏精神"来概括。韦钰校长在1990年校庆大会的报告中，在回顾了学校的历史和历数了近年学校事业的发展后自豪地说："在这里，我们可以感受到一种强大的凝聚力、一种可贵的精神，这就是爱国、爱校的精神，奉献、拼搏的精神，这就是团结奋斗、振兴东大的精神。"弘扬东大精神，使东南大学在80年代后期我国经济上有所起伏、政治上发生风波时，依然能不断前进，取得可喜的成绩。

1990年12月30日，中共中央提出了《关于制定国民经济和社会发展十年规划和"八五"

计划的建议》，指出 20 世纪最后十年在我国社会主义现代化建设历史进程中是非常关键的时刻，要实现现代化建设的第二步战略目标。对教育事业则提出了继续贯彻"教育必须为社会主义现代化服务，必须同生产劳动相结合，培养德、智、体全面发展的建设者和接班人"的方针，建立具有中国特色的面向 21 世纪的社会主义教育体系。东南大学在努力完成《1990 年前事业发展规划》的目标后，对 90 年代如何发展，如何实现总的奋斗目标迎接 21 世纪，根据国家经济发展和科技教育发展的要求，制订出自己的《"八五"事业计划和十年规划纲要》。1991 年初，学校即认真制订规划，狠抓措施落实，在认真总结"七五"工作的基础上提出了"八五"学校工作的指导方针——坚持方向、深化改革、发挥优势、突出重点、提高质量、办出特色。为此，要继续执行持续、稳定、协调发展的方针，团结和依靠全校师生员工，振奋精神，艰苦奋斗，经过"八五"的努力，使学校工作登上一个新台阶，并再经过五年左右的努力，实现把我校办成国内第一流、国际有影响的大学的奋斗目标。

《纲要》还对"八五"期间学校的工作，分十个方面提出了 25 项比较具体的目标。

关于学校 90 年代的奋斗目标，《纲要》中提出：到 2000 年把我校建设成为国内第一流、国际有影响的，以工为主，工、理、文、管多学科相结合的综合性大学，是我们坚定不移的奋斗目标。在我国社会主义现代化建设的历史进程中，20 世纪最后十年是非常关键的时期，也是我校在新的起点上向更高的目标迈进的关键性的十年。我们在学校工作中必须坚持社会主义办学方向，认真贯彻党的教育方针，始终把培养社会主义事业的建设者和接班人作为学校的根本任务，通过完善和深化学校的各项改革，主动适应国家经济建设和社会发展的需要，不断提高学校的教育水平、科研水平和管理水平，推动学校各项事业的发展。争取到 20 世纪末达到以下主要目标：

——全面提高人才培养质量，使学校的教育质量和一批专业与重点课程的教学水平在国内处于领先地位，培养出的学生能适应 21 世纪社会主义现代化建设对人才的要求；

——建设一批居于国内同类学科前列，在国际上有一定影响的重点学科；

——力争完成一批对国家经济建设和国防建设有重要意义、在国内有较大影响的科研项目，并取得高水平的研究成果，形成几个处于国内领先地位达到国际先进水平的科研基地；

——造就一支学术水平较高、为国内同行所公认的专家队伍；

——校办产业及科技开发事业有较大发展，建立学校稳定的校产收入基地，使办学条件和师生员工的生活、工作条件有比较大的改善，基本解决职工住房困难，为教学、科研等各项工作提供良好的支撑环境；

——校风、学风建设和精神文明建设呈现新的面貌，在学校的发展道路方面形成自己的特色，在学校管理上逐步建立能够主动适应国家经济建设和社会发展需要的运行机制，使整个学校的管理水平上一个新的层次。

以后两年工作中，贯彻了上述方针。根据《纲要》每年提出了具体目标，并努力实现取得了前面几节所述的各个方面的成绩，新一代东大人正肩负历史赋予的重任，阔步奔向新世纪。

三、难忘的 1992 年——东南大学九十华诞

1992 年，是个不平凡的年头。10 月，党的第十四次全国代表大会召开，会议强调用邓小平建设有中国特色社会主义理论武装全党，加快改革开放和现代化建设步伐，确定我国将实行社会主义市场经济体制。毫无疑问，这势必引起高等教育深刻的变化。东南大学在这一重要的历史时期，迎来了自己的九十华诞。

至 1992 年，东南大学建校已九十春秋，经过几代人的奋斗，为祖国培育了 6 万余名人才，桃李满天下，精英辈出；同时，为祖国发展科学技术作出了贡献，硕果累累，奉献社会，服务人群。值此九十华诞，集海内外学者、各界人士、历届校友于一堂，同庆学校事业发展，回顾办学历史经验，共商未来方针大计，揭开历史新的一页，实属有深远意义之盛举。

东南大学校庆日为 6 月 6 日，几天来校园内花团锦簇、彩旗飘扬，一片欢乐气氛。此次九十华诞得到中央有关领导和有关部委的重视。学校先后收到国家教委、国防科工委与国家建委等热情洋溢的贺电。党和政府及各级有关领导严济慈、李铁映、彭冲、周光召、丁衡高等，海内外知名校友顾毓琇、吴健雄、张存浩、黄纬禄、闵桂荣等，以及一些兄弟学校领导、著名学者均为校史作了题词——"行百里者半九十""任重道远"，对东南大学寄以厚望。总计收到各地校友会、校友、各兄弟单位、各界人士贺电贺信、贺词、贺礼 400 余份。

是日上午，在作为东南大学象征的大礼堂内隆重举行庆典，各界嘉宾、白首校友、海外游子、数代俊秀、青年学子 3000 人济济一堂，共庆华诞。韦钰校长首先致辞欢迎，回顾了东南大学九十年办学历程，着重介绍了改革开放以来教育、科研方面取得的成绩，强调当前正处在一个新旧世纪交替的伟大时代，现代经济的发展，必须依靠科技与教育，东大肩负历史重任，要抓住这个时机，全面贯彻党的基本路线，主动适应社会主义经济建设的需要，继续深化高等教育改革，办出东南大学的特色与水平。接着，国家教委领导黄辛白宣读了国家教委的贺电，江苏省副省长吴锡军、南京市委书记顾浩分别代表省、市政府，对东南大学办学九十载给予了充分肯定，对东南大学为江苏和南京的发展所作贡献表示感谢，并热情鼓励东南大学在新的历史时期，不断开拓创新，取得更加辉煌的业绩。日本爱知工业大学后藤淳校长、前中央大学校长顾毓琇博士、国际知名物理学家吴健雄博士均在大会上致贺词。会上讲话的还有校友、美籍著名电子学家张可南博士，学部委员、中国空间技术研究院院长闵桂荣教授，珠海亚洲仿真系统工程公司游景玉总经理、香港康力集团王美岳副董事长，以及师生员工代表尤肖虎教授。发言结束后，举行了为优秀青年教师和学生设立的 13 种奖励金和奖学金颁奖仪式，共有 144 名青年教师和学生分别荣获香港亿利达公司、珠海亚洲仿真公司、深圳汇通公司、南京熊猫电子集团公司等企业，以及吴健雄和袁家骝、顾毓琇和王婉清、陈章和黄吾珍以及陈仕元、冯绥安、冯

奎安、张秋、李元坤等校友所设的奖励金和奖学金。庆祝会上，还举行了一年一度的东南大学博士学位授予仪式。校庆大会后，校友们纷纷在六朝松畔、大礼堂前合影留念。中午，招待会上，校友、来宾、师生、员工代表频频举杯共祝母校发展，为祖国振兴干杯。晚间，大学生艺术团在大礼堂献演了精彩的文艺节目。

此次校庆活动，实际上自5月中旬即拉开帷幕，直至6月中旬，历时近一月，内容充实而有意义。计有学术报告、参观展览和联谊祝寿等，丰富多彩。

东南大学每年校庆都举行例行的科学报告会，检阅教学、科研成果，九十庆典更为热烈，校、系两级共组织学术报告69场次，发表论文报告235篇，校园内充满浓郁的学术氛围。另外，还特邀13位校友作了高水平的学术报告，如中科院学部委员冯康、吴中伟、闵恩泽、闵桂荣等的报告，信息量大，学术水准高，深受师生欢迎。美籍校友顾毓琇所作"混沌理论"、冯绥安所作"生物圈"和张可南所作"HDTV的进展及东南大学的重大突破"等报告，均引起了许多师生极大的兴趣。

东南大学举办的大学基础物理教学国际研讨会，也安排在校庆前夕的5月26日至29日召开，来自美国、日本、德国、印度、新西兰和国内共80多名代表出席了会议。吴健雄、袁家骝夫妇亦与会作了报告。

校庆期间，还举办了多个展览会，以"校史、人才、成果"为主题的校庆展览会，在新图书馆展出了珍贵图片、报表、实物300余件，充分反映了东南大学创办九十周年的历史里程、培育人才的业绩、开展科技研究的贡献。展出近一月，观众逾万人。

5月28日，在中大院门前举行了我国一代水彩画宗师李剑晨教授和建筑系崔豫章、齐康、钟训正教授的绘画精品展览剪彩仪式；6月5日，建筑系举办的我校校友、著名建筑学家、中科院学部委员吴良镛教授的个人画展开幕。两个画展吸引了众多来宾和师生。

浦口新校区是学校为求进一步发展而拓建的新基地。6月7日下午，参加庆典的海内外校友一起来到新校区参观，在新校区体育馆受到学生热烈欢迎，学生代表向校友们汇报了学习、生活情况，校友们讲述了各自治学建业之路和深恋母校之情，给新校区学生极大激励。会后，校友们参观新校区校园，面对一幢幢造型别致的高楼、一条条平整清洁的大道、一片片碧绿如茵的草坪，以及由此构成的恢宏气概，无不为母校事业兴旺发达、为新一代东大人的开拓精神而欢欣鼓舞。

校庆期间，历届校友纷纷返校，参加母校九十华诞，举行了多次联谊活动，他（她）们阔别多年，一朝重聚，看了当年师友，亲睹母校巨变，不禁感慨万千，相约今后在各条战线上再创业绩，为母校增光。5月28日至30日，东南大学前身中央大学校友会举行了庆祝母校建校九十周年活动。28日上午，在大礼堂召开了纪念大会，50多位来自我国台湾、香港以及美国、东南亚的中大校友和来自国内的中大校友与会。礼堂内高悬横幅——"百年树人、郁郁葱葱、同兴中华、再振雄风"，鲜明地反映了海内外校友的共同心愿。30日上午，学校在演讲厅召开欢迎会，欢迎中大校友回访。

1992年，喜逢前中央大学校长顾毓琇博士九十寿诞，又是美籍科学家吴健雄、袁家骝夫妇八十寿诞与金婚纪念。6月6日下午，在礼堂二楼会议室，学校为顾毓琇博士举行了祝寿会。6月7日上午，在江南院（原中大理学院所在地"科学馆"）前举行"健雄院"命名仪式。为了表彰吴健雄博士对科学事业的杰出贡献，同时也庆祝她八十大寿，学校将"江南院"命名为"健雄院"，同时将生物医学工程系生物电子学实验室命名为"吴健雄实验室"，并在东南大学建立"吴健雄学术基金会"。仪式结束后，在演讲厅为二老举行祝寿及金婚纪念庆典活动。

6月9日上午，在礼堂二楼会议室举行中大校友座谈纪念会，会议主题为"发扬优良传统，加强学科建设"。不少校友对母校学科建设提出了宝贵的意见。

九十华诞隆重热烈，为东南大学历史画上浓墨重彩的一笔。东南大学九十年的史篇，将激励今人昂首奋进，为祖国的明天、为东南大学的明天作出新的贡献。虎踞龙盘今胜昔，明天势将胜今天。

本章参考资料

［1］东南大学档案，1988 年 101 号卷～107 号卷。

［2］东南大学档案，1988 年 78 号卷。

［3］东南大学档案，1989 年 474 号卷。

［4］东南大学专业建设咨询委员会：《关于东南大学专业建设和院、系设置的建议方案》，刊于《1990 年东南大学年鉴》，东南大学出版社，1990 年。

［5］《东南大学高等教育学报（优秀教学成果论文专集）》，1994 年增刊第 1 期。

［6］何立权：《东南大学科研现状和展望》，刊于《东南大学建校九十周年纪念专辑》，东南大学出版社，1993 年。

［7］东南大学等四校课题组：《部委高校为地方经济建设、社会发展服务的研究报告》，刊于《东南大学高等教育学报》，1994 年第 1 期。

［8］郑姚铭、徐之遐、卜小秋：《我校教学工作与科学研究获奖成果综录》，东南大学档案馆，1992 年。

［9］韦钰：《按"三大块"思路加快综合改革步伐》，刊于《中国高等教育》，1992 年第 10 期。

［10］时巨涛、扬树林：《关于高校管理体制改革的思考》，刊于《东南大学高等教育学报》，1992 年第 1 期。

［11］郑姚铭：《我校历年教职工和学生人数（1952—1990）》，刊于《东南大学校史研究（第二辑）》，东南大学出版社，1992 年。

［12］东南大学校产科：《现有校舍使用情况一览表》，1994 年。

［13］《东南大学系主任工作研讨会纪要》，刊于《1990 年东南大学年鉴》，东南大学出版社，1990 年。

［14］王卓君：《东南盛会——建校九十周年庆祝活动纪实》，刊于《东南大学建校九十周年纪念专辑》，东南大学出版社，1993 年。

［15］《东南大学校报》，第 523～592 期。

结语

至 1992 年，东南大学建校 90 余年，社会递嬗，政权更替，战乱频仍，教育累遭冲击，学校历经沧桑。赖众多先师先哲，克尽人师业师之责，勉学子为国分忧，修国士志节，悉心涵濡，练经世学艺。新中国成立后，依靠党的领导，贯彻教育方针，事业空前发展，共为国家培养了 6 万余名各类专门人才，菁彦辈出，桃李遍华夏，弟子及五洲，对民族振兴、祖国建设作出了重大贡献。

编写校史，旨在吸取历史上办学的经验与教训，以史为鉴，存史资治。《东南大学史》采取以述为主、述评结合的方法，对各历史时期中的某些具体问题，作了浅析。在第一、第二卷结束之际，拟对下列共性问题，试作如下阐述。

一、继承与弘扬东大的优良传统

东大的优良传统，包含东大的精神、学风与校风，唯三者相融相通，且不同时代又有其新的内涵，它是几代人奋力实践的积累，是东南大学宝贵的精神财富。

清末，国蹙患深，三江、两江独重文史及士节教育，学子秉持士林志节，立志救亡扶危，潜心修学敬业。南高、东大时期，新文化运动、十月革命、五四运动相继发生，中国共产党光荣诞生，师生踊跃投身反帝反封建行列，呼唤民主、科学，一大批青年参加了共产党、社青团，使学校成为军阀统治下传播马克思主义的思想基地。注重科学，尤为东大之特色，师生皆认为："不发扬民族精神，无以救亡图存；非振兴科学，不足以立国兴国。"学校学术空气浓厚，教师皆重研著，学生主办并公开发行的学报学刊即达 8 种，逐渐形成了民族的、民主的、科学的精神。中大时期，抗日救亡运动、民主革命运动，一波推一波，从未间断，解放战争中被誉为第二条战线的一支主力军、白区的民主堡垒之一。基础、应用及国防研究在抗战中艰苦的条件下持续进行，各种讲演与学术报告频频举行，体现了师生爱国、爱校、爱科学的情操。新中国成立后，教师倾心教书育人，学生为祖国而学习，树立社会主义的理想，为社会主义献身，始终是学校的主旋律。进入 80 年代后，东南大学倡导树立历史的使命感和责任心，发扬敬业、拼搏、奉献精神，创一流教学、科研水平，培养跨世纪人才，使中华民族跻身世界民族之林，已成为全体师生员工的共同心愿和行为准则。

东南大学的校风，各时期提法不一，有继承，有发展。三江、两江为"俭朴、勤奋、诚笃"；南高、东大称"诚朴、勤奋、求实"，增加了追求真理、崇尚科学的内容；中大谓"诚、朴、雄、伟"，缘由日帝步步入侵进逼，处于当时首都的最高学府，义当担起民族兴亡的重任，以雄伟以自励；50年代，提倡社会主义的学风、校风，含热爱祖国、人民、科学、社会主义等内容；80年代概括为"严谨、求实、团结、奋进"，激励师生严谨治学，求实探索，团结建校，奋进兴国。

东南大学90余年的历史，是一部生动的爱国主义和社会主义的教科书。在东大精神、学风和校风的影响鼓舞下，许多师生为革命英勇献身，它哺育了153名两院院士和数以万计的各条战线的建设者。东南大学的优良传统及丰厚精神财富，必将策励后辈在新的历史条件下，继往开来，谱写新篇。

二、借鉴外国的经验走自己的道路

中国现代高等教育肇端于清末洋务运动，其始即与西学结下不解之缘。东大在学习外国过程中，也是历经曲折，亟须进行总结。

三江、两江师范，聘日本教习，遣师生赴日留学，以日为师，其引进的日学，实系日本明治维新后学习西方的产物，未必均为西学之精粹，并非最佳选择。南高、东大，以美国教育为模本，设文理工农商教育诸科，构成综合大学雏形，罗致70余位留学精英，使学校成为我国自然科学之基地；复倡导民族自尊自立，尚士节教育，重校风建设，形成了南高、东大特色，取得较好成效。中山大学仿法国"大学区制"集全省高校于一体，复掌管各市县中小学教育，机械照搬的结果是，学校深深陷入行政事务泥淖之中，顾此失彼，遭普遍反对，"大学区制"被迫停止实行，中山大学亦随之解体与更名。中央大学泛效欧美各国之长，网罗留学各国之贤哲，建立较完整的综合大学体系，学科之完备，规模之宏大，堪称全国之冠。新中国成立后，南京大学建校初期，对旧教育作了必要改造，另起炉灶，建立了新民主主义教育的基础，但对欧美高等教育，或持抹杀否定态度，或讳莫如深，亦有些失之偏颇。南京工学院开始以苏联为蓝本，从教育体制、系科设置到教育内容和方法，全面学习苏联，培养目标明确，重理论联系实际，教学质量在原有基础上有较大提高，但面对迅速发展的世界科学技术，专事师苏，不免局限、片面。后虽认识到也要借鉴欧美和日中国高等教育的长处，探索自己的道路，但因1957年夏政治形势剧变而中断。及至"教育大革命"和"文化大革命",批资批修,闭关锁国,则与世界几处于隔绝状态。

1979年以来,学校扩大开放,先后派出数百名教师分赴美、欧、日、澳等国学习,复聘请各国专家学者来校讲学,加强国际交流与合作,主办国际学术会议,同时总结过去办学中之得失,凡于我国社会主义建设事业有利者,不论中外,悉取作改革之参考,从而取得较好成绩。

回顾东大学习外国的历史,可得出两点结论:第一,世界上一切民族与国家的长处都值得学习,不能独钟于或局限于某个国家。文化教育、科学中的精华,本人类共同创造的精神物质财富,理应为人类共同享有,它可以为不同时代、不同的社会形态服务,并非为某国、某阶级所独有,故学习外国不能以政治制度为标准,不能贴阶级和意识形态的标签,即使系对立国家,亦可学来为我所用。第二,学习外国,要结合本国的实际与需要,博采各国之长而舍其糟粕,并继承和发扬自己的优良传统,不断丰富和发展我国的民族文化,创建有中国社会主义特色的高等教育体系。

立足中国,面向现代化,面向世界,面向未来,是中国高等教育的必然方向。

三、按学校特点和教育规律办事

教育受制于亦服务于政治。20世纪的中国社会处于不停的急剧变革之中,各种政治斗争和运动频频波及学校,有的传播革命思想,形成力量,鼓舞师生,促进学校的进步和发展;有的冲击教育,浪费师生的精力和时间,阻碍学校事业发展。东南大学历史上不乏有远见、有教育思想的办学者,他们或顺应时代的要求,予以支持和引导;或审时度势,择其善者而从之;或在特殊历史条件下,尽力排除外来干扰,维护正常教学秩序,保护师生,减少学校损失,较好地处理政治与教育、社会与学校间的关系和问题。

教育又是一门科学,是相对独立的社会活动,有其自身的目的和规律。教育的根本任务是提高全民族的素质,高等学校的任务主要是培养全面发展的各种科类的专门人才。就高校内部而言,要办好学校,就得遵照自身的目标,按学校的特点和教育规律办事。违背规律,就会遭到挫折和惩罚。

积累历史的经验,按教育规律办事,主要应处理好以下几个问题及其间的关系。

坚持教育为社会主义建设服务，社会主义建设要依靠教育；坚持德智体全面发展的方针，不能割裂、对立或畸轻畸重；坚持正确的政治方向，以政治指导业务，但不能以政治或运动来代替业务，要排除社会上各种"风"和"热"的影响；在学校工作中，始终把教学和科研置于中心地位，其他各项工作都应围绕着这个中心来进行。

在理论与实践的关系上，既要重视基础理论，又要重视实践，理论与实际相结合，不能重理论轻实践，又不能片面强调实践忽视理论；在教学与生产劳动的关系方面，教学内容要反映经济建设的需要，师生应参加必要的生产劳动，但不能以生产劳动代替教学。

在教学与科研的关系上，两者相辅相成、相互促进，教学是基础，科学水平的提高有助于教学水平的提高。两个中心如飞机的双翼，缺一不可，不能以一个中心去排斥另一个中心。在涉及教学与科研的学术问题上，均应贯彻"百花齐放，百家争鸣"的方针，鼓励不同意见的争论和不同风格、不同学派的形成，不扣帽子，不打棍子。

在师生关系上，既要确立教师的主导地位，充分发挥教师的主导作用，又要积极调动学生这个主体的主观能动作用。教师教书育人，循循善诱，学生尊师敬业，孜孜不倦，以期青蓝相继、青胜于蓝。

在教学过程中，倡导循序渐进、因材施教，重启示、重治学训练和自学能力的提高，不搞"填鸭式""满堂灌"，学习中不搞突击和运动。

尊重知识，尊重人才，是办好学校的基础和保证，要始终坚持和贯彻党的知识分子政策。

在宏观方面，要求教育主管部门问大政而不亲细务，简政放权，充分发挥学校和校长们的主动性和创造性，如此则可以造就一批教育家，出现一批各具特色的高校，为繁荣中国的高等教育增光生色。

四、在服务社会中发展建设高校

我国的自然科学、技术科学类高校，就其功能演变而言，一般经历了以下过程：其始为书院型，以传播知识和培养人才为主；其后教学与科研并举，讲堂与学术殿堂同时生辉；近年来，教学、科研和服务社会三者并举，大步介入社会发展与建设，其趋势将与日俱增。

东南大学直接服务社会的活动，大体可分为三个时期：自南高至中大，多系学校自发自主的行为，政府很少支持与提倡，时停时续，未形成规模；自南大建校初期至"文革"前的南工，学校为社会服务，多着眼于深入生产实际，与工农群众结合，理论联系实际，为无产阶级政治服务，加之教改、教学任务繁重，科学研究尚未深入全面开展，故为社会主义建设服务还有局限性；80年代以来，在国家加速社会主义建设进程、学校综合实力不断提高以及深化改革扩大开放的形势下，东大积极地、多方面地介入社会的发展与建设，如争取国家重大科研课题，承接地方及企业科研项目，转让科技成果，参与地方开发区建设，参与技术决策咨询，承接产品研制、建筑设计、工程设计，以及举办夜大、自学考试、各类干部培训班、各类学科培训班、专题讲座、科普讲座等，形成了全方位、多层次、多形式的为社会服务的格局。

随之而来的是"有偿服务"扩大，校办企业、经济实体的兴起，以及创收分配问题的出现，引起了思想的波澜与争议。有人认为扩大社会服务可加强学校与社会的联系，促进教育改革，加速科技成果转化，且为学校增加收益，改善办学条件，功在国家，利在自身；有人担心教育滑坡，人心不稳，见利忘义，拜金拜物，腐蚀灵魂。事实上，正面负面的影响皆有，这就有赖于办学者的胆略胆识与正确引导。这点上学校肯定为社会主义建设服务，既是国家的需要，也是高校自身的需求，并非"不务正业"；从社会服务中取得相应的报偿，则正是社会对教育、科学价值的承认，义正利当，理直气壮。在实践中，则要求摆正位置，统筹安排，加强管理，兴利去弊。学校要确保教学、科研的中心地位，把社会服务作为教学、科研的延伸与扩展；设立统筹教育与科技生产开发的机构，制订相应的管理制度与条例，实行归口管理；对教师队伍进行适当分流，在分配上兼顾各方，尽可能使各司其职，各安其位；对局部偏差，适时进行调整与改进；与此同时，倡导奉献精神，不断加强思想教育与精神文明的建设。自80年代中后期以来，学校创收持续保持上升趋势，从而得以充实基建经费、改善办学条件、添置科研设备、提高生活福利，以补政府拨款之不足。

高校社会服务功能的扩大，是社会发展和高等教育发展的必然趋势。社会主义市场经济的价值法则对高校来说也是一个理，小服务、小贡献、小回报，大服务、大贡献、大回报。高校可以在出人才、出成果的同时，创造较好的服务效益，在服务社会中不断加强学校的建设。

后记

一、《东南大学史》在编写、出版的过程中，始终得到了校党委和行政的关切、支持和指导。校史第二卷在拟订提纲和完稿之时，校党政领导均召开专门会议进行审议。党委书记朱万福、校长陈笃信、党委副书记兼副校长胡凌云、原南京工学院副院长王荣年等，均提了许多宝贵的意见。原南京工学院院长、东南大学名誉校长钱钟韩，原南京工学院党委副书记孙卜菁，在编写中皆多次给编者以鼓励和指示。原南京工学院院长管致中，主持了全部编写工作，并任主审。

二、参与《东南大学史》第二卷审稿的人有：原党委副书记孙卜菁，常委吴志楷、胡祥三、王汇东，以及钱钟韩教授、高良润教授、鲍恩湛教授、陈景尧教授、王荣年教授、张寿库教授、孙文治教授、原科研处处长燕壮烈、副研究馆员郑姚铭等。校史编写组曾将二卷初稿送全校各有关单位普遍征求意见，研究生院、成人教育学院、科技开发院、教务处、科研处、自动控制工程系、生物医学工程系等单位均提供了很多宝贵意见和补充资料。在编写中，校办、校档案馆、基建处、外办等单位，均提供了大量资料，高教研究所给予了种种方便，本书图片除题词外均为党委宣传部徐兵同志提供。在此一并致以衷心的感谢。

三、本书由朱斐主编。具体分工是：前言、第一章、第二章及第一、二卷结语，由朱斐执笔；第三章，由章未执笔；第四章，由黄一鸾执笔；第五章，由章未、黄一鸾执笔；第六章，由章未、黄一鸾、时巨涛执笔。

四、由于我们的水平有限，错误和不当在所难免，祈海内外校友与全体师生员工不吝赐教。

编　者

1996年5月

再版后记

今年是东南大学建校120周年。学校决定将新编写的《东南大学史》第三卷与先前出版的校史第一、第二卷结集出版，成为一套较为完整的《东南大学史》，作为纪念120年校庆的一项重要文化建设成果，是一件很有意义让人高兴的事。校史第二卷成书于1997年，迄今已有二十五载了，当年参与编写的有朱斐、黄一鸾、时巨涛与我四人，朱斐同志任主编，管致中老院长为主审。如今管、朱、黄三位同志均已谢世，当时还很年轻的时巨涛同志则承担了校史第三卷主编的重任。校史编撰委员会的同志约我为《东南大学史》第二卷写一再版后记，我虽已年逾九旬，但作为第二卷的主要撰写者之一，借再版之际，将校史第二卷的成书过程、遇到的问题及当时的一些思考，向读者作一交代，亦是应尽之责，自当勉力为之。

最近我将全书又重读一遍，重温了前后跨度43年的学校历史，虽时过境迁，早已物是人非，但许多往事仍记忆犹新，不由感慨系之。

校史第二卷记述的学校历史，跨越了三个重要的历史时期。

一是新中国成立初期的南京大学（1949—1952年）。1949年4月南京解放，学校由原国立中央大学改名国立南京大学，随后取消"国立"，改称南京大学。新中国成立后，对民国时期的旧教育进行了全面改造，初步确立了中国共产党领导下的新的高等教育制度，这一时期虽然很短，却是学校办学历史进程中的一次根本性转变。

二是南京工学院时期（1952—1988年）。1952年，为满足国家经济社会发展和工业化建设需要，经全国高校院系调整，以原南大工学院为基础，在四牌楼本部组建南京工学院。南工36年的历程，时值我们国家完成社会主义改造和推进社会主义建设时期，学校经历了全面学习苏联、整风反右、"大跃进"、教育革命、贯彻"调整、巩固、充实、提高"八字方针和"高教六十条"、社会主义教育、"文化大革命"、拨乱反正到迈入改革开放新时期等多个不同阶段，虽然历经波折，走过一些弯路，遭遇这样那样的干扰，但全校师生员工在党的领导下，为探索我国自己的高等教育发展道路，建设我们的学校，艰苦努力，曲折前行，各项事业还是取得了较大进步，为国家工业化培养了大批高级专门人才，出了许多科研成果，为国家与地方经济建设和社会发展作出了应有的贡献，各项排名一直位居国内高校前列，是一所社会各界公认的著名工科大学。同时，学校自身也得到了较快发展，为学校转型发展打下坚实基础。

三是复更名为东南大学到建校90周年（1988—1992年）。1988年5月，国家教委正式批复同意南京工学院更名为东南大学，这不是简单的更名，而是对历史的承继，体现了学校发展战略重大转变——由多科性工科大学向以工为主，理工文管的综合性大学转变。从整个高等教育发展的全局视之，随着改革开放的深入，中国大学的管理体制、办学模式和工作重心也发生重大变化，学校更名也标志着以之为新的起点，揭开了历史新的一页。

回顾东大这一时期的历史，深感一所学校的命运，始终与国家民族的命运紧密相连，只有在党的领导下，才有我们学校的新生、成长与发展，才有东南大学的梅开二度，再创辉煌！

再说一下在撰写学校这段历史的过程中，我们遇到的一些问题和所作的考虑。第一卷写的是新中国成立以前，学校从三江、两江、南高、东南，直至中央大学各个时期的发展历史，虽因时隔久远、档案不全、资料缺乏，给撰写工作带来一定困难，但对历史的发展脉络、重大事件的评价、主要人物的臧否，则经历了岁月的沉淀，作出相应的评论，一般问题不大。与撰写校史第一卷时不同，校史第二卷写的则是不久前几十年学校的历史，新中国成立不久，如何进行社会主义革命与社会主义建设，如何创办新型的社会主义大学，均在艰难的探索之中。尤其是在相当一段时期内，政治运动不断，学校或主动或被动地参与，经历曲折动荡，对正常办学影响至深，这是无法回避的历史真实。因而写这段历史，遇到的困难主要不是史料不足，而是涉及一些具体的事件和人物不易做出恰当的史评；对同一事件，不同的人站在不同的角度看，会有不同的认识，得出不同的结论，也容易引起争议。这是当代人写当代史普遍遇到的问题。我们怎么办？评不评，如何评？有人主张不评，只对事件作客观记叙，评价留给后人去做。但我们考虑：治史的目的在"以史为鉴，存史资治"，如果写历史不评价，不总结经验教训，则如何资政育人，留史何用？我们决定还是应该适当做"评"。虽然自知水平有限，但有关重大事件已有中央《关于建国以来党的若干历史问题的决议》作依据，有党委和老领导老同志把关，只要我们做到史实确凿、论从史出，以严肃认真的态度，进行历史辩证的分析，同时集思广益，多方听取意见，做出比较客观公正、符合实际的评述，应该也是可能的。第二卷面世以来，总体上还是得到了各方的认可。二十多年过去了，现在看来，这部书虽说有这样那样的不足，留有若干缺憾，但基本史实、基本观点还是站得住的，至少为那段历史存留了比较真实完整的记录，也可供后来者进一步深入研究学校历史作参考。

最后，说一下校史第二卷的成书经过。当年编写校史，学校十分重视，成立了以朱万福书记为组长的领导小组，管致中老院长亲任主审，具体编写的则是我们这几人。在写作过程中，我们充分发挥集体力量，首先经过反复讨论，形成全书大纲和编写原则。每章的编写者写成初稿，经小组讨论后做修改。主编统稿、主审审阅后再做修改，多轮反复。全书初步定稿后，打印成征求意见稿，在学校与系所两级领导及老干部、老教师中广泛听取意见，我们再归纳出问题，提出如何修改的打算，向校史领导小组汇报。最后，再由主编成稿，主审终审，经校党委审议通过，交出版社出书。与此同时，我们还参加了全国高等学校校史研究会历次专题研讨会，以期对校史编写中的若干共性问题取得更加全面的认识。回顾我们撰写第二卷的这一过程，深感写史之不易。

值此东大120周年校庆之际，学校新编写出校史第三卷，同时再版第一、第二卷，将东南大学一百多年来发展变化的来龙去脉，比较完整全面地呈现在读者面前，将有助于加深师生对学校艰苦曲折、不懈奋斗历史的了解，从中吸取有益经验，继往开来，团结奋进，为把东南大学早日建成世界一流大学而努力奋斗，为新时代中国特色社会主义现代化事业作出新的贡献，这亦是我的深切愿望。

按说这次再版第二卷，最好能对全书做一全面修订补充，然本人已年逾九旬，实在力不从心。此次只与其他同志一道修订少数明显的错误，删去了一些附录，全书基本保持了原版初貌，全面修订的工作只能寄希望于后来的年轻同志了，在此谨向读者致歉。最后，向支持本书再版的校领导、校史编撰委员会和为此付出辛勤劳动的校史研究室、东大出版社的同志们，致以衷心的感谢！

章 未
2022年2月于上海亲和源迎丰老年公寓

图书在版编目（CIP）数据

东南大学史. 第二卷，1949—1992 / 朱斐主编. —
2版. — 南京：东南大学出版社，2022.4
 ISBN 978-7-5766-0063-6

Ⅰ. ①东… Ⅱ. ①朱… Ⅲ. ①东南大学-校史-
1949-1992 Ⅳ. ① G649.285.31

中国版本图书馆CIP数据核字（2022）第050894号

| 责任编辑 | 戴丽 陈淑 | 责任校对 | 周菊 | 装帧设计 | 皮志伟 | 责任印制 | 周荣虎 |

东南大学史 第二卷（1949—1992）（第2版）
Dongnandaxue Shi Dierjuan (1949—1992) (Di-er Ban)

主　　编	朱　斐
出版发行	东南大学出版社
社　　址	南京四牌楼2号
邮　　编	210096
电　　话	025-83793330
网　　址	http://www.seupress.com
电子邮件	press@seupress.com
经　　销	全国各地新华书店
印　　刷	上海雅昌艺术印刷有限公司
开　　本	787 mm × 1092 mm　1/16
印　　张	18.25
字　　数	436千
版　　次	2022年4月第2版
印　　次	2022年4月第1次印刷
书　　号	ISBN 978-7-5766-0063-6
定　　价	150.00元

本社图书若有印装质量问题，请直接与营销部调换。电话（传真）：025-83791830